24 years

24年匠心沉淀，虔诚如一

只 为 您 轻 松 过 关

1998-2022
轻松过关成长史

再升级 2022

《轻一》开创「解释区」阅读体验，匠心独运！

飞跃 2016-2021

连续6年蝉联“天猫双11”图书考试行业销量冠军。
2020~2021年，连续2年登顶天猫教育行业榜首，“双11”销量破亿。

驰名 2001-2007

2001年《轻一》发行超千万册，被考生奉为「备考圣经」。
2007年东奥网校上线，书课同频，受百万考生热追。

诞生 1998

东奥诞生。
“轻松过关”品牌图书面世。

历经雕琢，方有绽放

这本《轻一》是如何诞生的？

STEP1

初稿研磨

每年考试结束，名师们就迅速围绕命题和趋势、时事热点，开启为期150余天的研讨，撰写。

STEP2

深度优化

初稿落成后，编著团队结合学员反馈与市场调研，优化内容和体验，迭代超30稿。

STEP3

融入变化

围绕教材变化，名师精解、精编新题。1道紧扣变化的好题，至少需投入6小时。

STEP4

三审三校

融入新变化的书稿，将历经教务团队再次严苛的校对、审核，终成定稿。

翻开这本《轻一》

名师就在您身边

名师将多年的教学经验灌注其中，
让您的备考之旅不再孤单。

「五大模块」

带您跨越沟坎，轻松过关。

1 方法： *学习指南区*

——「开篇」分析最新考纲考情，
明确目标，制定规划。

2 重点： *考点精讲区*

——「正文」全面渗透考点，
通过图、表、例题等形式，深入解读。

3 独创： *点睛解释区*

——「解释区」精妙点拨，
绘制图解，力破症结，应变自如。

4 做题： *同步练习区*

——精编「同步练习」，
巩固考点，查漏补缺，高效提升。

5 复盘： *章节“导图课”*

——每章结尾处，凝练重点，
「导图」总结，视频讲解，及时复盘。

轻松过关®1

2022年会计专业技术资格考试
应试指导及全真模拟测试

中级财务管理

（上册）

闫华红　主编
东奥会计在线　编

北京科学技术出版社

图书在版编目 (CIP) 数据

2022 年会计专业技术资格考试应试指导及全真模拟测试：上中下册. 中级财务管理 / 闫华红主编；东奥会计在线编. —北京：北京科学技术出版社，2022.3

（轻松过关 . 1）

ISBN 978-7-5714-2002-4

Ⅰ . ① 2… Ⅱ . ①闫… ②东… Ⅲ . ①财务管理—资格考试—自学参考资料 Ⅳ . ① F23

中国版本图书馆 CIP 数据核字（2021）第 265122 号

责任编辑：韩　晖
责任校对：贾　荣
装帧设计：韩文静　晓　莉
责任印制：张　良
出 版 人：曾庆宇
出版发行：北京科学技术出版社
社　　址：北京西直门南大街 16 号
邮政编码：100035
电　　话：0431-87635566（编辑部）
010-66135495（总编室）
网　　址：www. bkydw. cn
印　　刷：中教科（保定）印刷股份有限公司
开　　本：787 mm × 1092 mm　1/16
字　　数：790 千字
印　　张：44
版　　次：2022 年 3 月第 1 版
印　　次：2022 年 3 月第 1 次印刷

ISBN 978-7-5714-2002-4

定　　价：108.00 元（上中下册）

编委会

C 目录
ONTENTS

上册

第一部分　命题规律总结及趋势预测

第二部分　考点精讲及同步训练

中册

下册

第三部分　跨章节综合题演练

第四部分　常用财务管理公式汇总

01

第一部分
命题规律总结及趋势预测

命题规律总结及趋势预测

一、2022年的重要考试政策

中级会计资格考试属于国家级考试，从1992年开始，至今已举行了30届。目前，中级会计资格考试的科目——中级会计实务、财务管理和经济法，财务管理是从1999年开始正式单独命题的，考试的形式从2018年开始全面采用机考模式，由于考生较多，受应试环境的限制，近两年考试要分三批进行，通常安排在周六下午、周日下午和周一下午。受到疫情影响，2020年财务管理科目的考试时间缩短为2小时15分钟，计算分析题的题量从原来的4道减少为3道，预计2022年依然会保持2021年的考试题量，2022年考试时间如下。

考试日期	考试时间及科目	考试批次
9月3日	8：30—11：15 中级会计实务	第一批次
	13：30—15：45 财务管理	
	18：00—20：00 经济法	
9月4日	8：30—11：15 中级会计实务	第二批次
	13：30—15：45 财务管理	
	18：00—20：00 经济法	
9月5日	8：30—11：15 中级会计实务	第三批次
	13：30—15：45 财务管理	
	18：00—20：00 经济法	

财务管理的试题具有考核全面、计算量大、命题灵活、与实际结合紧密等特点。财务管理考试计算分析题和综合题分值占的比重较大，需要记忆和运用很多公式，而从事财务会计工作的人员，很多是学文科出身，因此考生普遍反映学习有一定的难度。

二、2022年教材基本情况

教材总共10章，分为三大部分：第一部分是财务管理基础（第一章和第二章），主要介绍财务管理的基本理论与基础知识；第二部分是财务管理工作环节（第三章和第十章），主要介绍预算管理、财务分析与评价等内容；第三部分是财务管理内容（第四至第九章），主要介绍筹资管理、投资管理、营运资金管理、成本管理和收入与分配管理，是全书的核心。

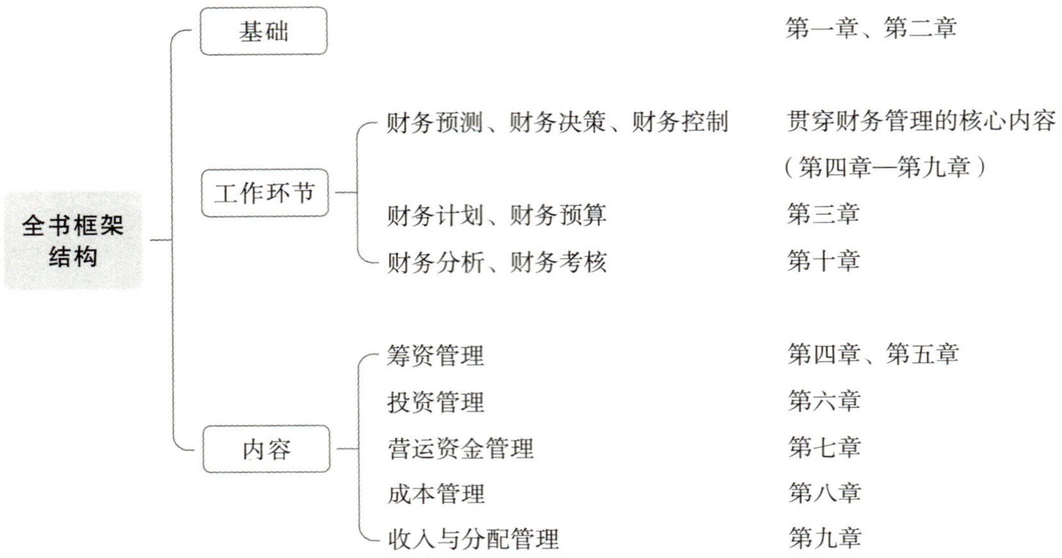

三、最近三年财务管理考试的命题规律

考生有必要借鉴以前年度考题，因为任何一门学科都有其重点知识和易考知识点，且考试对知识的考查具有连续性。有效地借鉴以前年度考题，往往会达到意想不到的效果。在对历年考题进行研究和分析时，要注意了解教材中的知识点和例题是怎样转化为考题的，从而掌握出题规律，对2022年的考题作出预测。此外考生还要注意了解财务管理考试的特点，以便在全面复习的基础上，更好地把握重点和难点，制定好复习计划，有效地准备财务管理考试。

（一）题目类型及分数

最近三年考试的题量、分值分布如下表。

年度		单项选择题	多项选择题	判断题	计算分析题	综合题	合计
2019年	题量	25题	10题	10题	4题	2题	51题
	分值	25分	20分	10分	20分	25分	100分

年度		单项选择题	多项选择题	判断题	计算分析题	综合题	合计
2020 年	题量	20 题	10 题	10 题	3 题	2 题	45 题
	分值	30 分	20 分	10 分	15 分	25 分	100 分
2021 年	题量	20 题	10 题	10 题	3 题	2 题	45 题
	分值	30 分	20 分	10 分	15 分	25 分	100 分

（二）命题规律总结

从上表中，我们可以看出以下几点。

1. 题量降低，但覆盖面广

2020 年开始，考题的总题量从以往的 51 道题目减为 45 道题目，考试时间从原来的 2.5 小时缩短为 2 小时 15 分钟，考生仍然要在规定的考试时间内完成考题。这不仅要求考生牢固掌握专业知识，而且要对教材内容相当熟悉。这么多题目分布在教材的 10 章中，可以说教材中的每一章都有考题，每节的考题覆盖率几乎达到 70%。因此，考生一定要按大纲规定的范围全面复习，放弃猜题、押题的侥幸心理。

2. 客观题和主观题分值的比重基本各占一半

财务管理试题中以计算为主的主观题的分数占 40 分，客观题中也会有少量计算题。部分考生只看书复习，很少动手做题练习，公式运用不熟练或计算能力较差，造成失分。因此，考生在牢固、熟练掌握教材内容的同时，要善于归纳，分题型加强练习，尤其是对计算分析题和综合题，要做到有所准备。看到题目后，能快捷地作出判断和处理，是通过这门考试的关键。

计算分析题主要考查考生的实务操作能力，要求考生在平时复习时熟记公式和例题，要弄懂、弄会教材中的每一道例题，真正理解并能熟练、灵活运用公式。为了提高解题速度，考生平时一定要多做练习。一方面，可以让考生多见识一些不同类型的试题；另一方面，可以锻炼考生解题的能力，帮考生获得解题的技巧。综合题主要考查考生对知识的全面综合把握情况和熟练运用能力。这类试题的特点是实务操作性强，通常涉及几章的内容，往往具有案例分析的性质。综合题由于涉及的内容多，一般要分成若干个步骤解题，因此，考生必须认真审题，仔细阅读题目中给出的资料、数据和具体要求，通过分析找出解题的思路。综合题一般分成几问，这往往是一种提示，一定要按照问题的顺序答题。这类试题一般不是只考某一个知识点，而往往是把几个知识点联系起来考查，考生思路要开阔，将各知识点联系起来分析，注意答题的系统性。

客观题是“全面考查”的具体体现，主要考查考生对知识的全面理解及分析判断能力。客观题的得分是能否顺利通过考试的关键。如果客观题失分太多，即使主观题答得较好也很难通过考试。因此，考生一定要熟悉教材，理解教材的基本知识、基本理论与基本方法。考生在解题时，要仔细看清楚题意和所有备选答案，解题时常用的方法一般有以下 3 种：①直接挑选法。这类试题一般属于规定性的“应知应会”内容，或者计算性的试题。考生只要掌握教材中知识的考查点，就能直接做出正确的选择，或者通过计算选择正确的答案。②排除法。将备选答案中不正确或不符合题意的选项排除，从剩余选项中选出正确答案。③猜测法。因单选题和多选题选错并不扣分，其选错结果与不选是一样的，遇到确实不会的题目可用猜测法。但判断题需要看当年考试具体的评分标准。2020 年以前其评分标准为判断正确的得分，不判断不得分也不扣分，判断错误倒扣分，则不宜采用猜测法，但是 2020 年与 2021 年的评分标准选错不扣分，因此即使不会也要采用猜测法给出判断结果。

3. 理论结合实际、重点突出

财务管理科目以现代财务管理观念为核心，以公司为背景系统阐述财务管理的基本观念、财务管理的决策方法以及财务管理的工作环节。重点、难点和分值集中分布在筹资决策（筹资管理）、投资决策（投资管理）、营运资金管理、收入与分配管理和财务分析与评价等章节，考生应有针对性地加强练习。

各章难度和重要性分析见下表。

章节	难度	考试重要性
第一章	★	★
第二章	★★	★★
第三章	★★	★★
第四章	★	★★
第五章	★★★	★★★
第六章	★★★	★★★
第七章	★★★	★★
第八章	★★★	★★
第九章	★★★	★★
第十章	★★★	★★

注：★越多，表示该章的难度越大、考试重要性越高。

主观题考点归纳见下表。

章节	主观题考点	链接的最近 10 年考题
第二章　财务管理基础	（1）风险衡量	2021 年计算分析题（试卷Ⅲ） 2019 年计算分析题（试卷Ⅰ） 2017 年计算分析题（试卷Ⅰ）
	（2）资本资产定价模型的运用	2021 年计算分析题（试卷Ⅰ、试卷Ⅱ、试卷Ⅲ） 2020 年计算分析题（试卷Ⅰ） 2019 年计算分析题（试卷Ⅰ） 2018 年计算分析题（试卷Ⅱ） 2018 年综合题（试卷Ⅰ） 2015 年综合题
	（3）年金现值	2018 年计算分析题（试卷Ⅱ）
	（4）混合成本分解	2020 年综合题（试卷Ⅲ）

章节	主观题考点	链接的最近 10 年考题
第三章　预算管理	（1）经营预算的编制	2021 年计算分析题（试卷Ⅲ） 2020 年综合题（试卷Ⅲ） 2019 年综合题（试卷Ⅱ） 2018 年综合题（试卷Ⅱ） 2017 年计算分析题（试卷Ⅰ） 2014 年综合题
	（2）财务预算（资金预算、预计利润表和预计资产负债表）的编制	2021 年计算分析题（试卷Ⅲ） 2019 年综合题（试卷Ⅱ） 2018 年计算分析题（试卷Ⅰ） 2018 年综合题（试卷Ⅱ） 2017 年计算分析题（试卷Ⅱ） 2015 年计算分析题
	（3）滚动预算的编制	2013 年计算分析题
第四章　筹资管理（上）	（1）租赁租金确定	2018 年综合题（试卷Ⅰ）
	（2）可转换债券	2021 年综合题（试卷Ⅰ）
第五章　筹资管理（下）	（1）资本成本的计算	2021 年综合题（试卷Ⅱ、试卷Ⅲ） 2020 年计算分析题（试卷Ⅱ） 2020 年综合题（试卷Ⅰ） 2019 年综合题（试卷Ⅱ） 2018 年综合题（试卷Ⅰ、试卷Ⅱ） 2017 年综合题（试卷Ⅰ、试卷Ⅱ） 2016 年计算分析题 2015 年综合题 2014 年综合题 2012 年综合题
	（2）销售百分比法预测资金需要量	2021 年综合题（试卷Ⅱ、试卷Ⅲ） 2020 年综合题（试卷Ⅱ） 2019 年计算分析题（试卷Ⅱ） 2018 年综合题（试卷Ⅰ） 2017 年综合题（试卷Ⅱ） 2012 年综合题
	（3）资金习性预测法（高低点法）预测资金需要量	2020 年综合题（试卷Ⅲ） 2018 年综合题（试卷Ⅱ） 2012 年综合题

章节	主观题考点	链接的最近 10 年考题
第五章　筹资管理（下）	（4）杠杆系数的计算	2021 年计算分析题（试卷Ⅱ） 2021 年综合题（试卷Ⅰ） 2019 年综合题（试卷Ⅰ） 2017 年计算分析题（试卷Ⅰ） 2017 年综合题（试卷Ⅱ） 2016 年综合题 2015 年综合题 2012 年综合题
	（5）每股收益分析法	2021 年综合题（试卷Ⅰ） 2020 年综合题（试卷Ⅰ） 2019 年计算分析题（试卷Ⅱ） 2016 年综合题 2014 年综合题
	（6）公司价值分析法	2019 年综合题（试卷Ⅱ） 2015 年综合题 2013 年计算分析题
第六章　投资管理	（1）新建项目现金流量的确定、投资决策评价指标的计算及投资决策评价	2021 年综合题（试卷Ⅰ、试卷Ⅱ、试卷Ⅲ） 2020 年综合题（试卷Ⅰ、试卷Ⅲ） 2019 年综合题（试卷Ⅰ） 2018 年综合题（试卷Ⅰ） 2017 年计算分析题（试卷Ⅱ） 2017 年综合题（试卷Ⅰ） 2016 年综合题 2015 年计算分析题 2014 年综合题 2012 年计算分析题 2012 年综合题
	（2）固定资产更新决策	2020 年综合题（试卷Ⅱ、试卷Ⅲ） 2019 年计算分析题（试卷Ⅱ） 2016 年计算分析题 2013 年综合题
	（3）股票价值与必要收益率的计算	2021 年计算分析题（试卷Ⅰ） 2020 年计算分析题（试卷Ⅰ、试卷Ⅲ） 2018 年计算分析题（试卷Ⅱ） 2018 年综合题（试卷Ⅰ） 2015 年综合题
第七章　营运资金管理	（1）营运资金的管理策略	2020 年综合题（试卷Ⅰ）

章节	主观题考点	链接的最近 10 年考题
第七章　营运资金管理	（2）现金周转期	2021 年综合题（试卷Ⅱ） 2020 年综合题（试卷Ⅰ、试卷Ⅱ） 2017 年综合题（试卷Ⅱ） 2012 年计算分析题
	（3）最佳现金持有量确定的存货模型	2015 年计算分析题
	（4）经济订货模型以及保险储备的确定	2020 年综合题（试卷Ⅱ） 2019 年计算分析题（试卷Ⅱ） 2017 年计算分析题（试卷Ⅰ） 2014 年计算分析题
	（5）应收账款信用政策决策方法	2021 年计算分析题（试卷Ⅱ） 2020 年综合题（试卷Ⅰ） 2019 年计算分析题（试卷Ⅰ） 2018 年计算分析题（试卷Ⅰ） 2017 年综合题（试卷Ⅱ）
	（6）放弃现金折扣的信用成本率	2018 年综合题（试卷Ⅰ） 2016 年计算分析题
	（7）短期借款实际利率的确定	2017 年综合题（试卷Ⅱ） 2013 年计算分析题
第八章　成本管理	（1）本量利分析	2021 年综合题（试卷Ⅰ、试卷Ⅱ） 2020 年计算分析题（试卷Ⅰ、试卷Ⅱ、试卷Ⅲ） 2020 年综合题（试卷Ⅲ） 2019 年综合题（试卷Ⅰ、试卷Ⅱ） 2018 年计算分析题（试卷Ⅰ、试卷Ⅱ） 2017 年计算分析题（试卷Ⅱ） 2017 年综合题（试卷Ⅰ、试卷Ⅱ） 2016 年综合题 2015 年综合题 2014 年综合题 2012 年计算分析题
	（2）标准成本的差异分析	2021 年计算分析题（试卷Ⅰ） 2019 年计算分析题（试卷Ⅰ） 2018 年综合题（试卷Ⅱ） 2015 年综合题 2014 年计算分析题 2012 年计算分析题
	（3）责任中心的业绩评价	2020 年综合题（试卷Ⅱ） 2016 年综合题 2013 年计算分析题

章节	主观题考点	链接的最近 10 年考题
第九章　收入与分配管理	（1）股利分配政策	2020 年计算分析题（试卷Ⅱ） 2019 年综合题（试卷Ⅰ、试卷Ⅱ） 2018 年计算分析题（试卷Ⅰ） 2018 年综合题（试卷Ⅱ） 2016 年综合题 2013 年综合题 2012 年综合题
	（2）销售趋势预测分析法	2018 年综合题（试卷Ⅱ） 2017 年综合题（试卷Ⅱ） 2014 年计算分析题
	（3）产品定价方法	2017 年计算分析题（试卷Ⅱ） 2015 年综合题 2014 年计算分析题
第十章　财务分析与评价	（1）因素分析法	2020 年计算分析题（试卷Ⅰ） 2019 年综合题（试卷Ⅱ）
	（2）基本财务比率的计算	2021 年计算分析题（试卷Ⅰ） 2021 年综合题（试卷Ⅱ） 2020 年计算分析题（试卷Ⅲ） 2020 年综合题（试卷Ⅰ、试卷Ⅱ） 2019 年计算分析题（试卷Ⅰ） 2018 年计算分析题（试卷Ⅱ） 2018 年综合题（试卷Ⅰ） 2017 年计算分析题（试卷Ⅱ） 2017 年综合题（试卷Ⅰ、试卷Ⅱ） 2016 年综合题 2015 年计算分析题 2014 年计算分析题 2013 年综合题
	（3）杜邦分析法（结合因素分析法）	2021 年综合题（试卷Ⅲ） 2019 年计算分析题（试卷Ⅰ） 2017 年综合题（试卷Ⅰ） 2016 年计算分析题 2013 年综合题 2012 年综合题
	（4）上市公司特殊财务分析指标	2021 年计算分析题（试卷Ⅲ） 2019 年综合题（试卷Ⅰ） 2016 年综合题 2012 年综合题

通过上表，我们可以总结出以下几点。

（1）第一章、第二章作为财务管理的基础，从历年的命题情况来看，在考试中主要以选择题、判断题等客观题型出现，平均分值占15%左右。

（2）第四至第九章作为财务管理的核心内容，是历年考试的重点，所占分值较高，分值占试卷总分值的65%以上，各种题型均可能出现，而且这部分内容是计算分析题和综合题的重点命题部分。考生对此部分内容应予以重视，结合例题和相关习题重点掌握。

（3）第三章和第十章介绍了财务管理工作环节，也是历年考试分数较多的章节，分值占20%左右。第三章在考试中主要考查客观题和小计算分析题，主观题的考点主要集中在资金预算的编制和经营预算的编制上。第十章除了出客观题、小计算分析题外，是最容易和其他章节一起出题的一章，考查点主要是财务分析指标的计算与运用。

四、教材的主要变化及命题趋势预测

（一）2022年教材的主要变化

1. 总体变化

每章增加了对教材知识点掌握的总体要求，增加了复习思考题。

（1）总体要求。

第一章	掌握：①财务管理的内容；②财务管理目标；③财务管理原则 熟悉：①财务管理体制；②财务管理的环节 了解：财务管理环境
第二章	掌握：①货币时间价值的计算；②成本性态分析；③资本资产定价模型 熟悉：①证券资产组合的收益与风险；②风险的衡量；③风险管理的原则和对策
第三章	掌握：经营预算和财务预算的编制 熟悉：①预算编制的各种方法；②预算的执行与考核 了解：①预算的特征、作用、体系；②预算的编制程序
第四章	掌握：①企业筹资管理的内容与原则；②银行借款、发行公司债券和租赁等债务筹资方式；③吸收直接投资、发行股票、留存收益等股权筹资方式；④可转换债券、认股权证、优先股等衍生工具筹资方式 了解：①筹资的动机与分类；②筹资实务创新

第五章

掌握：①资金需要量预测的方法；②资本成本的计算；③金融工具价值评估方法；④经营杠杆、财务杠杆和总杠杆的原理及其杠杆系数的测算方法；⑤资本结构理论、资本结构优化的分析方法

了解：双重股权结构

第六章

掌握：①投资项目现金流量的测算；②投资项目财务评价指标的计算；③投资项目财务决策方法；④债券与股票的估值方法

熟悉：①企业投资的分类；②证券资产的特点与证券投资的风险；③证券投资基金的分类；④期权到期日价值与净损益的计算

了解：①证券投资基金的业绩评价方法；②私募股权投资基金的特点与退出方式

第七章

掌握：①信用政策决策和现金折扣决策的方法；②最优存货量的确定

熟悉：①目标现金余额的确定；②现金收支和应收账款日常管理；③流动负债管理

了解：①营运资金的特点和管理原则；②营运资金的管理策略；③持有现金的动机；④存货的控制系统

第八章

掌握：①成本管理的主要内容；②标准成本的制定及差异分析；③责任成本

熟悉：本量利分析技术

了解：①作业成本；②成本管理的意义与目标

第九章

掌握：①股利政策和企业利润分配制约因素；②销售预测分析方法和产品定价方法；③股利支付形式

熟悉：①股权激励模式；②纳税管理

了解：①企业收入与分配管理的原则；②股利分配理论

第十章

掌握：①财务分析的因素分析法；②基本的财务报表分析；③上市公司的财务分析；④杜邦分析法；⑤经济增加值法

熟悉：综合绩效评价

了解：①管理层讨论与分析；②财务分析的意义和内容；③财务分析的比较分析法和比率分析法；④财务分析的局限性及财务评价；⑤沃尔评分法

（2）复习思考题。

第一章

①将股东财富最大化作为财务管理的目标有哪些利弊
②影响企业财务管理目标的因素主要有哪些
③企业利益相关者的利益与股东利益是否存在矛盾？如何解决
④金融市场环境对企业财务管理会产生怎样的影响
⑤企业在进行财务管理时，应遵循哪些原则

第二章

①如何理解货币的时间价值？如何表示货币的时间价值
②年金的分类有哪些？各自的特征是什么
③什么是必要收益率？必要收益率由哪两部分构成
④如何理解风险？衡量风险的指标有哪几种
⑤企业在管理风险时需要注意哪些问题
⑥按照成本性态不同，通常可以把成本区分为哪几类？各自的特点是什么

第三章

①企业的预算编制方法有哪些？各编制方法有哪些优缺点
②经营预算包括哪些内容？各类预算如何编制？有何作用
③财务预算包括哪些内容？各类预算如何编制？有何作用
④预算管理的特征和原则是什么
⑤全面预算体系包括哪些内容

第四章

①筹资管理的内容有哪些
②筹资管理有哪些原则
③银行长期借款有何特点
④债券筹资有何特点
⑤租赁租金的影响因素有哪些？租赁筹资有何特点
⑥债务筹资的优缺点有哪些
⑦吸收直接投资有何特点
⑧发行普通股股票筹资有何特点
⑨股票上市交易的目的是什么
⑩混合性筹资方式有哪些？混合性筹资方式有哪些特点
⑪融资实务创新有哪些内容

第五章

①资金需要量预测方法的适用条件是什么
②资本成本对资本结构管理有何意义
③资本成本中的占用费用和筹资费用有何不同特性
④项目资本成本如何测算
⑤金融工具价值如何进行评估
⑥经营杠杆的基本原理及其杠杆系数的测算方法
⑦财务杠杆的基本原理及其杠杆系数的测算方法
⑧财务杠杆效应对资本结构管理有何意义
⑨资本结构理论有哪些主要观点
⑩影响资本结构的因素有哪些
⑪每股收益分析法的基本原理和决策标准是什么
⑫双重股权结构有何特点

第六章

①项目投资的投资期、营业期、终结期，分别涉及哪些可能的现金流项目
②请梳理比较各项目投资评价指标的优缺点
③如何进行项目寿命期不等的互斥投资方案决策
④请列举常用的股票估值模型
⑤证券投资的风险有哪些
⑥如何计算买入和卖出看涨期权时的净损益

第七章

①什么是营运资金？营运资金有哪些特点
②营运资金的管理策略有哪些
③目标现金余额的确定方法有哪些
④现金管理和现金收支日常管理包含哪些内容
⑤信用政策包含哪些内容
⑥应收账款日常管理的方法有哪些
⑦最优存货量的确定方法有哪些
⑧企业的流动负债包含哪些内容

第八章

①什么是本量利分析？它的基本假设有哪些？它具有哪些具体分析方法？分别具有哪些优缺点？分别具有什么用途
②什么是盈亏平衡点？如何计算
③如何进行目标利润分析
④什么是敏感性分析？试计算各因素对利润的敏感系数
⑤什么是边际贡献？边际贡献的实质是什么
⑥什么是安全边际和安全边际率？计算该指标有何意义
⑦什么是标准成本法？如何制定标准成本和进行成本差异分析
⑧什么是作业成本法？什么是作业动因
⑨作业成本计算的一般程序是什么
⑩什么是责任成本？责任成本管理流程是什么

第九章

①简述企业进行收入与分配管理的意义
②企业进行收入与分配管理应遵循怎样的原则
③企业收入与分配管理的内容主要包括哪些方面
④影响企业产品价格的因素有哪些？企业的定价目标主要有哪些
⑤企业纳税筹划应遵循哪些原则
⑥企业常用的纳税筹划方法有哪些
⑦企业在筹资、投资、营运、利润分配、重组等环节应如何进行纳税管理
⑧不同股利政策各有何优缺点
⑨企业在确定利润分配政策时应考虑哪些因素的影响
⑩企业有哪些股利支付形式？应遵循怎样的程序
⑪什么是股票回购？什么是股票分割？它们的目的与动机有何区别

第十章

①为什么要进行财务报表分析
②财务分析有哪些方法
③基本的财务报表分析包括哪些内容
④上市公司定期报告中“管理层讨论与分析”部分包括哪些内容
⑤综合绩效分析有哪些方法

【提示】扫描每章本章小结中的二维码，本书作者闫华红老师带您复盘每章总体要求和思考题。

2. 每章主要变化

第一章

（1）增加了“大股东与中小股东之间的利益冲突及协调”的相关内容
（2）增加了“第三节　财务管理原则”
（3）修改了“财务管理环节”的相关内容

第二章

（1）对风险管理的概念、风险管理原则及风险管理对策进行了补充修改
（2）修改了“混合成本分解方法”的相关内容

第三章

删除了预算最主要特征的表述

第四章

（1）按租赁准则对租赁的分类和使用权资产与租赁负债的确认做了相关补充
（2）增加了“我国证券交易所概况”的相关内容
（3）增加了“股票发行条件”的相关内容
（4）增加了“股票的发行程序”的相关内容
（5）增加了“股票上市的条件”的相关内容
（6）增加了“股票退市”的相关内容
（7）删除了“股份有限公司首次发行股票的一般程序”的相关内容
（8）删除了“股票上市的暂停、终止与特别处理”的相关内容
（9）增加了三种创新性融资方式

第五章

（1）增加了“投资项目资本成本确定”的相关内容
（2）增加了“金融工具价值评估”的相关内容
（3）增加了“双重股权结构”的相关内容

第六章

（1）删除了“企业投资管理的特点”“投资管理的原则”的部分解释内容
（2）增加了确定项目现金流量时的假设前提
（3）增加了“私募股权投资基金”的相关内容
（4）增加了“期权合约”的相关内容

第七章

增加了“借款利率种类”的相关内容

第八章

（1）增加了“本量利分析的优缺点”“敏感分析法的优缺点”“标准成本法的优缺点”的相关内容
（2）删除了多种产品盈亏平衡分析方法中的顺序法
（3）增加了“作业成本信息报告”“作业成本法的适用范围、优缺点”等相关内容
（4）对作业成本计算程序中的相关内容进行了补充完善

第九章

（1）根据最新的相关法规修改了研发费用税前加计扣除比例
（2）修改了小规模纳税人发生增值税应税销售行为的相关规定

第十章

（1）根据最新报表格式修订最新报表项目
（2）增加了对资本保值增值率指标计算的解释

（二）命题趋势预测

1. 题型、题量预测

题型、题量预计与 2021 年相比保持稳定，题型仍为单项选择题、多项选择题、判断题、计算分析题及综合题 5 种。题量将在 45 题左右。分值分布为客观题占 60% 左右、主观题占 40% 左右，其中计算分析题（3 题）占 15% 左右、综合题（2 题）占 25% 左右。

2. 试题难度预测

财务管理考试历年考题的难度比较平稳，预计总体难度不会有较大变化。

3. 重点、考点预测

财务管理的核心内容仍然是考试的重点。2022 年考查的重点仍会是筹资管理、投资管理、营运资金管理、成本管理、收入与分配管理和财务分析与评价等内容。

五、高效复习技巧

由于采用机考模式，考试答题速度明显下降，考生需在平时适应机考模式下的答题环境。

财务管理考试并不是很难，考生只要弄清原理，掌握正确的复习方法和应试技巧，是能够顺利通过这门考试的。具体来说，考生首先应按考试大纲规定的范围和指定的辅导教材进行全面、系统的学习；然后抓住重点章节和重点内容强化学习，要有针对性地做一些练习，以掌握答题思路和技巧，同时加深对重点、难点的理解和把握；最后注意平时做题时要习惯用计算机答题，加强计算机操作训练。答单项选择题时，考生直接用鼠标点击备选项中认为正确的一个选项；如果需要修改答案，用鼠标点击其他备选项即可，机考系统只允许考生在所有备选项中选择一个备选项作为答案。答多项选择题时，考生直接用鼠标点击备选项中认为正确的所有选项；如果需要撤销已经选中的选项，再次点击该选项即可，机考系统允许考生在所有备选项中选择任意多个备选项作为答案。答判断题时，只有两个备选项可供选择，考生选择一个备选项作为答案即可，但需要注意 2019 年及以前年度判断结果错误的扣 0.5 分，考生若把握不大，可不进行选择；但 2020 年与 2021 年考试判断结果错误不扣分，建议必须选择其中一个，如果需要撤销已经选中的选项，再次点击该选项即可。对于主观题，当资料区内容较多时，考生可以用鼠标上下拖动右侧的纵向滚动条来阅读全部内容，通常一道主观题会包括多个答题要求，当答题区上有多个标签页时，务必逐一点击标签查看并回答所有问题，以免漏答。作答时考生应直接将答案录入指定的答题区域，在草稿纸上书写的答案无效。考生可以通过上下拖动分割条来调整资料区、答题区的大小；也可以直接通过工具栏上的放大窗口按钮，将资料区或答题区进行最大化显示，方便阅读或答题。在考生答题过程中，机考系统会自动为考生保存答案。

一分耕耘，一分收获，只要能全面理解教材，把握重点、难点，加强应试训练，就一定会顺利通过考试。

注：本书涉及的历年真题部分为学员回忆版。

第二部分

考点精讲及同步训练

第一章　总　论

CHAPTER-1

本章学习指南

一、考情分析

本章主要介绍了企业与企业财务管理、财务管理目标、财务管理环节、财务管理体制、财务管理环境 5 个方面的内容。从近 3 年考试来看，平均分值为 3 分左右，从题型来看只能出客观题，包括单项选择题、多项选择题和判断题。

最近 3 年题型、题量分析表

题型	2019 年		2020 年			2021 年		
	试卷Ⅰ	试卷Ⅱ	试卷Ⅰ	试卷Ⅱ	试卷Ⅲ	试卷Ⅰ	试卷Ⅱ	试卷Ⅲ
单项选择题	1 题 1 分	1 题 1 分	1 题 1.5 分	1 题 1.5 分	—	1 题 1.5 分	1 题 1.5 分	1 题 1.5 分
多项选择题	1 题 2 分	—	—	—	—	—	2 题 4 分	1 题 2 分
判断题	1 题 1 分	—	—	—	1 题 1 分	1 题 1 分	1 题 1 分	1 题 1 分
计算分析题	—	—	—	—	—	—	—	—
综合题	—	—	—	—	—	—	—	—
合计	3 题 4 分	1 题 1 分	1 题 1.5 分	1 题 1.5 分	1 题 1 分	2 题 2.5 分	4 题 6.5 分	3 题 4.5 分

二、教材变化

本章与 2021 年的教材相比，主要变化有：（1）增加了“大股东与中小股东之间的利益冲突及协调”的相关内容；（2）增加了“第三节　财务管理原则”；（3）修改了“财务管理环节”的相关内容。

核心考点精讲

第一节　企业与企业财务管理

使用“会计云课堂”App 或“微信”扫码查看本节视频，快速 GET 知识点。

一、企业的组织形式★★[1]

1. 典型的企业组织形式

组织形式	个人独资企业	合伙企业	公司制企业
法人主体	非法人	非法人	法人
投资人	一个自然人	两个或两个以上的自然人，有时也包括法人或其他组织	有限责任公司：1~50 人 股份有限公司：2~200 人（发起人）
投资人承担的责任	无限债务责任	普通合伙企业：无限连带责任 有限合伙企业：无限 + 有限	有限债务责任
企业寿命	受制于业主的寿命（如果无继承人或继承人决定放弃继承权，应当解散）	当合伙人不具备法定人数（2 人）满 30 天，应当解散	无限存续
权益转让	较难	较难	股权便于转让
从外部获得大量资金的难易度	难	较难	容易
纳税	一次课税	一次课税	双重课税
股东与经营者之间的代理问题	不太突出	不太突出	存在（较突出）
组建成本	低	居中	高

要点小贴士（纳税）

公司制企业是独立法人，要交企业所得税，同时投资人收到收益也要交所得税；个人独资企业和合伙企业不是法人，企业不交所得税，只是投资人收到收益要交所得税。

[1] 为方便您在学习中可以快速了解知识点的掌握程度，本书中将知识点进行分类。★★★代表掌握，★★代表熟悉，★代表了解。

【提示】有限合伙企业的合伙人由普通合伙人和有限合伙人组成，普通合伙人对合伙企业债务承担无限连带责任，有限合伙人以其认缴的出资额为限对合伙企业债务承担责任。

2. 公司制企业的优缺点

优点	对投资人（股东）的影响	（1）容易转让所有权 （2）有限债务责任
	对公司的影响	（3）无限存续 （4）融资渠道较多，更容易筹集所需资金
缺点	（1）组建公司的成本高 （2）存在代理问题 （3）双重课税	

经典题解

【真题1·判断题】相对于个人独资企业与合伙企业，公司制企业受政府的监管较为宽松。（ ）（2021年卷Ⅲ）

【解析】相对于个人独资企业与合伙企业，公司制企业成立后，政府对其监管比较严格，需要定期提交各种报告。

【答案】×

【真题2·单选题】与个人独资企业相比，下列各项中属于公司制企业特点的是（ ）。（2020年卷Ⅱ）

A. 企业股东承担无限债务责任

B. 企业可以无限存续

C. 企业融资渠道较少

D. 企业所有权转移困难

【解析】公司制企业的优点：（1）容易转让所有权。（2）有限债务责任。（3）公司制企业可以无限存续，一个公司在最初的股东和经营者退出后仍然可以继续存在。（4）公司制企业融资渠道较多，更容易筹集所需资金。

公司制企业的缺点：（1）组建公司的成本高。（2）存在代理问题。（3）双重课税。

【答案】B

【真题3·单选题】与普通合伙企业相比，下列各项中，属于公司制企业特点的是（ ）。（2017年卷Ⅰ）

A. 设立时股东人数不受限制

B. 有限债务责任

C. 组建成本低

D. 有限存续期

【解析】有限责任公司要求股东人数为1~50人，股份有限公司要求发起人数为

2~200人，选项A错误。公司制企业股东对公司债务承担的责任以其出资额为限，选项B正确。相比普通合伙企业，公司制企业组建成本高，选项C错误。公司制企业可以无限存续，一个公司在最初的股东和经营者退出后仍然可以继续存在，选项D错误。

【答案】 B

真题点拨

谈到公司代理问题，最主要的就是经理人与股东之间的冲突与协调的问题。

【真题4·单选题】 某上市公司职业经理人在任职期间不断提高在职消费，损害股东利益。这一现象所揭示的公司制企业的缺点主要是（　　）。（2016年）

A. 产权问题　　B. 激励问题

C. 代理问题　　D. 责权分配问题

【解析】 股东和经营者分开以后，股东成为委托人，经营者成为代理人，代理人可能为了自身利益而伤害委托人利益，属于存在代理问题，选项C正确。

【答案】 C

【真题5·判断题】 不论是公司制企业还是合伙企业，股东或合伙人都面临双重课税问题，即在缴纳企业所得税后，还要缴纳个人所得税。（　　）（2016年）

【解析】 公司作为独立的法人，其利润需缴纳企业所得税，企业利润分配给股东后，股东还需缴纳个人所得税，所以会面临双重课税问题。合伙企业的合伙人不会面临双重课税问题。

【答案】 ×

二、企业财务管理的内容★★★

相关链接

第7章：营运资金＝流动资产－流动负债。

本教材把财务管理的内容分为筹资管理（第4章、第5章）、投资管理（第6章）、营运资金管理（第7章）、成本管理（第8章）和收入与分配管理（第9章）5个部分。

- **致亲爱的学员**

本章是您中级财务管理考试的基石，夯实基础，尤为关键。但无须忐忑，本系列丛书会引导您循序渐进地理解知识点。遇到重点、难点，不必紧张，书中的“核心考点精讲”各节都配有二维码。只要轻轻一扫！名师现身讲解，带您打破“一背解千愁”的常态，助您“码”上通关，双倍吸收！中级学习从此变得轻便又有趣！

划重点：前两章考点视频，扫码免费享有。

- **使用步骤**

01 扫码下载安装最新版“会计云课堂”App

02 登录您的东奥个人账号

03 点击首页右上角“扫一扫”即可听课

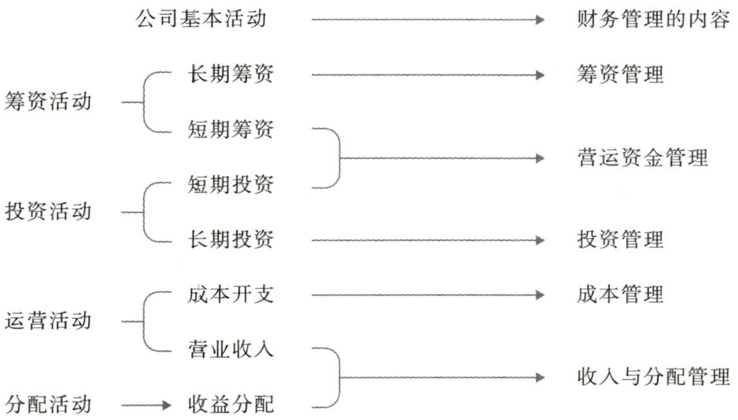

经典题解

【真题6·单选题】某公司预测将出现通货膨胀，于是提前购置一批存货备用。从财务管理的角度看，这种行为属于（　　）。（2021年卷Ⅰ）

A. 长期投资管理　　B. 收入管理

C. 营运资金管理　　D. 筹资管理

【解析】企业在日常的生产经营活动中，会发生一系列流动资产和流动负债资金的收付。购置一批存货备用，属于将资金投资于流动资产，属于营运资金管理。

【答案】C

第二节　财务管理目标

使用“会计云课堂”App或“微信”扫码查看本节视频，快速GET知识点。

一、企业财务管理目标理论★★★

（一）利润最大化

优点	缺点
（1）利润可以直接反映企业创造的剩余产品的多少 （2）有利于企业资源的合理配置，有利于企业整体经济效益的提高	（1）没有考虑利润实现时间和资金时间价值 （2）没有考虑风险问题 （3）没有反映创造的利润与投入资本之间的关系 （4）可能导致企业短期行为倾向，影响企业长远发展

【提示】利润最大化的另一种表现方式是每股收益最大化。每股收益最大化除了反映所创造利润与投入资本之间的关系外，其余与利润最大化目标的缺陷基本相同。

相关链接

第10章：每股收益＝归属于普通股股东的净利润/发行在外的普通股加权平均数。

（二）股东财富最大化

指标的衡量	股东财富 = 股票数量 × 股票市场价格 【提示】在股票数量一定时，股票价格达到最高，股东财富也就达到最大
优点	（1）考虑了风险因素 （2）在一定程度上能避免企业短期行为 （3）对上市公司而言，股东财富最大化目标比较容易量化，便于考核和奖惩
缺点	（1）非上市公司难以应用 （2）股价受众多因素的影响，股价不能完全准确反映企业财务管理状况 （3）它强调得更多的是股东利益，而对其他相关者的利益重视不够

经典题解

【真题 7·单选题】某上市公司以股东财富最大化作为财务管理目标，下列各项中，能够恰当反映股东财富水平的是（　　）。（2021 年卷Ⅲ）

A. 每股市价 × 股票数量

B. 每股总资产 × 股票数量

C. 每股收益 × 股票数量

D. 每股净资产 × 股票数量

【解析】在上市公司，股东财富是由其所拥有的股票数量和股票市场价格两方面来决定的。

【答案】A

要点小贴士

企业价值不是账面资产的总价值，企业价值可以理解为企业股东权益和债权人权益的市场价值，是企业所能创造的预计未来现金流量的现值。

（三）企业价值最大化

指标的衡量	企业价值 = 股东权益市场价值 + 债权人权益的市场价值
优点	（1）考虑了取得收益的时间，并用时间价值的原理进行了计量 （2）考虑了风险与收益的关系 （3）将企业长期、稳定的发展和持续的获利能力放在首位，能克服企业在追求利润上的短期行为 （4）用价值代替价格，避免了过多外界市场因素的干扰，有效地规避了企业的短期行为
缺点	（1）过于理论化，不易操作 （2）对非上市公司而言，只有对企业进行专门的评估才能确定其价值，而在评估企业的资产时，由于受评估标准和评估方法的影响，很难做到客观和准确

（四）相关者利益最大化

利益相关者	企业的利益相关者不仅包括股东，还包括债权人、企业经营者、客户、供应商、员工、政府等

具体内容	（1）强调风险与收益的均衡，将风险限制在企业可以承受的范围内 （2）强调股东的首要地位，并强调企业与股东之间的协调关系 （3）强调对代理人即企业经营者的监督和控制，建立有效的激励机制以便企业战略目标的顺利实施 （4）关心本企业普通职工的利益，创造优美和谐的工作环境和提供合理恰当的福利待遇，培养职工长期努力地为企业工作 （5）不断加强与债权人的关系，培养可靠的资金供应者 （6）关心客户的长期利益，以便保持销售收入的长期稳定增长 （7）加强与供应商的协作，共同面对市场竞争，并注重企业形象的宣传，遵守承诺，讲究信誉 （8）保持与政府部门的良好关系
优点	（1）有利于企业长期稳定发展 （2）体现了合作共赢的价值理念 （3）这一目标本身是一个多元化、多层次的目标体系，较好地兼顾了各利益主体的利益 （4）体现了前瞻性和现实性的统一

经典题解

【真题 8 · 判断题】对于以相关者利益最大化为财务管理目标的公司来说，最为重要的利益相关者应当是公司员工。（　　）（2019 年卷Ⅰ）

【解析】相关者利益最大化强调股东的首要地位，并强调企业与股东之间的协调关系。

【答案】×

（五）各种财务管理目标之间的关系

1. 基础目标

利润最大化、股东财富最大化、企业价值最大化以及相关者利益最大化等各种财务管理目标都是以股东财富最大化为基础。

【提示】（1）在强调公司承担应尽的社会责任的前提下，应当允许企业以股东财富最大化为目标。

（2）以股东财富最大化为核心和基础并非不考虑其他利益相关者的利益。各国公司法都规定，股东权益是剩余权益，只有满足了其他方面的利益之后才会有股东的利益。

经典题解

【真题 9 · 判断题】如果公司以股东财富最大化作为财务管理目标，存在利益冲突时，应优先满足股东的利益要求。（　　）（2021 年卷Ⅱ）

【解析】以股东财富最大化为核心和基础，还应该考虑利益相关者的利益。各国公司法都规定，股东权益是剩余权益，只有满足了其他方面的利益之后才会有股东的利益。企业必须缴税、给职工发工资、给顾客提供他们满意的产品和服务，然后才能获得税后收益。可见，并不是优先满足股东的利益要求。

【答案】×

【真题10·判断题】公司以股东财富最大化作为财务管理目标，意味着公司创造的财富应首先满足股东期望的回报要求，然后再考虑其他利益相关者。(　　)（2020年卷Ⅲ）

【解析】以股东财富最大化为核心和基础，还应该考虑利益相关者的利益。各国公司法都规定，股东权益是剩余权益，只有满足了其他方面的利益之后才会有股东的利益。企业必须缴税、给职工发工资、给顾客提供他们满意的产品和服务，然后才能获得税后收益。可见，其他利益相关者的要求先于股东被满足。

【答案】×

2. 各种目标的比较

目标	投入产出对比	利润取得的时间	风险	长远发展	衡量难易度	主要关注的利益主体
利润最大化	×	×	×	×	容易	股东
每股收益最大化	考虑	×	×	×	容易	股东
股东财富最大化	考虑	考虑	考虑	考虑	上市公司容易	股东
企业价值最大化	考虑	考虑	考虑	考虑	过于理论化，难以操作	股东+债权人
相关者利益最大化	考虑	考虑	考虑	考虑	难以操作	相关利益主体

要点小贴士

股东财富=股价×股数，而股价受未来收益和风险的影响，即股东财富最大化考虑了利润取得的时间、风险和长远发展。

经典题解

【真题11·多选题】关于企业价值最大化财务管理目标，下列说法正确的有(　　)。（2021年卷Ⅱ）

A. 以股东财富最大化为基础

B. 有助于克服企业追求利润的短期行为

C. 考虑了收益的时间价值

D. 考虑了风险与收益的关系

【解析】各种财务管理目标，都以股东财富最大化为基础。以企业价值最大化作为财务管理目标，具有以下优点：

（1）考虑了取得收益的时间，并用时间价值的原理进行了计量。

（2）考虑了风险与收益的关系。

（3）将企业长期、稳定的发展和持续的获利能力放在首位，能克服企业在追求利润上的短期行为，因为不仅目前的利润会影响企业价值，预期未来的利润对企业价值增加也会产生重大影响。

（4）用价值代替价格，避免了过多外界市场因素的干扰，有效地规避了企业的短期行为。

【答案】ABCD

【真题 12 · 判断题】与企业价值最大化目标相比，股东财富最大化目标的局限性在于未能克服企业追求利润的短期行为。（ ）（2021 年卷Ⅰ）

【解析】股东财富最大化目标在一定程度上能避免企业短期行为，因为不仅目前的利润会影响股票价格，预期未来的利润同样会对股价产生重要影响。

【答案】×

【真题 13 · 单选题】与企业价值最大化财务管理目标相比，股东财富最大化目标的局限性是（ ）。（2018 年卷Ⅰ）

A. 对债权人的利益重视不够

B. 容易导致企业的短期行为

C. 没有考虑风险因素

D. 没有考虑货币时间价值

【解析】股东财富最大化目标强调的更多的是股东利益，而对其他相关者的利益重视不够，因此选项 A 正确。企业价值最大化和股东财富最大化目标都考虑了风险因素和货币时间价值，都能在一定程度上避免企业的短期行为。

【答案】A

真题点拨

此题可以采用排除法来解答，由于选项 B、C、D 的表述明显错误，按照排除法只能选择选项 A。

【真题 14 · 单选题】下列财务管理目标中，容易导致企业短期行为的是（ ）。（2018 年卷Ⅱ）

A. 相关者利益最大化

B. 企业价值最大化

C. 股东财富最大化

D. 利润最大化

【解析】因为利润是按年确定的，以利润最大化作为财务管理目标会使得决策者只看年度的利润完成情况，可能导致企业短期行为倾向，影响企业长远发展。

【答案】D

二、财务管理目标与利益冲突★★★

（一）委托代理问题与利益冲突

利益冲突类型	主要利益冲突	协调措施
股东与管理层之间的利益冲突及协调	（1）经营者希望在创造财富的同时，能够获取更多的报酬、更多的享受，并避免各种风险 （2）股东则希望以较小的代价（支付较少报酬）实现更多的财富	（1）约束措施：解聘（股东约束）、接收（市场约束） （2）激励措施：股票期权、绩效股 ①股票期权是允许经营者以预先确定的条件购买本企业一定数量股份的权利，当股票的市场价格高于约定价格，经营者就会因此获取收益 ②绩效股是企业运用每股收益、资产收益率等指标来评价经营者绩效，并视其绩效大小给予经营者数量不等的股票作为报酬

要点小贴士

这个解聘是广义的含义，是指通过股东来约束经营者，实质是指股东要对经营者进行监督，如果经营者行为失当，经营者会有被辞退的可能。

利益冲突类型	主要利益冲突	协调措施
大股东与中小股东之间的利益冲突及协调	（1）利用关联交易转移上市公司的资产 （2）非法占用上市公司巨额资金，或以上市公司的名义进行担保和恶意筹资 （3）通过发布虚假信息进行股价操纵，欺骗中小股东 （4）为大股东委派的高管支付不合理的报酬及特殊津贴 （5）采用不合理的股利政策，掠夺中小股东的既得利益	（1）完善上市公司的治理结构，使股东大会、董事会和监事会三者有效运行，形成相互制约的机制。具体而言，首先，采取法律措施增强中小股东的投票权和知情权。其次，提高董事会中独立董事的比例，独立董事可以代表中小股东的利益，在董事会中行使表决权。最后，建立健全监事会，保证其独立性，有效实现其监督职能，并赋予监事会更大的监督与起诉权 （2）规范上市公司的信息披露制度，保证信息的完整性、真实性和及时性。同时，应完善会计准则体系和信息披露规则，加大对信息披露违规行为的处罚力度，对信息披露的监管也要有所加强
股东与债权人之间的利益冲突及协调	改变原有举债资金的用途或举借新债，增加偿债风险，使原有债权的价值降低	（1）事先预防措施：限制性借债（例如，事先规定借债用途限制、借债担保条款和借债信用条件） （2）事后补救措施：收回借款或停止借款

要点小贴士

（1）大股东通常指控股股东，他们会对股东大会和董事会的决议产生影响，通常还会委派高管来掌握公司的重大经营决策。

（2）中小股东持有股份较少且人数较多，很难有机会接触到公司的经营管理，虽然他们按照自己的持股比例拥有利润的索取权，但是由于与大股东之间存在严重的信息不对称，他们的各种权利会受到大股东的侵害。

相关链接

第4章会具体介绍借款的限制性条款（也称为保护性条款），包括一般性保护条款、例行性保护条款和特殊性保护条款。考试时要综合把握。

经典题解

【真题15·多选题】为了缓解公司债权人和股东之间的利益冲突，债权人可以采取的措施有（　　）。（2021年卷Ⅱ）

A. 设置借债担保条款　　B. 不再给予新的借款

C. 限制支付现金股利　　D. 事先规定借债用途

【解析】股东与债权人的利益冲突，可以通过以下方式解决：

（1）限制性借债。债权人事先规定借债用途限制、借债担保条款和借债信用条件。限制支付现金股利属于事先规定借债用途限制，后续在第4章我们会介绍借款的保护性条款，限制支付现金股利属于一般性保护条款的内容。

（2）收回借款或停止借款。当债权人发现企业有侵蚀其债权价值的意图时，采取收回债权或不再给予新的借款的措施，从而保护自身权益。

【答案】ABCD

【真题16·判断题】公司将已筹集资金投资于高风险项目会给原债权人带来高风险和高收益。（　　）（2017年卷Ⅱ）

【解析】公司将已筹集资金投资于高风险项目，这会增大偿债风险，原债权人的债权价值也必然会降低，造成原债权人风险与收益的不对称。

【答案】×

【真题 17 · 多选题】公司制企业可能存在经营者和股东之间的利益冲突，解决这一冲突的方式有（ ）。（2015 年）

A. 解聘

B. 接收

C. 收回借款

D. 授予股票期权

【解析】股东和经营者利益冲突通常可采用以下方式解决：①解聘；②接收；③激励（股票期权、绩效股）。选项 A、B、D 正确。

【答案】ABD

【例题 18 · 判断题】大股东与中小股东之间的利益冲突表现在持有股份较少且人数较多的中小股东很难按照自己的持股比例拥有利润的索取权。（ ）

【解析】大股东与中小股东之间的利益冲突表现在持有股份较少且人数较多的中小股东很难有机会接触到公司的经营管理，虽然他们按照自己的持股比例拥有利润的索取权，但是由于与大股东之间存在严重的信息不对称，他们的各种权利会受到大股东的侵害。

【答案】×

（二）企业社会责任与利益冲突

含义	企业社会责任是指企业在谋求股东财富最大化之外所负有的维护和增进社会利益的义务
内容	①对员工的责任；②对债权人的责任；③对消费者的责任；④对社会公益的责任；⑤对环境和资源的责任等
协调	适当地从事一些社会公益活动，有助于提高公司的知名度，促进其业务活动的开展，进而使股价升高。但任何企业都无法长期单独地负担因承担社会责任而增加的成本。过分地强调社会责任而使企业价值减少，就可能导致整个社会资金运用的次优化，从而使社会经济发展步伐减缓。事实上，大多数社会责任都必须通过立法以强制的方式让每一个企业平均负担

经典题解

【真题 19 · 判断题】企业社会责任是企业在谋求股东财富最大化之外所承担的维护和增进社会利益的义务，一般划分为企业对社会公益的责任和对债权人的责任两大类。（ ）（2014 年）

【解析】企业社会责任是指企业在谋求股东财富最大化之外所负有的维护和增进社会利益的义务。具体来说，企业社会责任主要包括以下内容：对员工的责任、对债权人的责任、对消费者的责任、对社会公益的责任、对环境和资源的责任等。

【答案】×

名师点拨

2022年教材新增内容，注意各种原则的含义。

第三节 财务管理原则 ★★★

使用“会计云课堂”App或“微信”扫码查看本节视频，快速GET知识点。

财务管理原则是企业进行财务管理活动的行为规范和行动指南，有助于引导财务管理工作，实现财务管理目标。

原则	含义
系统性原则	财务管理是企业管理系统的一个子系统，它本身又由筹资管理、投资管理、营运管理和分配管理等子系统构成。在财务管理中坚持系统性原则，是财务管理工作的首要出发点
风险权衡原则	风险权衡原则是指风险和报酬之间存在着一个对应关系，决策者必须对报酬和风险作出权衡，为追求较高报酬而承担较大的风险，或者为减少风险而接受较低的报酬。所谓对应关系是指高收益的投资机会必然伴随着较高的风险，风险小的投资机会必然只有较低的收益
现金收支平衡原则	财务管理贯彻的是收付实现制，而非权责发生制，客观上要求在财务管理活动中做到现金收入和现金支出在数量上、时间上达到动态平衡，即现金收支平衡
成本收益权衡原则	在筹资管理中，要进行资金成本和筹资收益的权衡；在长期投资管理中，要进行投资成本和投资收益的权衡；在营运资金管理中，收益难以量化，但应追求成本最低化；在分配管理中，应在追求分配管理成本最小的前提下，妥善处理好各种财务关系
利益关系协调原则	企业在进行财务活动时，离不开处理与股东、债权人、经营者、职工、内部各部门、债务人、被投资企业、国家（政府）、社会公众等利益主体之间的财务关系。从这个角度来说，财务管理过程也是一个协调各种利益关系的过程。利益关系协调成功与否，直接关系到财务管理目标的实现程度

经典题解

【例题20·单选题】企业在分配管理中，应在追求分配管理成本最小的前提下，妥善处理好各种财务关系，这体现了财务管理的（　　）。

A. 系统性原则

B. 风险权衡原则

C. 成本收益权衡原则

D. 利益关系协调原则

【解析】在财务管理中，时刻都需要进行成本与收益的权衡。在筹资管理中，要进行资金成本和筹资收益的权衡；在长期投资管理中，要进行投资成本和投资收益的权衡；在营运资金管理中，收益难以量化，但应追求成本最低化；在分配管理中，应在追求分配管理成本最小的前提下，妥善处理好各种财务关系。

【答案】C

第四节 财务管理环节 ★★

使用“会计云课堂”App或“微信”扫码查看本节视频，快速GET知识点。

环节	含义
财务预测	是根据企业财务活动的历史资料，考虑现实的要求和条件，对企业未来的财务活动作出较为具体的预计和测算的过程
财务决策	是指按照财务战略目标的总体要求，利用专门的方法对各种备选方案进行比较和分析，从中选出最佳方案的过程
财务计划	是根据企业整体战略目标和规划，结合财务决策的结果，对财务活动进行规划，并以指标形式落实到每一计划期间的过程
财务预算	是根据财务计划和各种预测信息，确定预算期内各种预算指标的过程。它是财务计划的分解和落实，是财务计划的具体化
财务控制	是指利用有关信息和特定手段，对企业的财务活动施加影响或调节，以便实现计划所规定的财务目标的过程
财务分析	是指根据企业财务报表等信息资料，采用专门方法，系统分析和评价企业财务状况、经营成果以及未来发展趋势的过程
财务考核	是指将报告期实际完成数与规定的考核指标进行对比，确定有关责任单位和个人完成任务的过程。它是构建激励与约束机制的关键环节

要点小贴士

财务决策是财务管理的核心。

经典题解

【真题 21 · 单选题】按照财务战略目标的总体要求，利用专门方法对各种备选方案进行比较和分析，从中选出最佳方案的是（　　）。（2020 年卷Ⅰ）

A. 财务决策

B. 财务控制

C. 财务分析

D. 财务预算

【解析】财务决策是指按照财务战略目标的总体要求，利用专门的方法对各种备选方案进行比较和分析，从中选出最佳方案的过程。

【答案】A

第五节　财务管理体制

使用“会计云课堂”App 或“微信”扫码查看本节视频，快速 GET 知识点。

一、企业财务管理体制的一般模式及其优缺点★★

要点小贴士

集权与分权的比较：
（1）资金管控和全局观念方面：集权优势，分权劣势。
（2）及时性、适应市场变化和调动下属积极性方面：集权劣势，分权优势。

含义	明确企业各财务层级责（责任）、权（财务权限）和利（利益）的制度，其核心问题是“权”，即如何配置财务管理权限的问题		
种类	集权型	分权型	集权与分权相结合型
管理权限特点	主要管理权限集中于企业总部，各所属单位执行企业总部的各项指令	管理权限分散于各所属单位	实质是集权下的分权，即重大问题的决策与处理上实行高度集权，各所属单位则对日常经营活动具有较大的自主权
优势	（1）有利于在整个企业内部优化配置资源 （2）有利于实行内部调拨价格 （3）有利于内部采取避税措施及防范汇率风险等	（1）有利于针对本单位存在的问题及时作出有效决策，因地制宜地搞好各项业务 （2）有利于分散经营风险，促进所属单位管理人员及财务人员的成长	吸收了集权型和分权型财务管理体制各自的优点，避免了二者各自的缺点，从而具有较大的优越性
劣势	（1）使各所属单位缺乏主动性、积极性，丧失活力 （2）因为决策程序相对复杂而失去适应市场的弹性，丧失市场机会	（1）缺乏全局观念和整体意识 （2）导致资金管理分散、资金成本增大、费用失控、利润分配无序	—

经典题解

【真题 22 · 单选题】集权型财务管理体制可能导致的问题是（　　）。（2017 年卷Ⅰ）

A. 利润分配无序　　B. 削弱所属单位主动性

C. 资金成本增大　　D. 资金管理分散

【解析】集权型财务管理体制下企业内部的主要管理权限集中于企业总部，各所属单位执行企业总部的各项指令。它的缺点是集权过度会使各所属单位缺乏主动性、积极性，丧失活力，也可能因为决策程序相对复杂而失去适应市场的弹性，丧失市场机会。因此选项 B 正确。

【答案】B

二、影响企业财务管理体制集权与分权选择的因素★★★

影响因素	集权与分权的选择	
	偏重于集权	偏重于分权
企业生命周期	经营风险高的阶段（如：初创阶段）	经营风险低的阶段
企业战略（集团内部各所属单位之间业务联系）	业务联系密切的企业（如：纵向一体化战略的企业）	业务联系不密切的企业
企业所处市场环境	环境稳定，经营风险小	环境复杂多变，有较大的不确定性，经营风险高
企业规模	规模小，财务管理工作量小	规模大，财务管理工作量大
企业管理层素质	素质高、能力强	素质低、能力弱
信息网络系统（集团内部信息化管理）	基础较好，有及时、准确传递信息的网络系统	基础较弱

经典题解

【真题 23 · 判断题】企业集团内部各所属单位之间业务联系越密切，就越有必要采用相对集中的财务管理体制。(　　)（2016 年）

【解析】各所属单位之间业务联系越密切，就越有必要采用相对集中的财务管理体制。反之，则相反。

【答案】√

三、企业财务管理体制的设计原则★

（1）与现代企业制度的要求相适应的原则。

（2）明确企业对各所属单位管理中的决策权、执行权与监督权相互制衡原则。

（3）明确财务综合管理和分层管理思想的原则。

（4）与企业组织体制相适应的原则。

企业组织体制的形式	特征
U 型组织 unitary structure	以职能化管理为核心，最典型的特征是在管理分工下实行集权控制，没有中间管理层，依靠总部的采购、营销、财务等职能部门直接控制各业务单元，子公司的自主权较小
H 型组织 holding company structure	集团总部下设若干子公司，每家子公司拥有独立的法人地位和比较完整的职能部门 【提示】它的典型特征是过度分权，各子公司保持较大的独立性。但是要注意，现代意义上的 H 型组织既可以分权管理，也可以集权管理

要点小贴士

三种组织模式的比较

（1）U 型组织：高度集权。

（2）H 型组织：过度分权。

（3）M 型组织：集权和分权相结合，M 型组织的事业部在企业统一领导下，可以拥有一定的经营自主权，甚至某些重大事项决策权。

企业组织体制的形式	特征
M型组织 multidivisional structure （事业部制）	按照企业所经营的事业，包括按产品、按地区、按顾客（市场）等来划分部门，设立若干事业部。事业部是总部设置的中间管理组织，不是独立法人，不能够独立对外从事生产经营活动。 M型组织比H型组织的集权程度更高

经典题解

【例题24·判断题】在U型、H型和M型的组织结构下，M型结构分权程度较高，充分调动了各个部门的积极性，提高了企业整体的实施功能和内部协调能力。（　　）

【解析】M型组织结构比H型组织结构集权程度更高，突出整体优化，具有较强的企业整体实施功能和内部协调能力。

【答案】×

考点妙记

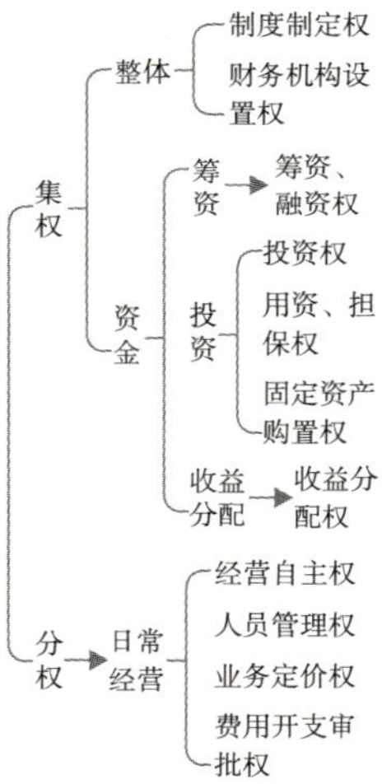

四、集权与分权相结合型财务管理体制的实践★★★

核心内容		企业总部应做到制度统一、资金集中、信息集成和人员委派
具体实践	集权	①集中制度制定权 ②集中筹资、融资权 ③集中投资权 ④集中用资、担保权 ⑤集中固定资产购置权 ⑥集中财务机构设置权 ⑦集中收益分配权
	分权	①分散经营自主权 ②分散人员管理权 ③分散业务定价权 ④分散费用开支审批权

经典题解

【例题25·判断题】企业采取集权与分权相结合型财务管理体制时，通常应集中制度制定权，各所属单位制度的实施细则需要企业总部统一制定。（　　）

【解析】前半句正确，但是后半句错误，应该是各所属单位可以根据自身需要制定实施细则和补充规定。

【答案】×

第六节 财务管理环境

使用“会计云课堂”App 或“微信”扫码查看本节视频，快速 GET 知识点。

一、财务管理环境的含义及内容★

含义	财务管理环境是指对企业财务活动和财务管理产生影响作用的企业内外各种条件的统称	
内容	技术环境	是指财务管理得以实现的技术手段和技术条件，它决定着财务管理的效率和效果 【提示】会计信息系统是财务管理技术环境中的一项重要内容
	经济环境	经济环境内容十分广泛，包括经济体制、经济周期、经济发展水平、宏观经济政策及通货膨胀水平等
	金融环境	金融环境的内容包括金融机构、金融工具、金融市场等
	法律环境	是指企业与外部发生经济关系时应遵守的有关法律、法规和规章（简称法规）。主要包括公司法、证券法、民法典、税法、企业财务通则、内部控制基本规范、管理会计指引等

要点小贴士

在影响财务管理的各种外部环境中，经济环境是最为重要的。

二、经济环境★★★

（一）经济周期中不同阶段的财务管理战略内容

要点小贴士

复苏、繁荣阶段对资源都是增加投入趋势；衰退、萧条对资源都是削减、停止趋势。

项目		复苏	繁荣	衰退	萧条
固定资产（设备投资）		增加厂房设备 实行长期租赁	扩充厂房设备	停止扩张 出售多余设备	建立投资标准 放弃次要利益
流动资产	存货储备	建立存货储备	继续建立存货	削减存货 停止长期采购	削减存货
	产品策略	开发新产品	提高产品价格 开展营销规划	停产不利产品	保持市场份额 压缩管理费用
人力资源		增加劳动力	增加劳动力	停止扩招雇员	裁减雇员

名师点拨

不用死记硬背，只要知道对资金和筹资管理都是不利影响即可。

（二）通货膨胀对企业财务活动的影响及企业应对措施

影响	（1）引起资金占用的大量增加，从而增加企业的资金需求 （2）引起企业利润虚增，造成企业资金由于利润分配而流失 （3）引起利率上升，加大企业的筹资成本 （4）引起有价证券价格下降，增加企业的筹资难度 （5）引起资金供应紧张，增加企业的筹资难度

要点小贴士

通货膨胀会引起市场利率提高，导致固定收益的债券等证券价格下降。

<table>
<tr><td rowspan="2">应对措施</td><td>通货膨胀初期</td><td>（1）进行投资可以避免货币贬值风险，实现资本保值
（2）签订长期购货合同，以减少物价上涨造成的损失
（3）取得长期负债，保持资本成本稳定</td></tr>
<tr><td>通货膨胀持续期</td><td>（1）采用比较严格的信用条件，减少企业债权
（2）调整财务政策，防止和减少企业资本流失等</td></tr>
</table>

经典题解

【真题26·多选题】为了应对通货膨胀给企业造成的影响，企业可以采取的措施有（　　）。（2019年卷Ⅰ）

A. 放宽信用期限　　　　B. 取得长期负债

C. 减少企业债权　　　　D. 签订长期购货合同

【解析】为了减轻通货膨胀对企业造成的不利影响，企业应当采取措施予以防范。在通货膨胀初期，货币面临着贬值的风险，这时企业进行投资可以避免风险，实现资本保值；与客户应签订长期购货合同，以减少物价上涨造成的损失；取得长期负债，保持资本成本的稳定。在通货膨胀持续期，企业可以采用比较严格的信用条件，减少企业债权；调整财务政策，防止和减少企业资本流失等。

【答案】BCD

【真题27·判断题】不考虑其他因素的影响，通货膨胀一般导致市场利率下降，从而降低了企业的筹资难度。（　　）（2018年卷Ⅰ）

【解析】通货膨胀会引起利率上升，加大企业的筹资成本，增加企业的筹资难度。

【答案】×

三、金融环境★★★

（一）金融工具的含义、特点与种类

<table>
<tr><td>含义</td><td colspan="2">金融工具是指形成一方的金融资产并形成其他方的金融负债或权益工具的合同。借助金融工具，资金从供给方转移到需求方</td></tr>
<tr><td rowspan="3">特点</td><td>流动性</td><td>指金融工具在必要时迅速转变为现金而不致遭受损失的能力</td></tr>
<tr><td>风险性</td><td>是购买金融工具的本金和预定收益遭受损失的可能性。一般包括信用风险和市场风险</td></tr>
<tr><td>收益性</td><td>指金融工具能定期或不定期给持有人带来收益</td></tr>
<tr><td rowspan="2">种类</td><td>基本金融工具</td><td>包括企业持有的现金、从其他方收取现金或其他金融资产的合同权利和向其他方交付现金或其他金融资产的合同义务等</td></tr>
<tr><td>衍生金融工具（派生金融工具）</td><td>是在基本金融工具的基础上通过特定技术设计形成的新的金融工具，常见的衍生金融工具包括远期合同、期货合同、互换合同和期权合同等，种类非常复杂、繁多，具有高风险、高杠杆效应的特点</td></tr>
</table>

要点小贴士

基本金融工具属于比较常见的金融工具，如商业票据、债券、股票等。

经典题解

【真题28·多选题】下列金融工具中，属于衍生金融工具的有（　　）。（2021年卷Ⅲ）

A. 股指期货　　B. 远期外汇

C. 银行承兑汇票　　D. 股票期权

【解析】衍生金融工具又称派生金融工具，是在基本金融工具的基础上通过特定技术设计形成的新的金融工具，常见的衍生金融工具包括远期合同、期货合同、互换合同和期权合同等。选项A、B、D均属于衍生金融工具，选项C属于基本金融工具。

【答案】ABD

（二）金融市场的分类

名师点拨

以往考试容易考查按期限分类，即考查货币市场和资本市场的种类及特点。

分类标准	分类	内容
期限	货币市场（短期金融市场）	含义：是指以期限在1年以内的金融工具为媒介，进行短期资金融通的市场
		种类：同业拆借市场、票据市场、大额定期存单市场和短期债券市场
		特点：（1）期限短；（2）交易目的是解决短期资金周转；（3）金融工具有较强的“货币性”，具有流动性强、价格平稳、风险较小等特性
	资本市场（长期金融市场）	含义：是指以期限在1年以上的金融工具为媒介，进行长期资金交易活动的市场
		种类：债券市场、股票市场、期货市场和融资租赁市场等
		特点：（1）融资期限长；（2）融资目的是解决长期投资性资本的需要；（3）资本借贷量大；（4）收益较高但风险也较大
功能	发行市场（一级市场）	主要处理金融工具的发行与最初购买者之间的交易
	流通市场（二级市场）	主要处理现有金融工具转让和变现的交易
融资对象	资本市场	以各种长期资金为交易对象
	外汇市场	以各种外汇金融工具为交易对象
	黄金市场	集中进行黄金买卖和金币兑换的交易市场
所交易金融工具的属性	基础性金融市场	是指以基础性金融产品为交易对象的金融市场，如商业票据、企业债券、企业股票的交易市场
	金融衍生品市场	是指以金融衍生产品为交易对象的金融市场，如远期、期货、掉期（互换）、期权的交易市场，以及具有远期、期货、掉期（互换）、期权中一种或多种特征的结构化金融工具的交易市场
地理范围	地方性金融市场、全国性金融市场和国际性金融市场	

【提示】期货市场的进一步分类：

	期货市场	交易的品种
种类	商品期货市场	传统的农产品期货和经济作物、畜产品、有色金属、贵金属和能源等大宗初级产品
	金融期货市场	外汇期货、利率期货和股指期货

经典题解

【真题29·单选题】下列各项中，属于资本市场的是（　　）。（2021年卷Ⅱ）

A. 股票市场

B. 同业拆借市场

C. 票据市场

D. 大额定期存单市场

【解析】资本市场又称长期金融市场，是指以期限在1年以上的金融工具为媒介，进行长期资金交易活动的市场，包括股票市场、债券市场、期货市场和融资租赁市场等。选项B、C、D属于货币市场。

【答案】A

真题点拨

把握特点时，按照它们的别称（货币市场是短期金融市场，资本市场是长期金融市场），顾名思义来把握特点的比较。

【真题30·单选题】相对于资本市场而言，下列各项中，属于货币市场特点的是（　　）。（2019年卷Ⅱ）

A. 收益高　　B. 期限长

C. 流动性强　　D. 风险大

【解析】货币市场的主要功能是调节短期资金融通。选项A、B、D是资本市场的特点。

【答案】C

【真题31·多选题】与货币市场相比，资本市场的特点有（　　）。（2018年卷Ⅰ）

A. 投资收益较高　　B. 融资期限较长

C. 投资风险较大　　D. 价格波动较小

【解析】资本市场主要特点是：①融资期限长，至少1年以上。②融资目的是解决长期投资性资本的需要，用于补充长期资本，扩大生产能力。③资本借贷量大。④收益较高但风险也较大。选项D是货币市场的特点。

【答案】ABC

【真题32·判断题】金融市场可以划分为货币市场和资本市场，股票市场属于资本市场。（　　）（2018年卷Ⅱ）

【解析】资本市场又称长期金融市场，是指以期限在1年以上的金融工具为媒介，进行长期资金交易活动的市场，包括股票市场、债券市场、期货市场和融资租赁市场等。

【答案】√

本章小结

用“会计云课堂”App 扫码学习

您已成功完成“第一章”的学习，本章共 13 个考点，您都学会了吗？

为了让您对章节有更清晰的理解，加倍巩固。本书作者闫华红老师将通过**“视频导图课”**的方式，带您回顾重要考点。

名师点拨，视听结合，高效提分。

※ 欢迎您扫码，免费观看学习。

同步强化练习题

使用“会计云课堂”App 或“微信”扫码快速做题、对答案、看解析、掌握解题思路，开启轻松过关之旅。

一、单项选择题

1. 下列企业组织形式下，投资人应承担有限债务责任的是（　　）。
   A. 普通合伙企业的合伙人
   B. 有限合伙企业的普通合伙人
   C. 有限合伙企业的有限合伙人
   D. 个人独资企业的投资人

2. 根据相关者利益最大化的财务管理目标理论，承担最大风险并可能获得最大收益的是（　　）。
   A. 股东　　B. 债权人
   C. 经营者　　D. 供应商

3. 关于利润最大化目标的表述中正确的是（　　）。
   A. 反映企业创造剩余产品的能力
   B. 反映企业创造利润与投入资本的关系
   C. 反映企业所承受的风险程度
   D. 反映企业取得利润的时间价值因素

4. 每股收益最大化相对于利润最大化作为财务管理目标，其优点是（　　）。
   A. 考虑了货币时间价值
   B. 考虑了投资的风险
   C. 有利于避免短期行为
   D. 反映了投入资本与利润之间的关系

5. 某公司董事会召开公司战略发展讨论会，拟将企业价值最大化作为财务管理目标，下列理由中，难以成立的是（　　）。

A. 有利于规避企业短期行为
B. 有利于量化考核和评价
C. 有利于持续提升企业获利能力
D. 有利于均衡风险与收益的关系

6. 下列各项中，能够同时考虑资金的时间价值、投资风险因素并能重视股东和债权人利益的企业财务管理目标是（　　）。
A. 股东财富最大化
B. 利润最大化
C. 每股收益最大化
D. 企业价值最大化

7. 若上市公司以股东财富最大化作为财务管理目标，则衡量股东财富大小的最直观的指标是（　　）。
A. 净利润　　B. 净资产收益率
C. 每股收益　　D. 股价

8. 股票期权是允许经营者以预先确定的条件购买本企业一定数量股份的权利，下列表述正确的是（　　）。
A. 当股票的市场价格低于约定价格，经营者就会因此获取收益
B. 当股票的市场价格高于约定价格，经营者就会因此获取收益
C. 当股票的市场价格等于约定价格，经营者就会因此获取收益
D. 当股票的市场价格高于或低于约定价格，经营者就会因此获取收益

9. 某上市公司针对经常出现中小股东质询管理层的情况，拟采取措施协调股东与管理层的矛盾。下列各项中，不能实现上述目的的是（　　）。
A. 强化内部人控制
B. 解聘总经理
C. 加强对经营者的监督
D. 将经营者的报酬与其绩效挂钩

10. 下列有关企业的社会责任表述错误的是（　　）。
A. 任何企业都无法长期单独地负担因承担社会责任而增加的成本
B. 企业的社会责任是指企业在谋求股东财富最大化之外所负有的维护和增进社会利益的义务
C. 企业遵从政府的管理、接受政府的监督，也属于企业应尽的社会责任
D. 企业要想增大企业价值，必须把社会责任作为首要问题来对待

11. 下列属于企业构建激励与约束机制的关键环节是（　　）。
A. 财务计划　　B. 财务决策
C. 财务考核　　D. 财务控制

12. 企业财务管理体制明确的是（　　）。
A. 企业治理结构的权限、责任和利益
B. 企业各财务层级财务权限、责任和利益
C. 企业股东会、董事会权限、责任和利益
D. 企业监事会权限、责任和利益

13. 某企业内部的主要管理权限集中于企业总部，各所属单位执行企业总部的各项指令，该企业采取的财务管理体制是（　　）。
A. 集权型
B. 分权型
C. 集权与分权相结合型
D. 集权与分权相制约型

14. 某企业集团经过多年的发展，已初步形成从原料供应、生产制造到物流服务上下游密切关联的产业集群，当前集团总部管理层的素质较高，集团内部信息化管理的基础较好。据此判断，该集团最适宜的财务管理体制类型是（　　）。
A. 集权型
B. 分权型
C. 自主型
D. 集权与分权相结合型

15. 某集团公司有A、B两个控股子公司，采用集权与分权相结合的财务管理体

制。下列各项中，集团总部应当分权给子公司的是（　　）。
A. 担保权
B. 收益分配权
C. 投资权
D. 日常费用开支审批权

16. U 型组织是以职能化管理为核心的企业组织结构，其典型特征是（　　）。
A. 集权控制　　B. 分权控制
C. 多元控制　　D. 分层控制

17. 下列各项中，不属于财务管理经济环境构成要素的是（　　）。
A. 经济周期　　B. 通货膨胀水平
C. 宏观经济政策　　D. 公司治理结构

18. 企业所采用的财务管理战略在不同的经济周期中各有不同。在经济繁荣期，不应该选择的财务管理战略是（　　）。
A. 扩充厂房设备　　B. 继续建立存货
C. 裁减雇员　　D. 提高产品价格

19. 下列应对通货膨胀风险的各项策略中，正确的是（　　）。
A. 采用严格的信用条件，减少企业债权
B. 减少长期债务，稳定资本成本
C. 减少长期投资，降低投资风险
D. 签订长期销货合同，降低物价上涨损失

20. 按所交易金融工具的属性可以将金融市场分为（　　）。
A. 基础性金融市场和金融衍生品市场
B. 资本市场、外汇市场和黄金市场
C. 发行市场和流通市场
D. 货币市场和资本市场

21. 下列各项中，属于基础性金融市场交易的金融工具的是（　　）。
A. 商业票据　　B. 期货合同
C. 远期合同　　D. 期权合同

22. 某企业实施财务共享，可以直接改善其财务管理环境中的（　　）。
A. 经济环境　　B. 技术环境
C. 法律环境　　D. 金融环境

23. 财务管理贯彻的是收付实现制，而非权责发生制，客观上要求在财务管理活动中做到现金收入和现金支出在数量上、时间上达到动态平衡是指财务管理的（　　）。
A. 风险权衡原则
B. 成本收益权衡原则
C. 现金收支平衡原则
D. 利益关系协调原则

24. 委托代理问题会导致大股东与中小股东之间的利益冲突，下列不属于大股东侵害中小股东利益的形式是（　　）。
A. 利用关联交易转移上市公司的资产
B. 非法占用上市公司巨额资金
C. 通过发布虚假信息进行股价操纵
D. 给企业高管绩效股

二、多项选择题

1. 与个人独资企业相比，下列不属于公司制企业特点的有（　　）。
A. 容易在资本市场上筹集到资本
B. 可以无限存续
C. 创立便捷
D. 不需要缴纳企业所得税

2. 作为企业财务管理目标，股东财富最大化目标的优点有（　　）。
A. 考虑了货币时间价值因素
B. 考虑了风险因素
C. 体现了合作共赢的价值理念
D. 在一定程度上能够避免企业的短期行为

3. 既能避免企业追求短期行为，又考虑了风险因素的财务管理目标有（　　）。
A. 利润最大化
B. 股东财富最大化

C. 企业价值最大化
D. 相关者利益最大化

4. 下列有关相关者利益最大化目标的说法中，正确的有（　　）。
A. 强调尽可能降低风险
B. 强调股东的首要地位
C. 加强对企业代理人的监督和控制
D. 保持与政府部门的良好关系

5. 在某企业财务目标研讨会上，张经理主张“贯彻合作共赢的价值理念，做大企业的财富蛋糕”；李经理认为“既然企业的绩效按年度考核，财务目标就应当集中体现当年利润指标”；王经理提出“应将企业长期稳定的发展放在首位，以便创造更多的价值”。上述观点涉及的财务管理目标有（　　）。
A. 利润最大化
B. 企业规模最大化
C. 企业价值最大化
D. 相关者利益最大化

6. 为确保企业财务管理目标的实现，下列各项中，可用于协调股东与管理层矛盾的措施有（　　）。
A. 股东解聘经营者
B. 股东向企业派遣财务总监
C. 公司被其他公司接收或吞并
D. 股东给经营者以“股票期权”

7. 下列属于股东和债权人利益冲突的解决方式有（　　）。
A. 通过市场接收企业
B. 收回借款或停止借款
C. 限制性借债
D. 股票期权

8. 下列各项中，企业应采取集权的财务管理体制的有（　　）。
A. 企业发展处于初创阶段
B. 实施纵向一体化战略的企业
C. 企业所处的市场环境复杂多变，有较大的不确定性
D. 企业规模小，财务管理工作量小

9. 某企业集团选择集权与分权相结合的财务管理体制，下列各项中，通常应当集权的有（　　）。
A. 收益分配权
B. 财务机构设置权
C. 对外担保权
D. 子公司业务定价权

10. 在进行财务管理体制设计时，应当遵循的原则有（　　）。
A. 明确分层管理思想
B. 与现代企业制度相适应
C. 决策权、执行权与监督权相互制衡
D. 与控制股东所有制形式相对应

11. 通货膨胀对企业财务活动的影响是多方面的，主要表现在（　　）。
A. 增加企业的资金需求
B. 造成企业资金由于利润分配而流失
C. 加大企业筹资成本
D. 增加企业的筹资困难

12. 在通货膨胀初期，实行固定利率对债权人和债务人的影响表述正确的有（　　）。
A. 对债务人有利　B. 对债权人不利
C. 对债务人不利　D. 对债权人有利

13. 下列各项中，属于衍生金融工具的有（　　）。
A. 企业持有的现金
B. 互换合同
C. 向其他方交付现金或其他金融资产的合同义务
D. 远期合同

14. 下列金融市场类型中，能够为企业提供中长期资金来源的有（　　）。
A. 拆借市场　B. 股票市场
C. 融资租赁市场　D. 票据贴现市场

15. 与资本市场相比，下列各项中，属于货币市场特点的有（　　）。
A. 交易的对象具有较强的货币性
B. 收益较高但风险也较大
C. 资本借贷量大
D. 交易的目的主要是解决短期资金周转

16. 资本市场是指以期限超过 1 年的金融工具为媒介，进行长期资金融通的市场，包括（　　）。
A. 同业拆借市场
B. 票据市场
C. 期货市场
D. 股票市场

17. 与资本性金融工具相比，下列各项中，属于货币性金融工具特点的有（　　）。
A. 期限较长
B. 流动性强
C. 风险较小
D. 价格平稳

18. 下列属于企业需要承担的社会责任有（　　）。
A. 按时足额发放劳动报酬，提供安全健康的工作环境
B. 主动偿债，不无故拖欠
C. 确保产品质量，保障消费安全
D. 及时支付股利，确保股东的利益

19. 财务管理原则是企业进行财务管理活动的行为规范和行动指南，下列属于财务管理原则的有（　　）。
A. 系统性原则
B. 风险最小原则
C. 成本收益权衡原则
D. 利益关系协调原则

20. 下列属于为了协调大股东与中小股东之间的冲突所采取的方式有（　　）。
A. 采取法律措施增强中小股东的投票权和知情权
B. 提高董事会中独立董事的比例
C. 建立健全监事会
D. 规范上市公司的信息披露制度

三、判断题

1. 利润最大化、股东财富最大化、企业价值最大化以及相关者利益最大化等各种财务管理目标，都以股东财富最大化为基础。（　　）

2. 从财务管理的角度来看，企业价值所体现的资产的价值既不是其成本价值，也不是其现时的会计收益。（　　）

3. 相关者利益最大化目标是指保证股东、经营者、债权人三方面关系人的利益最大化。（　　）

4. 在协调股东与经营者利益冲突的方式中，“接收”是一种通过股东来约束经营者的方法。（　　）

5. 绩效股是通过激励方式解决代理问题的一种途径。（　　）

6. 财务预测是财务管理的核心，预测的成功与否直接关系到企业的兴衰成败。（　　）

7. 企业各所属单位之间的业务联系越分散，就越有必要采用相对集中的财务管理体制。反之，则相反。（　　）

8. 控股公司组织（H 型组织）的母、子公司均为独立的法人，是典型的分权组织，不能进行集权管理。（　　）

9. 财务管理环境是指对企业财务活动和财务管理产生影响作用的企业外部各种条件的统称。（　　）

10. 财务管理的技术环境，是指财务管理得以实现的技术手段和技术条件，它决定着财务管理的效率和效果。（　　）

11. 在经济衰退期，公司一般应当出售多余设备，停止长期采购。（　　）

12. 以融资对象为划分标准，可将金融市场分为资本市场、外汇市场和黄金市场。（　　）

13. 流通市场是处理金融工具的发行与最初购买者之间交易的市场。（　　）

14. 财务管理的风险权衡原则是指风险和报酬之间存在着一个对应关系，所谓对应关系是指高收益的投资机会必然伴随着较高的风险，风险小的投资机会必然只有较低的收益。（　　）

同步强化练习题参考答案及解析

使用“会计云课堂”App或“微信”扫码对答案、看解析、掌握解题思路，开启轻松过关之旅。

一、单项选择题

1.【答案】C

【解析】普通合伙企业的合伙人对企业债务承担无限连带责任，选项A错误；有限合伙企业由普通合伙人和有限合伙人组成，普通合伙人对合伙企业债务承担无限连带责任，有限合伙人以其认缴的出资额为限对合伙企业债务承担责任，选项B错误、选项C正确；个人独资企业的投资人对企业债务承担无限责任，选项D错误。

2.【答案】A

【解析】按照风险权衡原则，股东承担的风险最高，因此可能获得的收益也最大。所以选项A正确。

3.【答案】A

【解析】在市场经济条件下，剩余产品的多少可以用利润这个指标来衡量。

4.【答案】D

【解析】因为每股收益等于归属于公司普通股股东的净利润与发行在外的普通股加权平均数的比值，是相对数指标，所以每股收益最大化较利润最大化的优点在于它反映了创造利润与投入资本之间的关系。

5.【答案】B

【解析】选项A、C、D是企业价值最大化目标的优点。企业价值最大化作为财务管理目标存在的问题是不利于量化考核和评价，所以选项B难以成立。

6.【答案】D

【解析】利润最大化和每股收益最大化没有考虑资金的时间价值与投资风险因素，选项B、C错误；股东财富最大化考虑的是股东利益，对其他相关者利益重视不够，选项A错误。

7.【答案】D

【解析】在上市公司，股东财富是由其所拥有的股票数量和股票市场价格两方面来决定的。在股票数量一定时，股票价格达到最高，股东财富也就达到最大。

8.【答案】B

【解析】股票期权是允许经营者以预先确定的条件购买本企业一定数量股份的权利，当股票的市场价格高于约定价格，经营者就会因此获取收益。

9.【答案】A

【解析】协调股东与管理层的利益冲突通常可采取以下方式解决：①解聘。②接收。③激励。选项 B、C 属于解聘方式。选项 D 属于激励方式。通常把经营者称为内部人，所谓“内部人控制”现象，是指独立于股东或投资者的经理人员掌握了公司实际控制权，在公司战略决策中充分体现自身利益，甚至内部各方面联手谋取各自的利益，从而架空股东的控制和监督，使股东的权益受到侵害，所以选项 A 不能协调矛盾，反而会更加激化股东与管理层的矛盾。

10.【答案】D

【解析】过分地强调社会责任会使企业价值减少，就可能导致整个社会资金运用的次优化，从而使社会经济发展步伐减缓，选项 D 错误。

11.【答案】C

【解析】财务考核是构建激励与约束机制的关键环节。

12.【答案】B

【解析】企业财务管理体制是指明确企业各财务层级责（责任）、权（财务权限）和利（利益）的制度，其核心问题是“权”，即如何配置财务管理权限的问题。

13.【答案】A

【解析】集权型财务管理体制下企业内部的主要管理权限集中于企业总部，各所属单位执行企业总部的各项指令。

14.【答案】A

【解析】本题中描述的企业符合实施纵向一体化战略的企业，业务联系紧密，因此应采用集权型财务管理体制。

15.【答案】D

【解析】选项 A、B、C 属于集团总部一般应集权的内容。

16.【答案】A

【解析】U 型组织以职能化管理为核心，最典型的特征是在管理分工下实行集权控制。

17.【答案】D

【解析】经济环境包括经济体制、经济周期、经济发展水平、宏观经济政策及通货膨胀水平等。公司治理结构属于法律环境对企业财务管理的影响。

18.【答案】C

【解析】在经济繁荣期，应选择的财务管理战略包括：扩充厂房设备；继续建立存货；提高产品价格；开展营销规划；增加劳动力。选项 C 裁减雇员是在经济萧条期应采用的战略。

19.【答案】A

【解析】在通货膨胀时期，应该增加长期负债，保持资本成本的稳定，选项 B 错误；在通货膨胀初期，货币面临着贬值的风险，这时企业进行投资可以避免风险，实现资本保值，选项 C 错误；签订长期购货合同才能减少物价上涨造成的损失，选项 D 错误。

20.【答案】A

【解析】选项 B 是按融资对象对金融市场进行的分类；选项 C 是按功能对金融市场进行的分类；选项 D 是按期限对金融市场进行的分类。

21.【答案】A

【解析】基础性金融市场是指以基础性金融产品为交易对象的金融市场，如商业票据、企业债券、企业股票的交易市场。选项B、C、D属于金融衍生品市场交易的金融工具。

22.【答案】B

【解析】随着数据科学、机器人流程自动化等机器智能技术不断应用到财务管理领域（如财务共享），财务管理的技术环境得以改善。

23.【答案】C

【解析】本题的考点是财务管理各个原则的含义。

24.【答案】D

【解析】大股东侵害中小股东利益的主要形式：（1）利用关联交易转移上市公司的资产。（2）非法占用上市公司巨额资金，或以上市公司的名义进行担保和恶意筹资。（3）通过发布虚假信息进行股价操纵，欺骗中小股东。（4）为大股东委派的高管支付不合理的报酬及特殊津贴。（5）采用不合理的股利政策，掠夺中小股东的既得利益。选项D是给予企业高管的一种激励方式，不一定是不合理的报酬及特殊津贴，所以选项D错误。

二、多项选择题

1.【答案】CD

【解析】公司制企业具有以下优点：①无限存续；②股权容易转让；③有限债务责任；④融资渠道较多，更容易筹集所需资金。选项A、B属于公司制企业的特点。

2.【答案】ABD

【解析】相关者利益最大化目标才能体现合作共赢的价值理念。股东财富最大化目标强调的是股东的利益，对其他相关者的利益重视不够，选项C错误。

3.【答案】BCD

【解析】利润最大化目标可能导致企业短期行为倾向，而且没有考虑风险因素。其他三个目标都能不同程度的避免企业短期行为，并考虑了风险因素。

4.【答案】BCD

【解析】相关者利益最大化目标并不是强调风险最低，低风险也会带来低收益。因为风险与收益是均衡的，企业应将风险限制在企业可以承受的范围内。

5.【答案】ACD

【解析】张经理的主张主要是体现合作共赢的价值理念，因此涉及的是相关者利益最大化目标；李经理的主张涉及的是利润最大化目标；王经理的主张强调的是创造更多的价值，因此涉及的是企业价值最大化目标。选项A、C、D正确。

6.【答案】ABCD

【解析】可用于协调股东与管理层矛盾的措施包括解聘、接收和激励。激励有两种基本方式：①股票期权。②绩效股。选项B是股东对经营者进行监督的一种方式，属于“解聘”的内容。选项C属于接收的一种方式。

7.【答案】BC

【解析】选项A、D是协调股东与管理层之间利益冲突的方法。

8.【答案】ABD

【解析】选项C的表述说明企业的经营风险会比较大，所以应适当分权以降低风险，因此选项C错误。

9.【答案】ABC

【解析】集权与分权相结合型财务管理体制下，应集权的有制度制定权，筹资、融资权，投资权，用资、担保权，固定资产购置权，财务机构设置权，收益分配权；应分散的有经营自主权，人员管理权，业务定价权，费用开支审批权。

10.【答案】ABC

【解析】企业财务管理体制的设计应当遵循如下四项原则：①与现代企业制度的要求相适应的原则；②明确企业对各所属单位管理中决策权、执行权与监督权相互制衡的原则；③明确财务综合管理和分层管理思想的原则；④与企业组织体制相适应的原则。

11.【答案】ABCD

【解析】通货膨胀对企业财务活动的影响是多方面的。主要表现在：①引起资金占用的大量增加，从而增加企业的资金需求。②引起企业利润虚增，造成企业资金由于利润分配而流失。③引起利率上升，加大企业筹资成本。④引起有价证券价格下降，增加企业的筹资难度。⑤引起资金供应紧张，增加企业的筹资困难。

12.【答案】AB

【解析】固定利率在借贷期内利率是固定不变的，在通货膨胀初期，无法根据物价上涨的水平来上调利率，因此对债权人不利，但对债务人有利。

13.【答案】BD

【解析】衍生金融工具又称派生金融工具，是在基本金融工具的基础上通过特定技术设计形成的新的金融工具，常见的衍生金融工具包括远期合同、期货合同、互换合同和期权合同等。选项 A、C 属于基本金融工具。

14.【答案】BC

【解析】资本市场又称长期金融市场，是指以期限在 1 年以上的金融工具为媒介，进行长期资金交易活动的市场，包括股票市场、债券市场、期货市场和融资租赁市场等。

15.【答案】AD

【解析】货币市场又称短期金融市场，交易期限短，交易目的是解决短期资金周转，所交易的金融工具具有较强的货币性；资本市场又称长期金融市场，融资期限长，交易的主要目的是满足长期投资性资本的需要，收益较高但风险也较大，资本借贷量大。

16.【答案】CD

【解析】同业拆借市场和票据市场属于货币市场。

17.【答案】BCD

【解析】货币市场又称短期金融市场，期限短，选项 A 错误。选项 B、C、D 属于货币性金融工具的特点。

18.【答案】ABC

【解析】企业的社会责任是指企业在谋求股东财富最大化之外所负有的维护和增进社会利益的义务，选项 D 错误。选项 A 属于企业对员工的责任。选项 B 属于企业对债权人的责任。选项 C 属于企业对消费者的责任。

19.【答案】ACD

【解析】财务管理的原则包括：系统性原则、风险权衡原则、现金收支平衡原则、成本收益权衡原则和利益关系协调原则。

20.【答案】ABCD

【解析】为了协调大股东与中小股东之间的冲突所采取的方式包括：完善上市公司的治理结构，使股东大会、董事会和监事会三者有效运行，形成相互制约的机制；规范上市公司的信息披露制度。选项 A、B、C 属于完善上市公司的治理结构的具体形式。

三、判断题

1.【答案】√

【解析】企业是股东投资创办的，离开了股东的投入，企业就不复存在，因此企业财务管理的目标应以股东财富最大化为基础。

2.【答案】√

【解析】从财务管理的角度看，企业价值不是账面资产的总价值，而是企业股东权益和债权人权益的市场价值，是企业所能创造的预计未来现金流量的现值，而不是其现时的会计收益。

3.【答案】×

【解析】企业的利益相关者包括股东、债权人、企业经营者、客户、供应商、员工、政府等。不是只包括股东、经营者、债权人三方面关系人。

4.【答案】×

【解析】协调股东与管理层利益冲突的方式包括解聘、接收和激励。其中解聘是通过股东约束经营者的方法，而接收是通过市场约束经营者的方法，激励则是将经营者的报酬与其绩效直接挂钩的方法。

5.【答案】√

【解析】激励常见的方式包括股票期权和绩效股，均可以用来协调股东与管理层的利益冲突。

6.【答案】×

【解析】财务决策是财务管理的核心，决策的成功与否直接关系到企业的兴衰成败。

7.【答案】×

【解析】企业各所属单位之间的业务联系越密切，就越有必要采用相对集中的财务管理体制。反之，则相反。

8.【答案】×

【解析】随着企业管理实践的深入，H型组织的财务管理体制也在不断演化。总部作为子公司的出资人对子公司的重大事项拥有最后的决定权，也就拥有了对子公司“集权”的法律基础。现代意义上的H型组织既可以分权管理，也可以集权管理。

9.【答案】×

【解析】财务管理环境是指对企业财务活动和财务管理产生影响作用的企业内外各种条件的统称，主要包括技术环境、经济环境、金融环境、法律环境等。

10.【答案】√

【解析】财务管理的技术环境，是指财务管理得以实现的技术手段和技术条件，它决定着财务管理的效率和效果。

11.【答案】√

【解析】在经济衰退期，公司一般应当停止扩张、出售多余设备、停产不利产品、停止长期采购、削减存货、停止扩招雇员。因此本题的说法是正确的。

12.【答案】√

【解析】以融资对象为标准，金融市场可分为资本市场、外汇市场和黄金市场。

13.【答案】×

【解析】流通市场又称为二级市场，它主要处理现有金融工具转让和变现的交易；发行市场又称为一级市场，它主要处理金融工具的发行与最初购买者之间的交易。

14.【答案】√

【解析】风险权衡原则是指风险和报酬之间存在着一个对应关系，决策者必须对报酬和风险作出权衡，为追求较高报酬而承担较大的风险，或者为减少风险而接受较低的报酬。

第二章 财务管理基础

CHAPTER-2

本章学习指南

一、考情分析

本章作为财务管理的基础章节，主要是给后面章节打基础，题型主要有客观题和主观题。主观题的考点主要是货币时间价值系数间的关系、货币时间价值公式运用、资产风险衡量指标计算、投资组合收益率和投资组合标准差的计算以及资本资产定价模型的运用。近 3 年的平均分数为 11 分左右。

最近 3 年题型、题量分析表

题型	2019 年		2020 年			2021 年		
	试卷Ⅰ	试卷Ⅱ	试卷Ⅰ	试卷Ⅱ	试卷Ⅲ	试卷Ⅰ	试卷Ⅱ	试卷Ⅲ
单项选择题	3 题 3 分	3 题 3 分	4 题 6 分	4 题 6 分	5 题 7.5 分	2 题 3 分	2 题 3 分	3 题 4.5 分
多项选择题	2 题 4 分	1 题 2 分	2 题 4 分	1 题 2 分	—	1 题 2 分	1 题 2 分	1 题 2 分
判断题	1 题 1 分	1 题 1 分	3 题 3 分	2 题 2 分	1 题 1 分	1 题 1 分	1 题 1 分	2 题 2 分
计算分析题	1 题 5 分	—	0.6 题 3 分	—	0.3 题 1.5 分	0.4 题 2 分	1 题 5 分	1 题 5 分
综合题	—	—	—	—	0.17 题 2 分	—	—	—
合计	7 题 13 分	5 题 6 分	9.6 题 16 分	7 题 10 分	6.47 题 12 分	4.4 题 8 分	5 题 11 分	7 题 13.5 分

二、教材变化

本章与 2021 年的教材相比，主要变化有：(1) 对风险管理的概念、风险管理原则及风险管理对策进行了补充修改；(2) 修改了“混合成本分解方法”的相关内容。

核心考点精讲

第一节 货币时间价值

使用“会计云课堂”App 或“微信”扫码查看本节视频，快速 GET 知识点。

一、货币时间价值的概念 ★

概念	相对数形式
指在没有风险和没有通货膨胀的情况下，货币经历一定时间的投资和再投资所增加的价值，也称为资金的时间价值	纯粹利率（纯利率），即没有通货膨胀、无风险情况下的资金市场的平均利率

经典题解

【例题 1·判断题】短期国债是一种几乎没有风险的有价证券，其利率可以代表货币时间价值。(　　)

【解析】货币时间价值是指在没有风险、没有通货膨胀的情况下，货币经历一定时间的投资和再投资所增加的价值，也称为资金的时间价值。没有通货膨胀时，短期国债的利率可以视为货币时间价值。

【答案】×

二、复利终值和现值 ★★★

复利终值	复利终值公式：$F=P\times(1+i)^{n}$ 公式中的 $(1+i)^{n}$ 称为复利终值系数，用符号（F/P，i，n）表示
复利现值	复利现值公式：$P=F\times(1+i)^{-n}$ 公式中的 $(1+i)^{-n}$ 称为复利现值系数，用符号（P/F，i，n）表示
结论	（1）复利终值和复利现值互为逆运算 （2）复利终值系数 $(1+i)^{n}$ 和复利现值系数 $(1+i)^{-n}$ 互为倒数

名师点拨（复利终值）

系数的代码要求掌握，P 表示现值，是 present value 的缩写，而 F 表示终值，是 future value 的缩写。

经典题解

【真题 2·单选题】某工程项目现需要投入 3 亿元，如果延迟一年建设，投入将增加 10%，假设利率为 5%，则项目延迟造成的投入现值的增加额为(　　)。(2021 年卷Ⅱ)

A. 0.14 亿元　　B. 0.17 亿元　　C. 0.3 亿元　　D. 0.47 亿元

【解析】项目延迟造成的投入现值的增加额 =3×（1+10%）/（1+5%）-3=0.14（亿元）。

【答案】A

【真题 3·单选题】（P/F，i，9）与（P/F，i，10）分别表示 9 年期和 10 年期的复利现值系数，关于二者的数量关系，下列表达式正确的是（　　）。（2020 年卷Ⅱ）

真题点拨

职称考试是给出货币时间价值系数代码的，要知道代码代表的含义。

A.（P/F，i，10）=（P/F，i，9）-i

B.（P/F，i，10）=（P/F，i，9）×（1+i）

C.（P/F，i，9）=（P/F，i，10）×（1+i）

D.（P/F，i，10）=（P/F，i，9）+i

【解析】

方法一：按照复利现值系数的公式推导：

（P/F，i，10）=1/（1+i）^{10}，（P/F，i，9）=1/（1+i）^{9}，1/（1+i）^{9}=1/（1+i）^{10}×（1+i），即（P/F，i，9）=（P/F，i，10）×（1+i）。

方法二：画图理解：

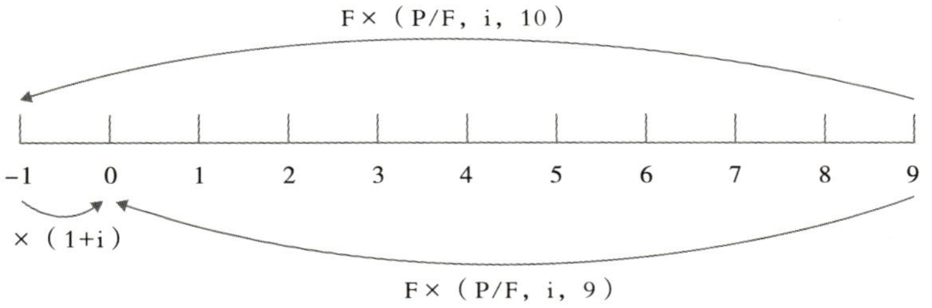

如上图所示，（P/F，i，9）=（P/F，i，10）×（1+i）。

【答案】C

• **致亲爱的学员**

本章是您中级财务管理考试的基石，夯实基础，尤为关键。但无须忐忑，本系列丛书会引导您循序渐进地理解知识点。遇到重点、难点，不必紧张，书中的“核心考点精讲”各节都配有二维码。只要轻轻一扫！名师现身讲解，带您打破“一背解千愁”的常态，助您“码”上通关，双倍吸收！中级学习从此变得轻便又有趣！

划重点：前两章考点视频，扫码免费享有。

• **使用步骤**

01 扫码下载安装最新版“会计云课堂”App

02 登录您的东奥个人账号

03 点击首页右上角“扫一扫”即可听课

三、年金终值和年金现值★★★

1. 年金的含义（三个要点）

定期、等额的系列收付款项，用 A 表示。

2. 年金的种类

- 普通年金：从第一期开始每期期末收付的年金

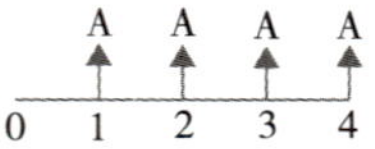

- 预付年金：从第一期开始每期期初收付的年金

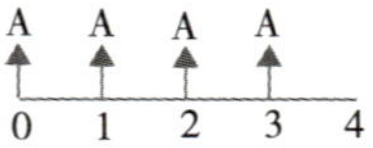

- 递延年金：在第二期或第二期以后收付的年金

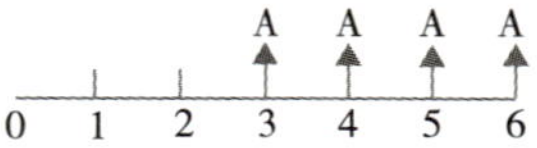

- 永续年金：普通年金极限形式

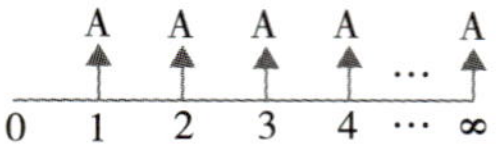

3. 年金终值与年金现值的计算

项目	基本公式
普通年金终值	$F=A\times[(1+i)^n-1]/i$ 式中：$[(1+i)^n-1]/i$ 称为年金终值系数，用符号（F/A，i，n）表示，则有 F=A×（F/A，i，n）
普通年金现值	$P=A\times[1-(1+i)^{-n}]/i$ 式中：$[1-(1+i)^{-n}]/i$ 称为年金现值系数，用符号（P/A，i，n）表示，则有 P=A×（P/A，i，n）
预付年金终值	F=A×（F/A，i，n）×（1+i） 【扩展】F=A×[（F/A，i，n+1）−1]
预付年金现值	P=A×（P/A，i，n）×（1+i） 【扩展】P=A×[（P/A，i，n−1）+1]
递延年金终值	F=A×（F/A，i，n），"n" 表示 A 的个数，终值与递延期 "m" 无关
递延年金现值	先将递延年金视为 n 期普通年金，求出在 m 期期末普通年金现值，然后再折算到第一期期初：P=A×（P/A，i，n）×（P/F，i，m） 【扩展】先计算 m+n 期年金现值，再减去 m 期年金现值：P=A×[（P/A，i，m+n）−（P/A，i，m）]
永续年金	P= 年金额 / 折现率 =A/i；永续年金没有终值

名师点拨（项目）

A 表示年金，是annuity的缩写。系数代码的分子是F代表终值系数，系数代码的分子是P代表现值系数，系数中带有 A 的是指和年金有关的系数。

要点小贴士（递延年金现值）

递延期 m 的确定可以看第一次收支在哪一期末点，则前一个时点就是递延期。

【解读】（1）预付年金求现值如下图所示：

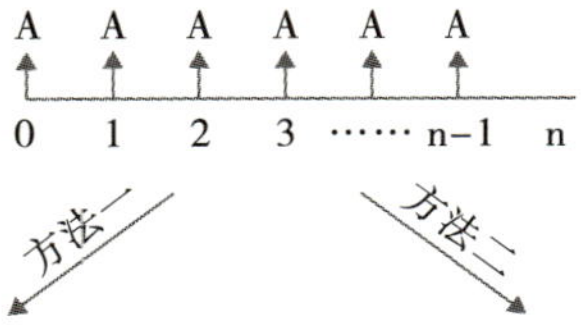

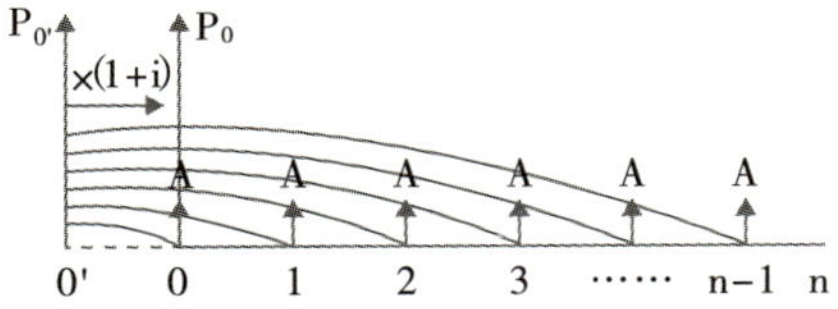

预付年金现值$P_0=A\times(P/A,i,n)\times(1+i)$

将从0时点至（n−1）时点共计n个A折现到0'时点，得到现值$P_{0'}$后乘以（1+i），求得P_0

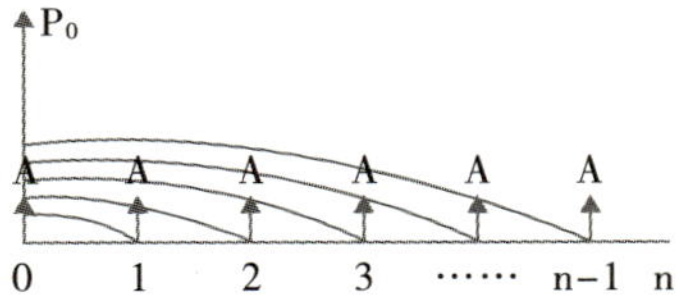

预付年金现值$P_0=A\times[(P/A,i,n-1)+1]$

将1时点至（n−1）时点共计（n−1）个A折现到0时点，再加上0时点原有年金A，求得P_0

预付年金求终值如下图所示：

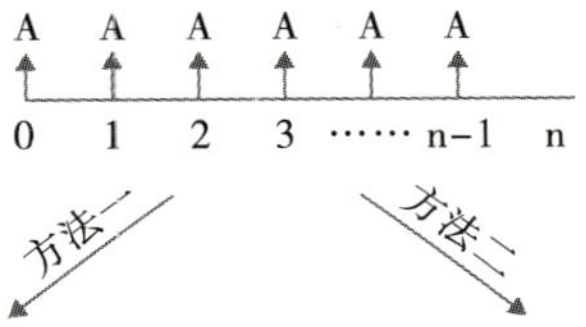

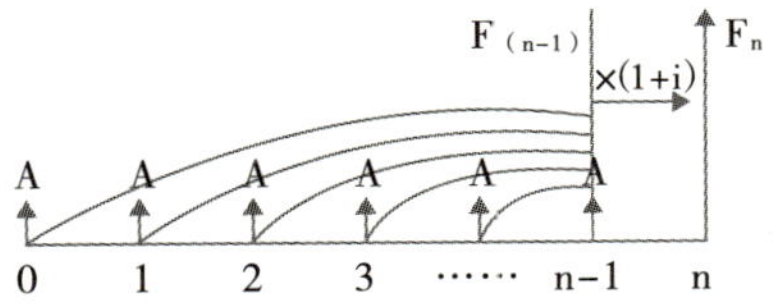

预付年金终值$F_n=A\times(F/A,i,n)\times(1+i)$

将从0时点至（n−1）时点共计n个A折到（n−1）时点，得到$F_{(n-1)}$后乘以（1+i），求得F_n

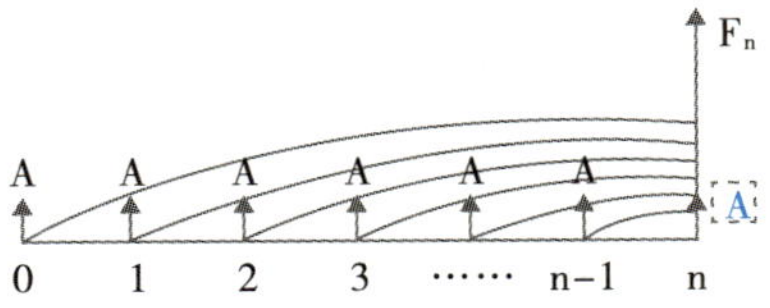

预付年金终值$F_n=A\times[(F/A,i,n+1)-1]$

将从0时点至n时点（虚增n时点年金A）共计（n+1）个A折到n时点，再减去n时点虚增年金A，求得F_n

（2）永续年金现值的特殊情况：

①如果给出的是一个以预付年金形式表示的永续年金，其现值为：$P=A+\frac{A}{i}$。

②如果给出的是一个以递延年金形式表示的永续年金，其现值为：$P=\frac{A}{i}\times(P/F,i,m)$。

要点小贴士

标准的永续年金是无限期的普通年金。无限期普通年金的现值是A/i；如果遇到预付的或递延的永续年金，公式要变形。

经典题解

真题点拨

第一次收支在第6年的年初，即第5年末，5的前一期是4，所以本题的递延期是4期。

【真题4·单选题】某公司预存一笔资金，年利率为i，从第六年开始连续10年可在每年年初支取现金200万元，则预存金额的计算正确的是（　　）。（2021年卷Ⅰ）

A. 200×（P/A，i，10）×（P/F，i，5）

B. 200×（P/A，i，10）×［（P/F，i，4）+1］

C. 200×（P/A，i，10）×（P/F，i，4）

D. 200×（P/A，i，10）×［（P/F，i，5）−1］

【解析】本题是递延年金现值计算的问题，关键是正确确定递延期。

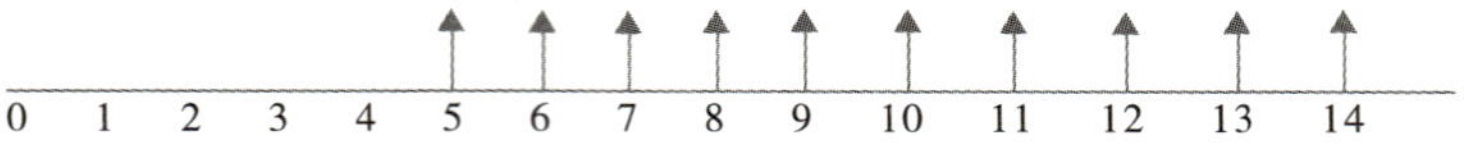

真题点拨

客观题的掌握重点是把握以往的历年考题，考点经常是重合的。

从第六年开始每年年初支取现金200万元，也就是从第五年开始每年年末支取现金200万元，所以递延期m是4期。连续10年，n=10。P=200×（P/A，i，10）×（P/F，i，4）。

【答案】C

【提示】2019年卷Ⅰ试题与此题的考查角度一致。

真题点拨

近两年喜欢考给出货币时间价值系数代码，利用系数之间的关系求系数。对于这种题，最快速的方法就是把货币时间价值系数的公式记住，代入公式计算即可。（F/A，9%，5）= $[(1+9\%)^5-1]/9\%=5.9847$。

【真题5·单选题】已知（F/P，9%，4）=1.4116，（F/P，9%，5）= 1.5386，（F/A，9%，4）=4.5731，则（F/A，9%，5）为（　　）。（2020年卷Ⅰ）

A. 4.9847　　　　B. 5.9847

C. 5.5731　　　　D. 6.1117

【解析】方法一：按照年金终值系数的公式计算：

年金终值系数 = $[(1+i)^n-1]/i$ =（复利终值系数 −1）/i

则，（F/A，9%，5）= ［（F/P，9%，5）−1］/9%=（1.5386−1）/9%=5.9844，5.9844接近选项B，尾数不一样是因为系数使用不同导致的误差。

方法二：（F/A，9%，4）和（F/A，9%，5）都是普通年金终值系数。

（F/A，9%，4）：

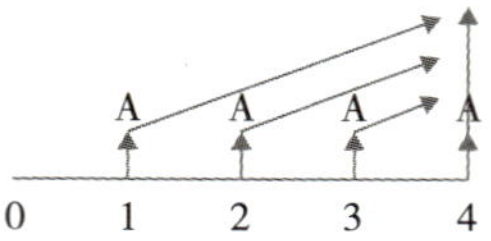

（F/A，9%，5）：

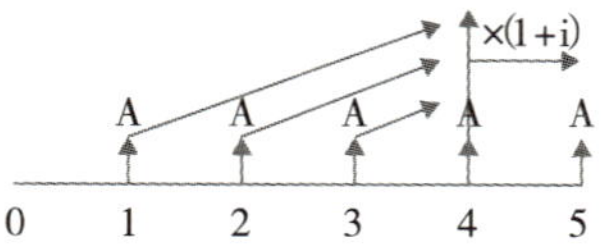

由上图可知，（F/A，9%，5）=（F/A，9%，4）×（1+9%）+1=4.5731×（1+9%）+1=5.9847。

方法三：求终值是不考虑递延期的，根据下图可知，（F/A，9%，5）（下图1）比（F/A，9%，4）（下图2）多了第1时点末的现金流的终值，即（F/P，9%，4），所以（F/A，9%，5）=（F/A，9%，4）+（F/P，9%，4）=5.9847。

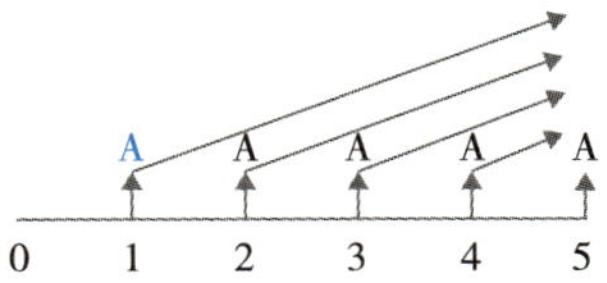

图1

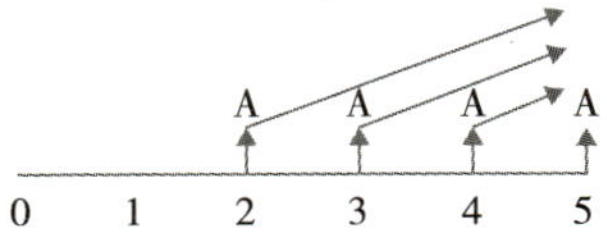

图2

【答案】B

【真题6·单选题】某项永久性扶贫基金拟在每年年初发放80万元扶贫款，年利率为4%，则该基金需要在第一年年初投入的资金数额（取整数）为（　　）万元。（2020年卷Ⅱ）

A. 1923　　B. 2080

C. 2003　　D. 2000

【解析】该基金为预付的永续年金，比普通的永续年金要多考虑一个0时点的A，因此需要在第一年年初投入的资金数额=80/4%+80=2080（万元）。

【答案】B

【真题7·单选题】某公司需要在10年内每年等额支付100万元，年利率为i，如果在每年年末支付，全部付款额的现值为X，如果在每年年初支付，全部付款额的现值为Y，则Y和X的数量关系可以表示为（　　）。（2020年卷Ⅲ）

A. Y=X/（1+i）−i

B. Y=X/（1+i）

C. Y=X（1+i）−i

D. Y=X（1+i）

【解析】预付年金现值Y=普通年金现值X×（1+i），所以选项D正确。

【答案】D

【真题8·多选题】某公司取得3000万元的贷款，期限为6年，年利率10%，每年年初偿还等额本息，则每年年初应支付金额的计算正确的有（　　）。（2020年卷Ⅰ）

A. 3000/[（P/A，10%，5）+1]

B. 3000/[（P/A，10%，7）−1]

C. 3000/[（P/A，10%，6）/（1+10%）]

D. 3000/[（P/A，10%，6）×（1+10%）]

【解析】方法一：预付年金现值=A×（P/A，i，n）×（1+i），即3000=A×（P/A，10%，6）×（1+10%），A=3000/[（P/A，10%，6）×（1+10%）]，选项D正确。

方法二：预付年金现值=A×[（P/A，i，n−1）+1]，即3000=A×[（P/A，10%，6−1）+1]，A=3000/[（P/A，10%，5）+1]，选项A正确。

【答案】AD

【真题9·判断题】永续年金由于收付款的次数无穷多，所以其现值无穷大。(　　)(2020年卷Ⅱ)

【解析】永续年金现值=A/i，存在具体数值，不是无穷大的。

【答案】×

真题点拨

第一次收支在第5年末，所以递延期是4。

【真题10·多选题】某公司向银行借入一笔款项，年利率为10%，分6次还清，从第5~10年每年年末偿还本息5000元。下列计算该笔借款现值的算式中，正确的有(　　)。(2015年)

A. 5000×(P/A，10%，6)×(P/F，10%，3)

B. 5000×(P/A，10%，6)×(P/F，10%，4)

C. 5000×[(P/A，10%，9)-(P/A，10%，3)]

D. 5000×[(P/A，10%，10)-(P/A，10%，4)]

【解析】方法一：P=A×(P/A，i，n)×(P/F，i，m)

方法二：P=A×[(P/A，i，m+n)-(P/A，i，m)]

式中，m为递延期，n为等额收付的次数。本题递延期为4年，等额收付的次数为6次。因此，选项B、D正确。

【答案】BD

名师点拨

属于知三求四的问题：

(1)如果考试已知终值、期限、利率，求年金A即为求偿债基金；

(2)如果考试已知现值、期限、利率，求年金A即为求年资本回收额。

四、年偿债基金和年资本回收额★★

项目	年偿债基金	年资本回收额
含义	指为了在约定的未来某一时点清偿某笔债务或积聚一定数额的资金而必须分次等额形成的存款准备金	指在约定年限内等额回收初始投入资本的金额
计算方法	已知普通年金终值F，求年金A	已知普通年金现值P，求年金A

【扩展】

(1)年偿债基金与普通年金终值互为逆运算。

(2)年资本回收额与普通年金现值互为逆运算。

经典题解

真题点拨

本题相当于已知普通年金现值求年金。

【真题11·单选题】某项银行贷款本金为100万元，期限为10年、利率为8%，每年年末等额偿还本息，则每年偿还额的计算式为(　　)。(2021年卷Ⅱ)

A. 100/(F/A，8%，10)

B. 100×(1+8%)/(F/A，8%，10)

C. 100×(1+8%)/(P/A，8%，10)

D. 100/(P/A，8%，10)

【解析】A×(P/A，8%，10)=100，A=100/(P/A，8%，10)。选项D正确。

【答案】D

【真题 12·单选题】某公司计划在每年年初存入一笔资金，以期在第 10 年末获取 500 万元，假设利率为 7%，按复利计息，则对每年存入额的计算正确的是（　　）。（2021 年卷Ⅲ）

真题点拨

本题相当于已知预付年金终值求年金。

A. 500/［（F/A，7%，11）−1］

B. 500/［（F/A，7%，9）×（1+7%）］

C. 500/［（F/A，7%，11）/（1+7%）］

D. 500/［（F/A，7%，9）+1］

【解析】500=A×（F/A，7%，10）×（1+7%），因此 A=500/［（F/A，7%，10）×（1+7%）］，选项 B、C 错误。

或者：500=A×［（F/A，7%，11）−1］，因此 A=500/［（F/A，7%，11）−1］，选项 A 正确、选项 D 错误。

【答案】A

【易错易混点】货币时间价值系数间的关系

名称	系数之间的关系
复利终值系数与复利现值系数	互为倒数
普通年金终值系数与偿债基金系数	互为倒数
普通年金现值系数与资本回收系数	互为倒数
预付年金终值系数与普通年金终值系数	期数加 1，系数减 1 或：预付年金终值系数 = 同期普通年金终值系数 ×（1+i）
预付年金现值系数与普通年金现值系数	期数减 1，系数加 1 或：预付年金现值系数 = 同期普通年金现值系数 ×（1+i）
复利终值系数与普通年金终值系数	普通年金终值系数 =（复利终值系数 −1）/i
复利现值系数与普通年金现值系数	普通年金现值系数 =（1− 复利现值系数）/i

经典题解

【真题 13·单选题】下列各项中，与普通年金终值系数互为倒数的是（　　）。（2017 年卷Ⅱ）

A. 预付年金现值系数

B. 普通年金现值系数

C. 偿债基金系数

D. 资本回收系数

【解析】普通年金终值系数和偿债基金系数互为倒数，普通年金现值系数与资本回收系数互为倒数，因此选项 C 正确。

【答案】C

要点小贴士

求利率通常要用到内插法。

五、利率的计算 ★★

（一）现值或终值系数已知的利率计算

计算方法	基本原理	基本公式	图示
内插法（也叫插值法）	假设利率与系数间存在线性关系	假设所求利率为 I，I 对应的系数为 B。B_1、B_2 为系数表中 B 相邻的系数，I_1、I_2 分别为 B_1、B_2 对应的利率，则有：$(I-I_1)/(I_2-I_1)=(B-B_1)/(B_2-B_1)$，解得：$I=I_1+(B-B_1)/(B_2-B_1)\times(I_2-I_1)$	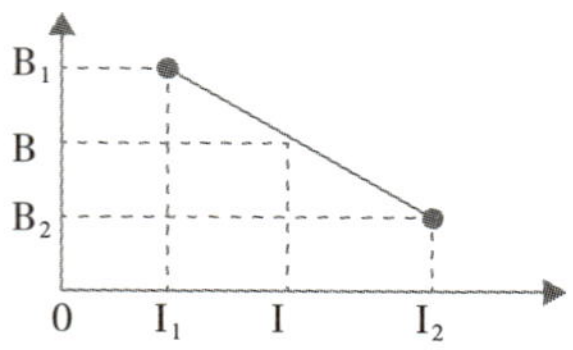

经典题解

【真题 14 · 单选题】某公司设立一项偿债基金项目，连续 10 年于每年年末存入 500 万元，第 10 年年末可以一次性获取 9000 万元，已知（F/A，8%，10）= 14.487，（F/A，10%，10）=15.937，（F/A，12%，10）=17.549，（F/A，14%，10）=19.337，（F/A，16%，10）=21.321，则该基金的收益率介于（　　）。（2019 年卷 Ⅱ）

A. 12%~14%　　　　B. 10%~12%

C. 14%~16%　　　　D. 8%~10%

【解析】假设该基金的收益率为 i，则 500×（F/A，i，10）=9000，解得：（F/A，i，10）=18；同时（F/A，12%，10）=17.549，（F/A，14%，10）=19.337，所以，12% ＜ i ＜ 14%。

【答案】A

真题点拨

解决方式灵活多样，本题利用倒求的方法去验证会简单快捷一些。

【真题 15 · 判断题】公司年初借入资本 100 万元，第 3 年年末一次性偿还连本带息 130 万元，则这笔借款的实际年利率小于 10%。（　　）（2016 年）

【解析】如果实际年利率为 10%，则：第 3 年年末本利和 =100×$(1+10\%)^3$= 133.1（万元），即第 3 年年末一次性偿还连本带息额为 133.1 万元，大于 130 万元，说明这笔借款的实际年利率小于 10%。

【答案】√

【例题 16 · 单选题】某公司向银行借入 20000 元，借款期为 9 年，每年末的还本付息额为 4000 元，则借款利率为（　　）。［已知：（P/A，13%，9）=5.1317，（P/A，14%，9）=4.9464］

A. 13.06%　　　　B. 13.71%

C. 15.36%　　　　D. 16.5%

【解析】本题的考点是利用插值法求利息率。根据题意，20000=4000×（P/A，i，9），解得：（P/A，i，9）=5

利率	系数
13%	5.1317
i	5
14%	4.9464

$$\frac{i-13\%}{14\%-13\%}=\frac{5-5.1317}{4.9464-5.1317}$$

解得：i=13.71%。

【答案】B

解题攻略

任意两个利率差值的比等于对应系数差值的比。

（二）实际利率的计算

1. 一年多次计息时的实际利率

含义	一年多次计息时，给出的年利率为名义利率，按照复利计算的年利息与本金的比值为实际利率
关系	（1）一年一次计息时，实际利率等于名义利率 （2）一年多次计息时，实际利率高于名义利率
关系公式	$i=(1+r/m)^m-1$ 式中：i 为实际利率，r 为名义利率，m 为每年复利计息的次数

经典题解

【真题 17·单选题】某公司取得借款 500 万元，年利率为 6%，每半年支付一次利息，到期一次还本，则该借款的实际利率为（　　）。（2020 年卷Ⅰ）

A. 6%　　B. 6.09%

C. 6.18%　　D. 12.36%

【解析】实际借款利率 =（1+6%/2）^{2}−1=6.09%。

【答案】B

【真题 18·单选题】公司投资于某项长期基金，本金为 5000 万元，每季度可获取现金收益 50 万元，则其年收益率为（　　）。（2018 年卷Ⅱ）

A. 2.01%　　B. 1.00%

C. 4.00%　　D. 4.06%

【解析】在题干没有特殊要求的前提下，要求计算的年利率均为实际年利率。在本题中，期利率 = 每季度收益率 =50/5000=1%，即 r/m=1%，根据名义利率和实际利率转化的计算公式，则实际年收益率 $i=(1+r/m)^m-1=(1+1\%)^4-1$=4.06%。

【答案】D

解题攻略

年内计息多次，不会影响终值、现值的基本公式，只是要遵循一致性原则。年数调为期数，年利率调为期利率。

【例题 19·单选题】某企业于年初存入银行 10000 元，假定年利率为 12%，每年复利两次。已知（F/P，6%，5）=1.3382，（F/P，6%，10）=1.7908，（F/P，12%，5）=1.7623，（F/P，12%，10）=3.1058，则第 5 年年末的本利和为（　　）元。

A. 13382　　B. 17623

C. 17908　　D. 31058

【解析】由于每年复利两次，每半年利率 =12%/2=6%，总复利期数 =5×2=10（期），所以第5年年末的本利和 =P×（F/P，i，n）=10000×（F/P，6%，10）=17908（元）。

【答案】C

2. 通货膨胀情况下的实际利率

含义	在通货膨胀情况下，央行或其他提供资金借贷的机构所公布的利率是未调整通货膨胀因素的名义利率，即名义利率中包含通货膨胀率 实际利率是指剔除通货膨胀率后储户或投资者得到利息回报的真实利率
关系公式	1+名义利率 =（1+实际利率）×（1+通货膨胀率） $实际利率=\frac{1+名义利率}{1+通货膨胀率}-1$

要点小贴士

（1）通货膨胀率 =0，实际利率 = 名义利率；

（2）通货膨胀率＞0（存在通货膨胀），实际利率＜名义利率；

（3）通货膨胀率＜0（存在通货紧缩），实际利率＞名义利率。

经典题解

【真题20·单选题】如果实际利率为10%，通货膨胀率为2%，则名义利率为（　　）。（2020年卷Ⅲ）

A. 8%　　B. 7.84%

C. 12.2%　　D. 12%

【解析】名义利率 =（1+实际利率）×（1+通货膨胀率）−1=（1+10%）×（1+2%）−1=12.2%。

【答案】C

【真题21·判断题】如果通货膨胀率大于名义利率，则实际利率为正数。（　　）（2020年卷Ⅰ）

【解析】实际利率 =（1+名义利率）/（1+通货膨胀率）−1，如果通货膨胀率大于名义利率，则（1+名义利率）/（1+通货膨胀率）小于1，所以实际利率小于0。

【答案】×

【真题22·单选题】已知银行存款利率为3%，通货膨胀为1%，则实际利率为（　　）。（2018年卷Ⅰ）

A. 1.98%　　B. 3%

C. 2.97%　　D. 2%

【解析】实际利率 =（1+名义利率）/（1+通货膨胀率）−1=（1+3%）/（1+1%）−1=1.98%。

【答案】A

第二节 收益与风险

使用“会计云课堂”App 或“微信”扫码查看本节视频，快速 GET 知识点。

一、资产收益与收益率★

（一）资产收益的含义与计算

- 资产收益
  - 绝对数表示：资产的收益额
    - 现金净收入（利息、红利或股息）
    - 资产价值（价格）升值（资本利得）
  - 相对数表示：资产的收益率（报酬率）
    - 利息（股息）的收益率
    - 资本利得的收益率

【提示】为了便于比较和分析，一般用相对数衡量收益，同时要将不同期限的收益率转化成年收益率。本书约定，在不特指情况下，资产收益指的是资产的年收益率。

经典题解

【真题 23·单选题】某投资者购买 X 公司股票，购买价格为 100 万元，当期分得现金股利 5 万元，当期期末 X 公司股票市场价格上升到 120 万元。则该投资产生的资本利得为（　　）万元。（2020 年卷Ⅱ）

真题点拨

资本利得是指买卖价差收益。

A. 20

B. 15

C. 5

D. 25

【解析】该投资产生的资本利得 =120−100=20（万元）。

【答案】A

（二）资产收益率的类型

种类	含义
实际收益率	已经实现或确定可以实现的资产收益率 【提示】当存在通货膨胀时，还应当扣除通货膨胀率的影响，剩余的才是真实的收益率
预期收益率（期望收益率）	在不确定的条件下，预测的某资产未来可能实现的收益率 预期收益率 = $\sum_{i=1}^{n}(P_i \times R_i)$ 式中，P_i 表示情况 i 可能出现的概率；R_i 表示情况 i 出现时的收益率

要点小贴士

必要收益率与预期（期望）收益率的关系：

当预期收益率≥必要收益率时，应进行投资。

当预期收益率<必要收益率时，不应进行投资。

<table>
<tr><th>种类</th><th colspan="2">含义</th></tr>
<tr><td rowspan="3">必要收益率
（最低报酬率或最低要求的收益率）</td><td colspan="2">表示投资者对某资产合理要求的最低收益率
必要收益率 = 无风险收益率 + 风险收益率
= 纯粹利率（资金的时间价值）+ 通货膨胀补偿率 + 风险收益率</td></tr>
<tr><td>无风险收益率（无风险利率）</td><td>无风险收益率 = 纯粹利率（资金的时间价值）+ 通货膨胀补偿率</td></tr>
<tr><td>风险收益率</td><td>指某资产持有者因承担该资产的风险而要求的超过无风险利率的额外收益，它的大小取决于以下两个因素：一是风险的大小；二是投资者对风险的偏好</td></tr>
</table>

要点小贴士

通常用短期国债的利率近似地代替无风险收益率。

经典题解

【真题 24 · 单选题】如果纯粹利率为 5%，通货膨胀补偿率为 2%，风险收益率为 4%，则必要收益率为（　　）。（2020 年卷Ⅲ）

A. 3%　　　　B. 6%

C. 11%　　　　D. 7%

【解析】无风险利率 = 纯粹利率 + 通货膨胀补偿率 =5%+2%=7%，必要收益率 = 无风险利率 + 风险收益率 =7%+4%=11%。

【答案】C

【提示】2019 年卷Ⅱ试题与此题的考查角度一致。

【真题 25 · 判断题】无风险收益率是由纯利率和通货膨胀补偿率两部分组成。（　　）（2020 年卷Ⅰ）

【解析】无风险收益率也称无风险利率，它是指无风险资产的收益率，它的大小由纯粹利率（资金的时间价值）和通货膨胀补贴两部分组成。

【答案】√

真题点拨

按照收益风险均衡的原则进行判断。

【真题 26 · 判断题】必要收益率与投资者认识到的风险有关。如果某项资产的风险较低，那么投资者对该项资产要求的必要收益率就较高。（　　）（2015 年）

【解析】必要收益率 = 无风险收益率 + 风险收益率，风险收益率受风险的大小影响，风险越低，风险收益率越低，因此必要收益率越低。

【答案】×

二、资产的风险及其衡量★★

（一）风险的概念

风险	指收益的不确定性
企业风险	指对企业的战略与经营目标实现产生影响的不确定性

从财务管理的角度看风险	是企业在各项财务活动过程中，由于各种难以预料或无法控制的因素作用，使企业的实际收益与预计收益发生背离，从而蒙受经济损失的可能性

（二）衡量风险的指标主要有收益率的方差、标准差和标准差率等

指标	计算公式	结论
期望值$\overline{E}$	$\overline{E}=\sum_{i=1}^{n}(X_i \times P_i)$	不能直接用来衡量风险
方差 σ^2	$\sigma^2=\sum_{i=1}^{n}(X_i-\overline{E})^2 \times P_i$	期望值相同的情况下，方差越大，风险越大
标准差 σ	$\sigma=\sqrt{\sum_{i=1}^{n}(X_i-\overline{E})^2 \times P_i}$	期望值相同的情况下，标准差越大，风险越大
标准差率 V	$V=\sigma/\overline{E} \times 100\%$	标准差率越大，风险越大

要点小贴士

标准差率以相对数反映决策方案的风险程度，无论期望值是否相同，均可用来比较风险的大小。

【提示】一般的投资者和企业管理者都对风险比较反感，在期望收益相同的情况下，选择风险小的方案；在标准差率相同的情况下，选择期望收益大的方案；一般情况下风险和收益是均衡的，当一方案风险高收益也高，另一方案风险低收益也低时，如何决策取决于投资人对待风险的态度。

经典题解

【真题27·多选题】关于两项证券资产的风险比较，下列说法正确的有（　　）。（2021年卷Ⅱ）

A. 期望值相同的情况下，标准差率越大，风险程度越大

B. 期望值不同的情况下，标准差率越大，风险程度越大

C. 期望值不同的情况下，标准差越大，风险程度越大

D. 期望值相同的情况下，标准差越大，风险程度越大

真题点拨

期望值相同，标准差、标准差率都可以用于比较风险大小；

期望值不同，只能用标准差率比较风险大小。

【解析】标准差以绝对数衡量决策方案的风险，不适用于期望值不同的决策方案风险程度的比较。在期望值相同的情况下，标准差越大，风险越大；标准差越小，则风险越小。标准差率是一个相对指标，它以相对数反映决策方案的风险程度，既适用于期望值相同的决策方案，也适用于期望值不同的决策方案。标准差率越大，风险越大；标准差率越小，风险越小。

【答案】ABD

【真题28·单选题】已知甲项目和乙项目的期望收益率分别为15%和10%，下列最适合比较二者风险程度的指标是（　　）。（2020年卷Ⅰ）

A. 收益率的方差　　B. 收益率的标准差

C. 期望收益率　　D. 收益率的标准差率

【解析】方差和标准差作为绝对数，只适用于期望值相同的决策方案风险程度的比较。对于期望值不同的决策方案，评价和比较其各自的风险程度只能借助于标

准差率这一相对数值。标准差率越大，风险越大；反之，标准差率越小，风险越小。

【答案】D

【真题29·单选题】某项目的期望投资收益率为14%，风险收益率为9%，收益率的标准差为2%，则该项目收益率的标准差率为（　　）。（2018年卷Ⅱ）

A. 0.29%　　B. 22.22%　　C. 14.29%　　D. 0.44%

【解析】标准差率＝标准差/期望收益率=2%/14%=14.29%。

【答案】C

【真题30·判断题】标准差率可用于收益率期望值不同的情况下的风险比较，标准差率越大，表明风险越大。（　　）（2018年卷Ⅰ）

【解析】方差和标准差作为绝对数指标，只适用于期望值相同的决策方案风险程度的比较。对于期望值不同的决策方案，评价和比较其各自的风险程度只能借助于标准差率这一相对数指标。在期望值不同的情况下，标准差率越大，风险越大；反之，标准差率越小，风险越小。

【答案】√

【真题31·多选题】下列指标中，能够反映资产风险的有（　　）。（2016年）

A. 标准差率　　B. 标准差

C. 期望值　　D. 方差

【解析】期望值不能衡量风险，选项C错误。

【答案】ABD

（三）风险矩阵

含义	指按照风险发生的可能性和风险发生后果的严重程度，将风险绘制在矩阵图中，展示风险及其重要性等级的风险管理工具方法
优点	为企业确定各项风险重要性等级提供了可视化的工具
缺点	（1）通过主观判断得出风险重要性等级标准、风险发生可能性、后果严重程度，影响使用的准确性 （2）无法将列示的个别风险重要性等级通过数学运算得到总体风险的重要性等级

经典题解

【例题32·多选题】下列有关风险矩阵这种风险管理工具的表述中，正确的有（　　）。

A. 可以对风险重要性等级标准、风险发生可能性、后果严重程度作出客观准确的判断

B. 可以通过数学运算得到总体风险的重要性等级

C. 为企业确定各项风险重要性等级提供了可视化的工具

D. 应用风险矩阵所确定的风险重要性等级是通过相互比较确定的

【解析】本题的考点是风险矩阵的优缺点。

【答案】CD

三、风险管理★★

（一）风险管理的概念

风险管理	是指项目或者企业在一个有风险的环境里，把风险及其可能造成的不良影响降至最低的管理过程
风险管理过程	包括对风险的量度、评估和制定策略，企业需要在降低风险的收益与成本之间进行权衡并决定采取何种措施

（二）风险管理原则

战略性原则	风险管理主要运用于企业战略管理层面，站在战略层面整合和管理企业层面风险是全面风险管理的价值所在
全员性原则	企业风险管理是一个由企业治理层、管理层和所有员工参与，旨在把风险控制在风险容量以内、增加企业价值的过程。在这个过程中，只有将风险意识转化为全体员工的共同认识和自觉行动，才能确保风险管理目标的实现
专业性原则	要求风险管理的专业人才实施专业化管理
二重性原则	企业全面风险管理的商业使命在于：损失最小化管理、不确定性管理和绩效最优化管理。当风险损失不能避免时，尽量减少损失至最小化；风险损失可能发生可能不发生时，设法降低风险发生的可能性；风险预示着机会时，化风险为增加企业价值的机会
系统性原则	全面风险管理必须拥有一套系统的、规范的方法，建立健全全面风险管理体系，包括风险管理策略、风险理财措施、风险管理的组织职能体系、风险管理信息系统和内部控制系统，从而为实现风险管理的总体目标提供合理保证

经典题解

【例题33·判断题】风险管理的二重性原则是指风险的防范与控制并重，风险的事前管理和事后反馈并重的原则。（　　）

【解析】风险管理的二重性原则是指企业全面风险管理的商业使命在于：损失最小化管理、不确定性管理和绩效最优化管理。

【答案】×

（三）风险管理对策

名师点拨

2022年教材全面改写的内容，注意教材中的举例。

风险管理对策	内容	提示
风险规避	指企业回避、停止或退出蕴含某一风险的商业活动或商业环境，避免成为风险的所有人	常见的例子有：退出某一市场以避免激烈竞争；拒绝与信用不好的交易对手进行交易；禁止各业务单位在金融市场上进行投机

风险管理对策	内容	提示
风险承担	指企业对所面临的风险采取接受的态度，从而承担风险带来的后果	风险承担的原则： （1）对未能辨识出的风险，企业只能采用风险承担 （2）对于辨识出的风险，企业可能由于缺乏能力进行主动管理、没有其他备选方案等因素而选择风险承担 （3）对于企业的重大风险，企业一般不采用风险承担
风险转移	指企业通过合同将风险转移到第三方，企业对转移后的风险不再拥有所有权。转移风险不会降低其可能的严重程度，只是从一方移除后转移到另一方	常见的例子有：购买保险；采取合营方式实现风险共担
风险转换	指企业通过战略调整等手段将企业面临的风险转换成另一个风险，其简单形式就是在减少某一风险的同时增加另一风险	常见的例子：通过放松交易客户信用标准增加了应收账款，但扩大了销售
风险对冲	指引入多个风险因素或承担多个风险，使得这些风险能互相冲抵。风险对冲不是针对单一风险，而是涉及风险组合	常见的例子有：资产组合使用、多种外币结算的使用和战略上的多种经营
风险补偿	指企业对风险可能造成的损失采取适当的措施进行补偿，形式包括财务补偿、人力补偿、物资补偿	常见的财务补偿包括企业自身的风险准备金或应急资本等
风险控制	指控制风险事件发生的动因、环境、条件等，来达到减轻风险事件发生时的损失或降低风险事件发生概率的目的	风险控制对象一般是可控风险，包括多数运营风险，如质量、安全和环境风险以及法律风险中的合规性风险

经典题解

【真题34·单选题】企业计提资产减值准备，从风险管理对策上看属于（　　）。（2020年卷Ⅱ改编）

A. 风险补偿　　B. 风险控制　　C. 风险转移　　D. 风险规避

【解析】风险补偿是指企业对风险可能造成的损失采取适当的措施进行补偿，形式包括财务补偿、人力补偿、物资补偿。

【答案】A

【真题35·单选题】某公司购买一批贵金属材料，为避免资产被盗而造成的损失，向财产保险公司进行了投保，则该公司采取的风险管理对策是（　　）。（2018年卷Ⅰ改编）

A. 风险规避　B. 风险承担　C. 风险转移　D. 风险控制

【解析】风险转移是指企业通过合同将风险转移到第三方，企业对转移后的风险不再拥有所有权。如向专业性保险公司投保等。

【答案】C

【例题 36 · 单选题】退出某一市场以避免激烈竞争属于风险管理对策中的（　　）。

A. 风险承担　B. 风险对冲

C. 风险转换　D. 风险规避

【解析】本题的考点是风险管理对策中的具体举例，学员应会判断属于哪种风险管理对策的运用。退出某一市场以避免激烈竞争属于风险管理对策中的风险规避。

【答案】D

四、证券资产组合的收益与风险★★★

（一）证券资产组合的预期收益率

证券资产组合的预期收益率就是组成证券资产组合的各种资产收益率的加权平均数，其权数等于各种资产在整个组合中所占的价值比例。

【提示】组合收益率的影响因素为投资比重和个别资产收益率，将资金100% 投资于最高收益率资产，可获得最高组合收益率。

经典题解

【真题 37 · 判断题】两种股票构成的资产组合的预期收益率是这两种股票预期收益率的加权平均数，其权数为两种股票在组合中的价值比例。（　　）（2021 年卷Ⅱ）

【解析】证券资产组合的预期收益率是组成证券资产组合的各种资产收益率的加权平均数，其权数为各种资产在组合中的价值比例。

【答案】√

（二）证券资产组合的风险及其衡量

1. 证券资产组合的风险分散功能

指标	公式（两项证券资产组合）
组合方差	$\sigma_p^2=w_1^2\sigma_1^2+w_2^2\sigma_2^2+2w_1w_2\rho_{1,2}\sigma_1\sigma_2$
组合标准差	$\sigma_p=\sqrt{w_1^2\sigma_1^2+w_2^2\sigma_2^2+2w_1w_2\rho_{1,2}\sigma_1\sigma_2}$

式中，σ_p 表示证券资产组合的标准差，w_1 和 w_2 表示组合中两项资产所占比重，σ_1 和 σ_2 表示组合中两项资产收益率的标准差，$\rho_{1,2}$ 反映两项资产收益率的相关程度，即相关系数。

考点妙记

利用：$(a+b)^2=a^2+b^2+2ab$ 的公式来记忆，只不过组合方差要考虑 a 和 b 之间的相关系数，所以：

组合方差 $=a^2+b^2+2ab\rho_{1,2}$

这里 a 和 b 均表示个别资产的比重与标准差的乘积，$\rho_{1,2}$ 表示相关系数。

要点小贴士

相关系数 $\rho_{1,2}$ 介于区间［−1，1］内。

（1）$\rho_{1,2}=-1$ 时，完全负相关，两项资产的收益率变化方向完全相反，变化幅度完全相同。

（2）$\rho_{1,2}=1$ 时，完全正相关，两项资产的收益率变化方向和变化幅度完全相同。

（3）$\rho_{1,2}=0$ 时，两项资产的收益率不相关。

【提示】相关系数的大小会影响组合方差和组合标准差的大小，但不影响组合期望收益率的大小。

经典题解

【真题38·判断题】收益率的标准差作为衡量某单项资产风险的指标。如果将该资产作为投资组合的一部分，这种风险衡量指标可能失效。（ ）（2021年卷Ⅲ）

【解析】尽管收益率方差、标准差、标准差率是衡量风险的有效工具，但当某项资产或证券成为投资组合的一部分时，这些指标就可能不再是衡量风险的有效工具。

【答案】√

【真题39·判断题】证券组合的风险水平不仅与组合中各证券的收益率标准差有关，而且与各证券收益率的相关程度有关。（ ）（2019年卷Ⅰ）

【解析】两项证券资产组合的收益率的方差满足关系式：

$\sigma_p^2 = w_1^2\sigma_1^2 + w_2^2\sigma_2^2 + 2w_1w_2\rho_{1,2}\sigma_1\sigma_2$

证券组合的方差 σ_p^2 衡量的是证券资产组合的风险。

由上式可以看出，证券组合的风险水平不仅与组合中各证券的收益率标准差 σ_i 有关，而且与各证券收益率的相关程度 $\rho_{1,2}$ 有关。

【答案】√

【例题40·单选题】假设A证券的预期收益率为10%，标准差为12%，B证券的预期收益率为18%，标准差为20%，A证券、B证券之间的相关系数为0.25，若各投资50%，则投资组合的标准差为（ ）。

A. 16%　　B. 12.88%

C. 10.26%　　D. 13.79%

【解析】投资组合的标准差

$=\sqrt{(50\% \times 12\%)^2 + (50\% \times 20\%)^2 + 2 \times 50\% \times 12\% \times 50\% \times 20\% \times 0.25}$

$=12.88\%$。

【答案】B

要点小贴士

相关系数越小，组合风险越小。只要相关系数小于1，组合就会分散风险（非系统风险）。

【易错易混点】两项证券资产组合的相关系数与组合风险之间的关系

相关系数 $\rho_{1,2}$	组合的标准差 σ_p	风险分散情况
$\rho_{1,2}=1$（完全正相关）	$\sigma_p=w_1\sigma_1+w_2\sigma_2$ σ_p 达到最大	组合不能抵销任何风险
$\rho_{1,2}=-1$（完全负相关）	$\sigma_p=\lvert w_1\sigma_1-w_2\sigma_2\rvert$ σ_p 达到最小，甚至可能是零	组合可以最大程度地抵销风险
$-1<\rho_{1,2}<1$	$0<\sigma_p<(w_1\sigma_1+w_2\sigma_2)$	资产组合可以分散部分风险

经典题解

【真题 41·多选题】在两种证券构成的投资组合中，关于两种证券收益率的相关系数，下列说法正确的有（　　）。（2021 年卷Ⅰ）

A. 当相关系数为 0 时，两种证券的收益率不相关

B. 相关系数的绝对值可能大于 1

C. 当相关系数为 −1 时，该投资组合能最大限度地降低风险

D. 当相关系数为 0.5 时，该投资组合不能分散风险

【解析】两种证券收益率的相关系数，理论上介于区间［−1，1］内，因此绝对值不会大于 1。选项 B 错误。当相关系数等于 1 时，两种证券的收益率完全正相关，这样的组合不能降低任何风险。在取值范围内，只要相关系数不为 1，就可以在一定程度上分散风险。选项 D 错误。

【答案】AC

【真题 42·判断题】由两项资产构成的投资组合如果要达到分散风险的目的，前提条件是这两项资产的收益率负相关。（　　）（2021 年卷Ⅲ）

【解析】两项资产的收益率不完全正相关，即相关系数小于 1，由两项资产构成的投资组合就可以达到分散风险的目的。

【答案】×

【提示】2020 年卷Ⅰ试题与此题的考查角度一致。

【真题 43·单选题】关于两种证券组合的风险，下列表述正确的是（　　）。（2020 年卷Ⅲ）

A. 若两种证券收益率的相关系数为 −0.5，该证券组合能够分散部分风险

B. 若两种证券收益率的相关系数为 0，该证券组合能够分散全部风险

C. 若两种证券收益率的相关系数为 −1，该证券组合无法分散风险

D. 若两种证券收益率的相关系数为 1，该证券组合能够分散全部风险

【解析】若两种证券收益率的相关系数小于 1 且大于 −1，该证券组合能够分散风险，但不能完全消除风险，选项 A 正确、选项 B 错误。若两种证券收益率的相关系数为 −1，该证券组合能够最大程度地降低风险，选项 C 错误。若两种证券收益率的相关系数为 1，该证券组合不能降低任何风险，选项 D 错误。

【答案】A

2. 风险的分类

种类	含义	特点	与组合资产数量之间的关系
非系统风险（特有风险、特殊风险、可分散风险）	指发生于个别公司的特有事件造成的风险	它是个别公司或个别资产所特有的	可通过增加组合中资产的数量而最终消除
系统风险（市场风险、不可分散风险）	是影响所有资产的、不能通过资产组合而消除的风险	这部分风险是由那些影响整个市场的风险因素所引起的	不能随着组合中资产数量的增加而消除，它是始终存在的

组合风险的分类如下图所示：

- 组合风险
  - 非系统风险
    - 特点：风险可分散
    - 分散方式：通过多元化投资
    - 分散情况
      - 充分市场组合：完全抵消
      - 不充分组合：能否分散取决于证券相关程度
        - 相关系数＝1：不分散
        - –1≤相关系数＜1：分散
  - 系统风险
    - 特点：不可分散风险
    - 衡量标准：β 系数

经典题解

【真题44·单选题】下列各项中，投资者可以利用投资组合予以分散的风险是（　　）。（2021年卷Ⅲ）

A. 社会经济波动引起的风险　　B. 市场利率上升引起的风险

C. 通货膨胀引起的风险　　D. 公司经营不善引起的风险

【解析】选项A、B、C属于系统风险，系统风险是影响所有资产的、不能通过资产组合而消除的风险。选项D属于非系统风险，非系统风险是指发生于个别公司的特有事件造成的风险，可以通过资产组合来分散。

【答案】D

【真题45·多选题】下列各项中，属于公司股票面临的系统性风险的有（　　）。（2020年卷Ⅰ）

A. 公司业绩下滑　　B. 市场利率波动

C. 宏观经济政策调整　　D. 公司管理层变更

【解析】系统性风险又被称为市场风险或不可分散风险，是影响所有资产的、不能通过资产组合而消除的风险。这部分风险是由那些影响整个市场的风险因素所引起的。市场利率波动和宏观经济政策调整会影响整个市场，所以属于影响系统风险的因素。而公司业绩下滑和公司管理层变更只是发生在本公司的事件，不影响整个市场，所以属于影响非系统性风险的因素。

【答案】BC

【真题46·判断题】两项资产的收益率具有完全负相关关系时，则该两项资产的组合可以最大限度抵销非系统风险。（　　）（2019年卷Ⅱ）

【解析】当两项资产的收益率完全负相关时，两项资产的非系统风险可以充分地相互抵销，甚至完全消除。这样的组合能够最大程度地降低非系统风险。

【答案】√

【真题47·单选题】若两项证券资产收益率的相关系数为0.5，则下列说法正确的是（　　）。（2018年卷Ⅱ）

A. 两项资产的收益率之间不存在相关性

B. 无法判断两项资产的收益率是否存在相关性

C. 两项资产的组合可以分散一部分非系统性风险

D. 两项资产的组合可以分散一部分系统性风险

真题点拨

教材所提到的相关系数小于1，组合可以分散风险，是针对非系统性风险而言的。系统性风险是无法分散的。

【解析】相关系数为 0.5 时，表明两项证券资产收益率正相关，因此选项 A、B 错误。当相关系数小于 1 时，证券资产的组合就可以分散非系统性风险，而系统性风险不能通过资产组合而消除，因此选项 C 正确、选项 D 错误。

【答案】C

【真题 48·多选题】下列风险中，属于非系统风险的有（　　）。（2018 年卷 Ⅰ）

A. 经营风险　　B. 利率风险　　C. 政治风险　　D. 财务风险

【解析】非系统风险，是指发生于个别公司的特有事件造成的风险。系统风险又被称为市场风险或不可分散风险，是影响所有资产的、不能通过资产组合而消除的风险。这部分风险是由那些影响整个市场的风险因素所引起的。这些因素包括宏观经济形势的变动、国家经济政策的变化、税制改革、企业会计准则改革、世界能源状况、政治因素等等。因此选项 A、D 正确。

【答案】AD

【真题 49·多选题】下列关于证券投资组合的表述中，正确的有（　　）。（2017 年卷 Ⅱ）

A. 两种证券的收益率完全正相关时可以消除风险

B. 投资组合收益率为组合中各单项资产收益率的加权平均数

C. 投资组合风险是各单项资产风险的加权平均数

D. 投资组合能够分散掉的是非系统风险

【解析】当两项资产的收益率完全正相关时，两项资产的风险完全不能相互抵销，因此这样的组合不能降低任何风险，选项 A 错误。证券资产组合的预期收益率就是组成证券资产组合的各种资产收益率的加权平均数，选项 B 正确。当相关系数小于 1 时，证券资产组合的风险小于组合中各项资产风险的加权平均数，选项 C 错误。在证券资产组合中，能够随着资产种类增加而降低直至消除的风险，被称为非系统风险；不能随着资产种类增加而分散的风险，被称为系统风险，选项 D 正确。

【答案】BD

3. 系统风险及其衡量

（1）单项资产的 β 系数（衡量系统风险）。

含义	某项资产的 β 系数表示该资产的系统风险相当于市场组合系统风险的倍数
结论	①当 β=1 时，表示该资产的收益率与市场平均收益率呈同方向、同比例的变化，该资产所含的系统风险与市场组合的系统风险情况一致 ②当 β＞1 时，说明该资产收益率的变动幅度大于市场组合收益率的变动幅度，其所含的系统风险大于市场组合的系统风险 ③当 β＜1 时，说明该资产收益率的变动幅度小于市场组合收益率的变动幅度，其所含的系统风险小于市场组合的系统风险 ④ β=0，说明该资产系统风险为 0 ⑤绝大多数资产的 β 系数是大于零的。如果 β 系数是负数，表明这类资产收益率与市场平均收益率的变化方向相反，当市场平均收益率增加时，这类资产的收益率却在减少

经典题解

【真题50·单选题】当某上市公司的β系数大于0时，下列关于该公司风险与收益表述中，正确的是（　　）。（2015年）

A. 系统风险高于市场组合风险

B. 资产收益率与市场平均收益率呈同向变化

C. 资产收益率变动幅度小于市场平均收益率变动幅度

D. 资产收益率变动幅度大于市场平均收益率变动幅度

【解析】根据β系数的定义可知，当某资产的β系数大于0时，说明该资产的收益率与市场平均收益率呈同方向的变化；如果β系数小于0，说明该资产收益率与市场平均收益率呈反方向的变化。

【答案】B

要点小贴士

组合β系数的影响因素是投资比重和个别资产的β系数。

（2）证券资产组合的β系数。

含义	计算
证券资产组合的β系数是所有单项资产β系数的加权平均数，权数为各种资产在证券资产组合中所占的价值比例	$\beta_p=\sum_{i=1}^{n}W_i\times\beta_i$

经典题解

真题点拨

（1）β系数衡量系统风险，系统风险不可分散，组合的β系数是单项资产β系数的加权平均数。

（2）方差、标准差和标准差率衡量的是整体风险，包括系统风险和非系统风险，非系统风险可以分散，所以组合收益率的方差、标准差、标准差率不一定是各项资产的加权平均。

【真题51·多选题】关于资产组合与组合内单项资产的风险衡量指标，下列说法错误的有（　　）。（2021年卷Ⅲ）

A. 资产组合收益率的方差是各单项资产收益率方差的加权平均数

B. 资产组合收益率的标准差是各单项资产收益率标准差的加权平均数

C. 资产组合收益率的标准差率是各单项资产收益率标准差率的加权平均数

D. 资产组合的β系数是各单项资产β系数的加权平均数

【解析】方差、标准差和标准差率均受相关系数的影响，资产组合收益率的方差、标准差、标准差率不一定是各项资产的加权平均数。

【答案】ABC

【真题52·单选题】某公司拟购买甲股票和乙股票构成的投资组合，两种股票各购买50万元，β系数分别为2和0.6，则该投资组合的β系数为（　　）。（2020年卷Ⅲ）

A. 1.2　　B. 2.6　　C. 1.3　　D. 0.7

【解析】该投资组合的β系数=2×50%+0.6×50%=1.3。

【答案】C

【真题53·判断题】如果各单项资产的β系数不同，则可以通过调整资产组合中不同资产的构成比例改变组合的系统风险。（　　）（2020年卷Ⅱ）

【解析】证券资产组合的β系数是所有单项资产β系数的加权平均数，即$\beta_p=\sum_{i=1}^{n}W_i\times\beta_i$，式中，$\beta_p$表示证券资产组合的β系数；$W_i$表示第i项资产在组合中所占的价值比例；$\beta_i$表示第 i 项资产的 β 系数，所以可以通过调整资产组合中不同资产的构成比例改变组合的系统风险。

【答案】√

【真题 54 · 单选题】关于系统风险和非系统风险，下列表述错误的是（ ）。（2019 年卷 I ）

A. 证券市场的系统风险不能通过证券组合予以消除

B. 若证券组合中各证券收益率之间负相关，则该组合能分散非系统风险

C. 在资本资产定价模型中，β 系数衡量的是投资组合的非系统风险

D. 某公司新产品开发失败的风险属于非系统风险

【解析】系统风险又被称为市场风险或不可分散风险，是影响所有资产的、不能通过资产组合而消除的风险，选项 A 说法正确。非系统风险是指发生于个别公司的特有事件造成的风险，新产品开发失败的风险属于非系统风险，只要证券组合中各证券收益率之间不是完全正相关，则该组合就能分散非系统风险，选项 B、D 说法正确。在资本资产定价模型中，计算风险收益率时只考虑了系统风险，没有考虑非系统风险，β 系数衡量系统风险的大小，选项 C 说法不正确。

【答案】C

五、资本资产定价模型★★★

（一）资本资产定价模型的基本原理

资本资产定价模型是“必要收益率 = 无风险收益率 + 风险收益率”的具体化。

资本资产定价模型的完整表达式：

$R=R_f+\beta\times(R_m-R_f)$

> **要点小贴士**
>
> 根据公式可以判断影响单项资产或特定投资组合的必要收益率的因素有三个：无风险收益率 R_f、市场风险溢酬（R_m-R_f）和 β 系数。

【提示】

（1）（R_m-R_f）称为市场风险溢酬，由于市场组合的 β =1，因此，（R_m-R_f）也可以称为市场组合的风险收益率或股票市场的风险收益率；由于 β =1 代表的是市场平均风险，因此，（R_m-R_f）还可以表述为平均风险的风险收益率。

（2）（R_m-R_f）反映市场作为整体对风险的平均容忍程度（或厌恶程度）。市场整体对风险越是厌恶和回避，要求的补偿就越高，因此，市场风险溢酬的数值就越大。

（3）某资产的风险收益率是市场风险溢酬（R_m-R_f）与该资产系统风险系数 β 的乘积。即：风险收益率 = β ×（R_m-R_f）。

经典题解

【真题 55 · 判断题】根据资本资产定价模型，如果 A 证券的系统性风险是 B 证券的 2 倍，则 A 证券的必要收益率也是 B 证券的 2 倍。（ ）（2021 年卷 I ）

【解析】$\beta_A=2\beta_B$，必要收益率$_A=R_f+\beta_A\times(R_m-R_f)=R_f+2\beta_B\times(R_m-R_f)$，因为 R_f 没有 2 倍的关系，所以 A 证券的必要收益率不是 B 证券的 2 倍。

【答案】×

【提示】2020 年卷Ⅲ试题与此题的考查角度一致。

【真题56·单选题】某公司股票的必要收益率为R，β系数为1.5，市场平均收益率为10%，假设无风险收益率和该公司股票的β系数不变，则市场平均收益率上升到15%时，该股票必要收益率变为（　　）。（2020年卷Ⅰ）

A. R+7.5%　　B. R+22.5%

C. R+15%　　D. R+5%

【解析】当市场平均收益率为10%时，资产的必要收益率R=无风险收益率+1.5×（10%–无风险收益率），当市场平均收益率为15%时，说明市场收益率增加=15%–10%=5%，则资产的必要收益率增加=5%×β=5%×1.5=7.5%，所以资产的必要收益率=R+7.5%。

【答案】A

【真题57·单选题】有甲、乙两种证券，甲证券的必要收益率为10%，乙证券要求的风险收益率是甲证券的1.5倍。如果无风险收益率为4%，则根据资本资产定价模型，乙证券的必要收益率为（　　）。（2019年卷Ⅰ）

A. 12%　　B. 16%

C. 15%　　D. 13%

【解析】资本资产定价模型：必要收益率=无风险收益率+风险收益率；4%+甲证券的风险收益率=10%，解得：甲证券的风险收益率=6%；乙证券的风险收益率=6%×1.5=9%，乙证券的必要收益率=4%+9%=13%。

【答案】D

【真题58·多选题】关于资本资产定价模型，下列说法正确的有（　　）。（2018年卷Ⅱ）

A. 该模型反映资产的必要收益率而不是实际收益率

B. 该模型中的资本资产主要指的是债券资产

C. 该模型解释了风险收益率的决定因素和度量方法

D. 该模型反映了系统性风险对资产必要收益率的影响

【解析】资本资产定价模型中，所谓资本资产主要指的是股票资产，选项B错误。

【答案】ACD

【真题59·判断题】依据资本资产定价模型，资产的必要收益率不包括对公司特有风险的补偿。（　　）（2017年卷Ⅰ）

【解析】资本资产定价模型是“必要收益率=无风险收益率+风险收益率”的具体化。而风险收益率中的β系数衡量的是证券资产的系统风险，公司特有风险作为非系统风险是可以分散掉的。

【答案】√

（二）资本资产定价模型的有效性和局限性

有效性	资本资产定价模型最大的贡献在于提供了对风险和收益之间的一种实质性的表述，资本资产定价模型首次将“高收益伴随着高风险”这样一种直观认识，用这样简单的关系式表达出来

局限性	（1）某些资产或企业的 β 值难以估计，特别是对一些缺乏历史数据的新兴行业 （2）经济环境的不确定性和不断变化，使得依据历史数据估算出来的 β 值对未来的指导作用必然要打折扣 （3）资本资产定价模型是建立在一系列假设之上的，其中一些假设与实际情况有较大偏差，使得资本资产定价模型的有效性受到质疑

第三节　成本性态分析

使用“会计云课堂”App 或“微信”扫码查看本节视频，快速 GET 知识点。

一、成本性态及其分类★★★

（一）成本性态的概念

成本性态，又称成本习性，是指成本的变动与业务量之间的依存关系。

相关链接

第 8 章介绍的本量利分析是以成本性态分析为基础。

（二）成本分类

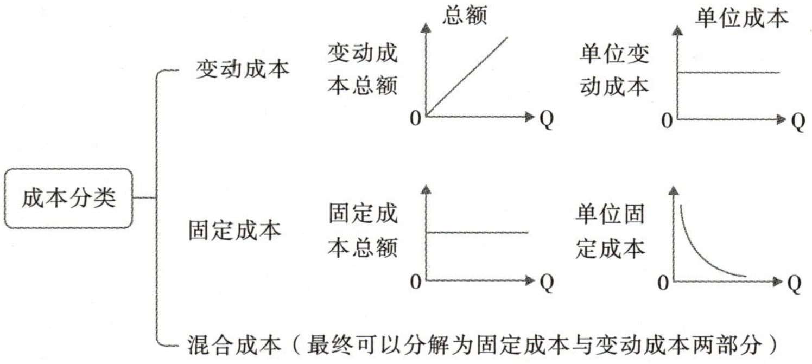

种类	特点
变动成本	在特定的业务量范围内，其总额会随业务量的变动而成正比例变动，但单位变动成本（单位业务量负担的变动成本）不变
固定成本	在特定的业务量范围内，固定成本总额不变，单位固定成本（单位业务量负担的固定成本）会与业务量的增减呈反向变动
混合成本	成本总额随业务量变动而变动，但不成正比例关系

经典题解

【真题 60·多选题】在一定期间及特定的业务量范围内，关于成本与业务量之间的关系，下列说法正确的有（　　）。（2019 年卷 Ⅰ）

A. 固定成本总额随业务量的增加而增加

B. 单位固定成本随业务量的增加而降低

C. 变动成本总额随业务量的增加而增加

D. 单位变动成本随业务量的增加而降低

【解析】固定成本的基本特征是：固定成本总额不因业务量的变动而变动，但单位固定成本（单位业务量负担的固定成本）会与业务量的增减呈反向变动。变动成本的基本特征是：变动成本总额因业务量的变动而成正比例变动，但单位变动成本（单位业务量负担的变动成本）不变。

【答案】BC

【真题61·判断题】变动成本是指在特定的业务量范围内，其总额会随业务量的变动而成正比例变动的成本。（　　）（2018年卷Ⅰ）

【解析】变动成本是指在特定的业务量范围内，其总额会随业务量的变动而成正比例变动的成本。

【答案】√

（三）成本的进一步分类

1. 固定成本的分类（按其支出额是否可以在一定期间内改变而分类）

要点小贴士

以前决策的结果，当前决策无法改变。

项目	约束性固定成本（经营能力成本）	酌量性固定成本（经营方针成本）
特点	管理当局的短期经营决策行动不能改变其具体数额的固定成本	管理当局的短期经营决策行动能改变其数额的固定成本
举例	车辆交强险、房屋租金、固定的设备折旧、管理人员的基本工资等	广告费、职工培训费、新产品研究开发费用（研发活动中支出的技术图书资料费、资料翻译费、会议费、差旅费、办公费、外事费、研发人员培训费、培养费、专家咨询费、高新科技研发保险费用等）
决定因素	由既定的生产能力决定，是维护企业正常生产经营必不可少的成本	取决于管理当局的决策行动，它关系到企业的竞争能力
降低策略	合理利用企业现有的生产能力，提高生产效率，以取得更大的经济效益	厉行节约、精打细算，编制出积极可行的费用预算并严格执行，防止浪费和过度投资等

名师点拨

考试喜欢考举例。可以重点记住酌量性固定成本的举例，按照排除法，其他固定成本就通常是约束性固定成本。

经典题解

【真题62·单选题】某公司在每年年末对下一年度的研发支出做出预算，并严格执行。该研发支出在成本习性上属于（　　）。（2021年卷Ⅲ）

A. 酌量性固定成本　　B. 约束性固定成本

C. 技术性变动成本　　D. 酌量性变动成本

【解析】酌量性固定成本是指管理当局的短期经营决策行动能改变其数额的固定成本。例如：广告费、职工培训费、新产品研究开发费用（如研发活动中支出的技术图书资料费、资料翻译费、会议费、差旅费、办公费、外事费、研发人员培训费、培养费、专家咨询费、高新科技研发保险费用等）。

【答案】A

【真题 63·多选题】下列各项中，一般属于酌量性固定成本的有（　　）。（2018 年卷Ⅱ）

A. 新产品研发费　　B. 广告费

C. 职工培训费　　D. 设备折旧费

真题点拨

考试不特指，折旧属于约束性固定成本。但是要注意，折旧不一定都是固定成本。例如采用工作量法计提的折旧，折旧额与业务量同比例变动，属于变动成本。

【解析】酌量性固定成本是指管理当局的短期经营决策行动能改变其数额的固定成本。例如，广告费、职工培训费、新产品研究开发费用等。选项 D 属于约束性固定成本。

【答案】ABC

2. 变动成本的分类（根据其发生额是否由管理人员决定来分类）

项目	技术性变动成本（约束性变动成本）	酌量性变动成本
含义	指由技术或设计关系所决定的变动成本，经理人员不能决定技术性变动成本的发生额	指通过管理当局的决策行动可以改变的变动成本
决定因素	只要生产就必然会发生，如果不生产，则不会发生	单位变动成本的发生额可由企业最高管理层决定
举例	生产产品所需要耗费的直接材料	按销售收入的一定百分比支付的销售佣金、新产品研制费（如研发活动直接消耗的材料、燃料和动力费用等）、技术转让费等

名师点拨

考试喜欢考举例。可以重点记住技术性变动成本的举例。

经典题解

【真题 64·单选题】基于成本性态，下列各项中属于技术性变动成本的是（　　）。（2021 年卷Ⅰ）

A. 按销量支付的专利使用费　　B. 加班加点工资

C. 产品销售佣金　　D. 产品耗用的主要零部件

【解析】技术性变动成本也称约束性变动成本，是指由技术或设计关系所决定的变动成本。如生产一台汽车需要耗用一台引擎、一个底盘和若干轮胎等，这种成本只要生产就必然会发生，如果不生产，则不会发生。选项 A、B、C 属于酌量性变动成本。

【答案】D

【真题 65·单选题】企业生产产品所耗用直接材料成本属于（　　）。（2017 年卷Ⅱ）

A. 技术性变动成本　　B. 酌量性变动成本

C. 酌量性固定成本　　D. 约束性固定成本

【解析】技术性变动成本是指由技术或设计关系所决定的变动成本。直接材料成本由于是与生产产品相关的，属于技术性变动成本，故选项 A 正确。

【答案】A

【**真题 66 · 多选题**】下列各项中，属于变动成本的有（　　）。（2017 年卷 Ⅰ）

A. 新产品的研究开发费用

B. 按产量法计提的固定资产折旧

C. 按销售收入一定百分比支付的技术转让费

D. 随产品销售的包装物成本

【**解析**】新产品的研究开发费用属于固定成本，选项 A 不正确；按产量法计提的固定资产折旧，说明折旧与产量成正比例变动，选项 B 正确；按销售收入一定百分比支付的技术转让费，说明技术转让费与销售收入成正比例变动，选项 C 正确；随产品销售的包装物成本其数额会与销量成正比例变动，选项 D 正确。

【**答案**】BCD

要点小贴士

注意延期变动成本和半变动成本的区别：

①半变动成本：总成本分为两部分，固定成本 + 变动成本；

②延期变动成本：总成本分两阶段，第一阶段是固定成本，第二阶段是固定成本 + 变动成本。

3. 混合成本的分类

分类	特点	图示	举例
半变动成本	在有一定初始量的基础上，随着业务量的变化而成正比例变动的成本	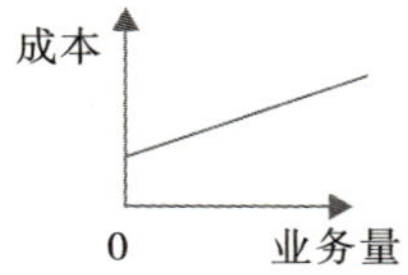	固定电话费等
半固定成本（阶梯式变动成本）	在一定业务量范围内的发生额是固定的，但当业务量增长到一定限度，其发生额就突然跳跃到一个新的水平，然后在业务量增长的一定限度内，发生额又保持不变，直到另一个新跳跃	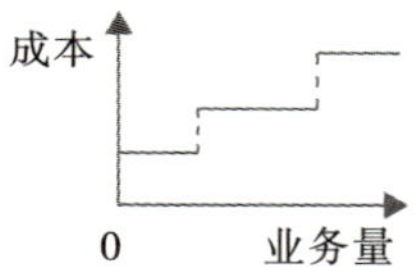	企业的管理员、运货员、检验员的工资等
延期变动成本	在一定的业务量范围内有一个固定不变的基数，当业务量增长超出了这个范围，与业务量的增长成正比例变动	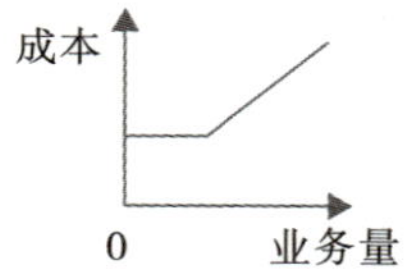	职工的工资 = 职工的基本工资 + 工作时间超出正常标准支付加班薪金
曲线变动成本	通常有一个不变的初始量，相当于固定成本，在这个初始量的基础上，随着业务量的增加，成本也逐步变化，但它与业务量的关系是非线性的	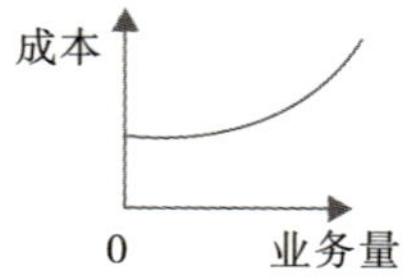 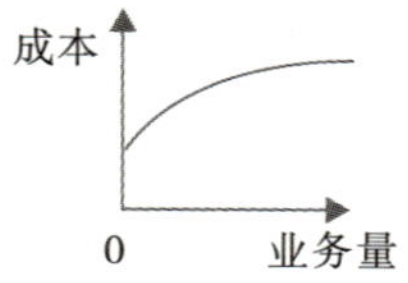	递增曲线成本：指变化率是递增的（累进计件工资、违约金等）；递减曲线成本：指变化率是递减的（如有价格折扣或优惠条件下的水、电消费成本，“费用封顶”的通信服务费等）

经典题解

【例题 67·单选题】某质量检测公司向甲公司收取产品质量检测费用，收费标准为每一批产品（5 万个）质检费用为 1000 元，则对于甲公司本月此项费用属于（　　）。

A. 半变动成本　　B. 半固定成本

C. 延期变动成本　　D. 曲线变动成本

【解析】半固定成本是指在一定业务量范围内的发生额是固定的，但当业务量增长到一定限度，其发生额就突然跳跃到一个新的水平，然后在业务量增长的一定限度内，发生额又保持不变，直到另一个新跳跃。

【答案】B

【例题 68·单选题】某公司电梯维修合同规定：当每年上门维修不超过 3 次时，维修费用为 5 万元，当超过 3 次时，则在此基础上按每次 2 万元付费。根据成本性态分析，该项维修费用属于（　　）。

A. 半变动成本　　B. 半固定成本

C. 延期变动成本　　D. 曲线变动成本

【解析】延期变动成本在一定的业务量范围内有一个固定不变的基数，当业务量增长超出了这个范围，与业务量增长成正比例变动，因此选项 C 正确。

【答案】C

（四）混合成本的分解

方法	含义及计算	特点
高低点法	以过去某一会计期间的总成本和业务量资料为依据，从中选取业务量最高点和业务量最低点，将总成本进行分解，得出成本性态的模型 公式： 单位变动成本 =（最高点业务量成本 − 最低点业务量成本）/（最高点业务量 − 最低点业务量） 固定成本总额 = 最高点业务量成本 − 单位变动成本 × 最高点业务量 或：固定成本总额 = 最低点业务量成本 − 单位变动成本 × 最低点业务量 【提示】公式中高低点选择的标准不是业务量所对应的成本，而是业务量	（1）计算较简单 （2）代表性较差（它只采用了历史成本资料中的高点和低点两组数据） 【提示】需要具备历史数据
回归直线法	是根据过去一定期间的业务量和成本资料，应用最小二乘法原理，计算出最能代表业务量和成本关系的回归直线，据以确定混合成本中固定成本和变动成本的一种方法	代表性好，考虑了所有相关数据，计算结果较为精确 【提示】需要具备历史数据

要点小贴士

（1）混合成本分解实质就是确定其中的固定成本总额和单位变动成本。

（2）高低点法和回归直线法，都属于历史成本分析的方法，不适合新产品成本预测。

相关链接

与第 5 章资金习性预测法中的高低点法完全一样。

方法	含义及计算	特点
工业工程法	指运用工业工程的研究方法，逐项研究确定成本高低的每个因素，在此基础上直接估算固定成本与单位变动成本的一种方法	通常适用于投入成本与产出数量之间有规律性联系的成本分解，可以在没有历史成本数据的情况下使用
账户分析法（会计分析法）	它是根据有关成本账户及其明细账的内容，结合其与业务量的依存关系，判断其比较接近哪一类成本，就视其为哪一类成本	简便易行，但比较粗糙且带有主观判断
合同确认法	是根据企业订立的经济合同或协议中关于支付费用的规定，来确认并估算哪些项目属于变动成本，哪些项目属于固定成本的方法	该方法要配合账户分析法使用

经典题解

【真题 69 · 单选题】某企业根据过去一段时期的业务量和混合成本资料，应用最小二乘法原理，寻求最能代表二者关系的函数表达式，据以对混合成本进行分解，则该企业采用的混合成本分解法是（　　）。（2019 年卷Ⅱ改编）

A. 回归直线法　　　　B. 高低点法

C. 账户分析法　　　　D. 工业工程法

【解析】回归直线法是根据过去一定期间的业务量和成本资料，应用最小二乘法原理，计算出最能代表业务量和成本关系的回归直线，据以确定混合成本中固定成本和变动成本的一种方法。

【答案】A

【真题 70 · 多选题】基于成本性态分析，对于企业推出的新产品所发生的混合成本，不适宜采用的混合成本分解方法有（　　）。（2019 年卷Ⅰ改编）

A. 合同确认法　　　　B. 工业工程法

C. 高低点法　　　　D. 回归直线法

【解析】高低点法和回归直线法，都需要具备历史数据才可以使用，而新产品并不具有足够的历史数据，因此，不宜采用。

【答案】CD

二、总成本模型★

总成本 = 固定成本总额 + 变动成本总额 = 固定成本总额 + 单位变动成本 × 业务量

$Y=a+bX$

本章小结

用“会计云课堂”App 扫码学习

您已成功完成“第二章”的学习，本章共 12 个考点，您都学会了吗？

为了让您对章节有更清晰的理解，加倍巩固。本书作者闫华红老师将通过**“视频导图课”**的方式，带您回顾重要考点。

名师点拨，视听结合，高效提分。

※ 欢迎您扫码，免费观看学习。

历年经典主观题回顾

使用“会计云课堂”App 或“微信”扫码快速做题、对答案、看解析、掌握解题思路，开启轻松过关之旅。

计算分析题

1. 甲公司持有 A、B 两种证券构成的投资组合，假定资本资产定价模型成立。其中 A 证券的必要收益率为 21%，β 系数为 1.6；B 证券的必要收益率为 30%，β 系数为 2.5。公司拟将 C 证券加入投资组合以降低投资风险，A、B、C 三种证券的投资比重设定为 2.5 ∶ 1 ∶ 1.5，并使得投资组合的 β 系数为 1.75。

要求：

（1）计算无风险收益率和市场组合的风险收益率。

（2）计算 C 证券的 β 系数和必要收益率。（2021 年卷Ⅱ）

2. 某证券在行情好的情况下的收益率为 10%，其他情况下的收益率为 5%，行情好的概率为 0.4，其他情况的概率为 0.6，该证券的 β 系数为 2.4，无风险收益率为 4%，市场平均风险收益率为 3%。计算结果用百分数表示。

要求：

（1）计算该证券的期望收益率和收益率的方差。

（2）计算该证券的收益率标准差和标准差率。

（3）利用资本资产定价模型计算该证券的必要收益率。（2021 年卷Ⅲ）

3. 甲公司现有一笔闲置资金，拟投资于某证券组合，该组合由 X、Y、Z 三种股票构成，资金权重分别为 40%、30% 和 30%，β 系数分别为 2.5、1.5 和 1，其中 X 股票投资收益率的概率分布如下表所示。

状况	概率	投资收益率
行情较好	30%	20%
行情一般	50%	12%
行情较差	20%	5%

Y、Z 股票的预期收益率分别为 10% 和 8%，当前无风险利率为 4%，市场组合的必要收益率为 9%。

要求：

（1）计算 X 股票的预期收益率。

（2）计算该证券组合的预期收益率。

（3）计算该证券组合 β 系数。

（4）利用资本资产定价模型计算该证券组合的必要收益率，并据以判断该证券组合是否值得投资。（2019 年卷Ⅰ）

4. 甲公司于 2018 年 1 月 1 日购置一条生产线，有四种付款方案可供选择。

方案一：2020 年初支付 100 万元。

方案二：2018~2020 年每年初支付 30 万元。

方案三：2019~2022 年每年初支付 24 万元。

方案四：2020~2024 年每年初支付 21 万元。

公司选定的折现率为 10%，部分货币时间价值系数如下表所示。

部分货币时间价值系数表

期数（n）	1	2	3	4	5	6
（P/F，10%，n）	0.9091	0.8264	0.7513	0.6830	0.6209	0.5645
（P/A，10%，n）	0.9091	1.7355	2.4869	3.1699	3.7908	4.3553

要求：

（1）计算方案一的现值。

（2）计算方案二的现值。

（3）计算方案三的现值。

（4）计算方案四的现值。

（5）判断甲公司应选择哪种付款方案。（2018 年卷Ⅱ）

5. 资产组合 M 的期望收益率为 18%，标准差为 27.9%，资产组合 N 的期望收益率为 13%，标准差率为 1.2，投资者张某和赵某决定将其个人资产投资于资产组合 M 和 N 中，张某期望的最低收益率为 16%，赵某投资于资产组合 M 和 N 的资金比例分别为 30% 和 70%。

要求：

（1）计算资产组合 M 的标准差率。

（2）判断资产组合 M 和 N 哪个风险更大？

（3）为实现期望的收益率，张某应在资产组合 M 上投资的最低比例是多少？

（4）判断投资者张某和赵某谁更厌恶风险，并说明理由。（2017 年卷 I）

历年经典主观题参考答案及解析

使用“会计云课堂”App 或“微信”扫码对答案、看解析、掌握解题思路，开启轻松过关之旅。

计算分析题

1.【答案】

（1）无风险收益率 +1.6 × 市场组合的风险收益率 =21%

无风险收益率 +2.5 × 市场组合的风险收益率 =30%

解得：无风险收益率 =5%，市场组合的风险收益率 =10%。

（2）① 1.75=1.6 × 2.5/（2.5+1+1.5）+2.5 × 1/（2.5+1+1.5）+ β × 1.5/（2.5+1+1.5）

解得：β =1.5

②必要收益率 =5%+1.5 × 10%=20%。

2.【答案】

（1）期望收益率 =10% × 0.4+5% × 0.6=7%

收益率的方差 =（10%−7%）^{2} × 0.4+（5%−7%）^{2} × 0.6=0.06%

（2）收益率的标准差 = $\sqrt{0.06\%}$ =2.45%

收益率的标准差率 =2.45%/7%=35%

（3）该证券的必要收益率 =4%+2.4 × 3%=11.2%。

3.【答案】

（1）X 股票的预期收益率 =30% × 20%+50% × 12%+20% × 5%=13%

（2）该证券组合的预期收益率 =40% × 13%+30% × 10%+30% × 8%=10.6%

（3）该证券组合 β 系数 =40% × 2.5+30% × 1.5+30% × 1=1.75

（4）该证券组合的必要收益率 =4%+1.75×（9%-4%）=12.75%

由于该证券组合的必要收益率 12.75% 大于该证券组合的预期收益率 10.6%，所以该证券组合不值得投资。

4.【答案】

（1）

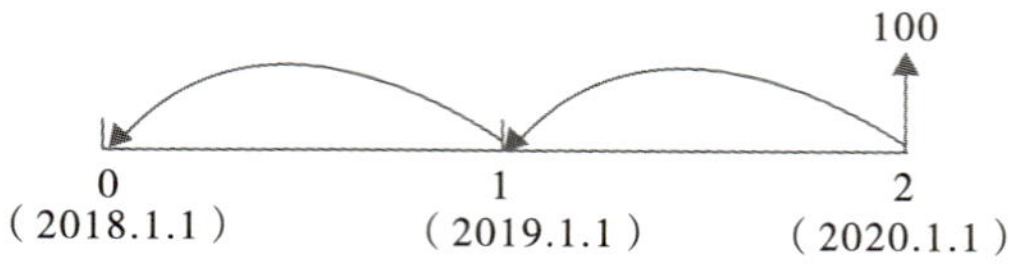

由上图可知，方案一是求期限为 2 期的复利现值，则方案一的现值 =100×（P/F，10%，2）=100×0.8264=82.64（万元）。

（2）

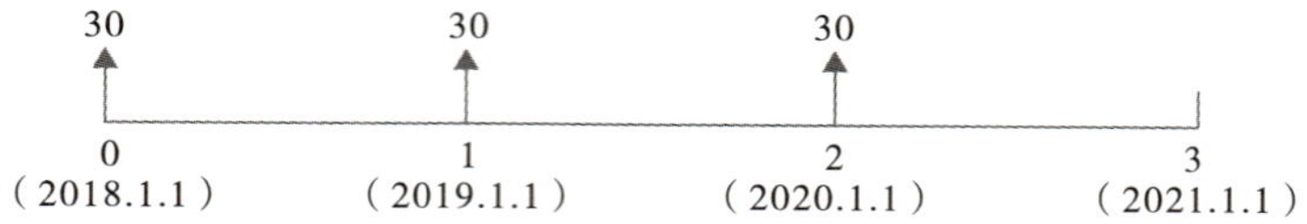

由上图可知，方案二是求期限为 3 期的预付年金现值，则方案二的现值 =30×（P/A，10%，3）×（1+10%）=30×2.4869×（1+10%）=82.07（万元）。

（3）

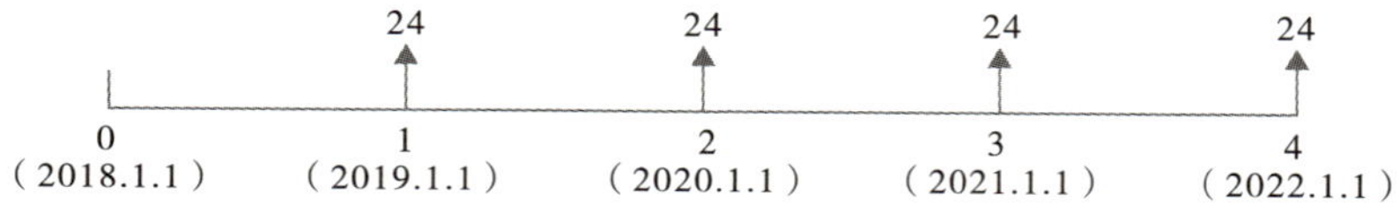

由上图可知，方案三是求期限为 4 期的普通年金现值，则方案三的现值 =24×（P/A，10%，4）=24×3.1699=76.08（万元）。

（4）

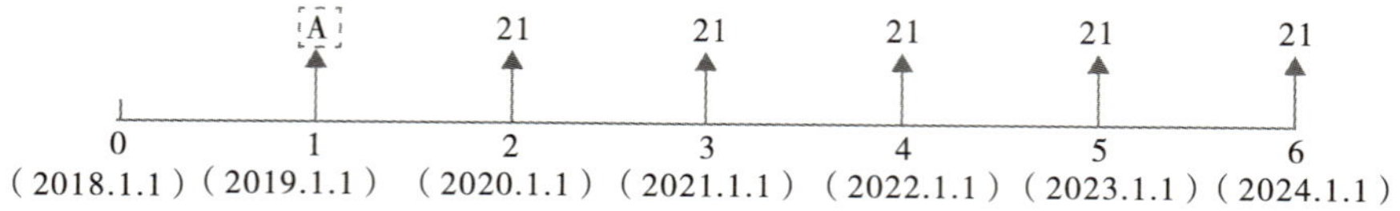

由上图可知，方案四是求递延期为 1 期，连续收支期为 5 期的递延年金现值，则方案四的现值 =21×（P/A，10%，5）×（P/F，10%，1）=21×3.7908×0.9091=72.37（万元）。

（5）因为方案四的现值最小，所以甲公司应选择方案四的付款方案。

5.【答案】

（1）资产组合 M 的标准差率 =27.9%/18%=1.55

（2）资产组合 N 的标准差率 1.2 小于资产组合 M 的标准差率 1.55，故资产组合 M 的风险更大。

（3）期望的最低收益率 = 投资于 M 的比例 ×M 的期望收益率 + 投资于 N 的比例 ×N 的期望收益率，设张某应在资产组合 M 上投资的最低比例是 X：18%×X+13%×（1-X）=16%，解得：X=60%。

为实现期望的收益率，张某应在资产组合 M 上投资的最低比例是 60%。

（4）张某在资产组合 M（高风险）上投资的最低比例是 60%，在资产组合 N（低风险）上投资的最高比例是 40%，而赵某投资于资产组合 M 和 N 的资金比例分别为 30% 和 70%；因为资产组合 M 的风险大于资产组合 N 的风险，并且赵某投资于资产组合 M（高风险）的比例低于张某投资于资产组合 M（高风险）的比例，所以赵某更厌恶风险。

同步强化练习题

使用“会计云课堂”App 或“微信”扫码快速做题、对答案、看解析、掌握解题思路，开启轻松过关之旅。

1043058

一、单项选择题

1. 某年金在前 2 年无现金流入，从第 3 年开始连续 5 年每年年初现金流入 300 万元，则该年金按 10% 的年利率折现的现值为（　　）万元。

A. 300×（P/A,10%,5）×（P/F,10%,1）

B. 300×（P/A,10%,5）×（P/F,10%,2）

C. 300×（P/F,10%,5）×（P/A,10%,1）

D. 300×（P/F,10%,5）×（P/A,10%,2）

2. 某公司取得 1000 万元的贷款，期限为 5 年，年利率 10%，每年年初偿还等额本息，则每年年初应支付（　　）万元。

A. 298.04　　B. 263.80

C. 218.01　　D. 239.82

3. 王某 2021 年年初需出国工作三年，拟在银行存入一笔钱请朋友分次取出正好付清三年房屋的物业费，每年 6 月末和 12 月末各支付3000元。若存款年利率为 6%，那么 2020 年年末王某应在银行存入的金额为（　　）。

A. 3000×（P/A，3%，6）

B. 3000×（P/A，6%，3）

C. 3000×（P/A，6%，6）

D. 6000×（P/A，3%，3）

4. 在下列各项中，无法计算出确切结果的是（　　）。

A. 普通年金终值　　B. 预付年金终值

C. 递延年金终值　　D. 永续年金终值

5. 已知（P/A，8%，5）=3.9927，（P/A，8%，6）= 4.6229，（P/A，8%，7）=5.2064，则 6 年期、折现率为 8% 的预付年金现值系数是（　　）。

A. 2.9927　　B. 4.2064

C. 4.9927　　D. 6.2064

6. 某公司向银行借入 12000 元，借款期为 3 年，每年的还本付息额为 4600 元，则借款利率为（　　）。[已知：（P/A,7%,3）= 2.6243；（P/A,8%,3）=2.5771]

A. 6.87%　　B. 7.33%

C. 7.48%　　D. 8.15%

7. 某人退休时有现金 10 万元，拟选择一项回报比较稳定的投资，希望每个季度能收入 2000 元补贴生活。那么，该项投资的实际年利率应为（　　）。

A. 2%　　B. 8%

C. 8.24%　　D. 10.04%

8. 某企业向金融机构借款，年名义利率为5%，每半年付息一次，则年实际利率为（　　）。

A. 5.06%　　B. 5.08%

C. 5.12%　　D. 5.14%

9. 若通货膨胀率为3%，商业银行的大额存单利率为5%，该存单的实际年收益率应为（　　）。

A. 2%　　B. 1.94%

C. 2.13%　　D. 8.15%

10. 已知当前市场的纯粹利率为1.8%，通货膨胀补偿率为2%。若某证券资产要求的必要收益率为9.8%，则该证券资产的风险收益率为（　　）。

A. 6%　　B. 7.8%

C. 8%　　D. 4%

11. 在投资收益不确定的条件下，按估计的各种可能收益水平及其发生概率计算的加权平均数是（　　）。

A. 实际收益率

B. 期望收益率

C. 必要收益率

D. 无风险收益率

12. 有两个投资项目，甲、乙项目收益率的期望值分别为15%和23%，标准差分别为30%和33%，那么（　　）。

A. 甲项目的风险程度大于乙项目的风险程度

B. 甲项目的风险程度小于乙项目的风险程度

C. 甲项目的风险程度等于乙项目的风险程度

D. 不能确定

13. 下列不属于风险管理原则的是（　　）。

A. 战略性原则

B. 全员性原则

C. 专业性原则

D. 收益性原则

14. 下列各项中，属于公司股票面临的系统风险的是（　　）。

A. 公司业绩下滑

B. 市场利率波动

C. 公司战略布局调整

D. 公司管理层变更

15. 下列不属于风险对冲策略的具体应用的是（　　）。

A. 战略上的多种经营

B. 采取合营方式实现风险共担

C. 资产组合使用

D. 多种外币结算的使用

16. 关于证券投资组合理论的以下表述中，正确的是（　　）。

A. 证券投资组合能消除大部分系统性风险

B. 证券投资组合的总规模越大，承担的风险越大

C. 风险最小的组合，其收益最大

D. 一般情况下，随着更多的证券加入到投资组合中，整体风险降低的速度会越来越慢

17. 当股票投资必要收益率等于无风险收益率时（股票市场的风险收益率不为0），β系数（　　）。

A. 大于1　　B. 等于1

C. 小于1　　D. 等于0

18. 某投资组合的风险收益率为10%，市场组合的平均收益率为12%，无风险收益率为4%，则该投资组合的β系数为（　　）。

A. 2　　B. 2.5

C. 1.25　　D. 5

19. 成本按其性态可划分为（ ）。
A. 约束成本和酌量成本
B. 固定成本、变动成本和混合成本
C. 相关成本和不相关成本
D. 付现成本和非付现成本

20. 约束性固定成本不受管理当局短期经营决策行动的影响。下列各项中，不属于企业约束性固定成本的是（ ）。
A. 厂房折旧
B. 厂房租金支出
C. 高管人员基本工资
D. 新产品研究开发费用

21. 下列各项中，属于酌量性变动成本的是（ ）。
A. 职工培训费用
B. 新产品的直接材料费
C. 新产品研究开发费用
D. 按销售额提成的销售人员佣金

22. 电信运营商推出“手机 10 元保号，可免费接听电话和接收短信，主叫国内通话每分钟 0.2 元”的套餐业务，选用该套餐的消费者每月手机费属于（ ）。
A. 固定成本
B. 阶梯式变动成本
C. 延期变动成本
D. 半变动成本

23. 电信运营商推出“手机 29 元不限流量，可免费通话 1000 分钟，超出部分主叫国内通话每分钟 0.1 元”套餐业务，选用该套餐的消费者每月手机费属于（ ）。
A. 固定成本
B. 半变动成本
C. 阶梯式变动成本
D. 延期变动成本

24. 在应用高低点法进行成本性态分析时，选择高点坐标的依据是（ ）。
A. 最高的业务量
B. 最高的成本
C. 最高的业务量和最高的成本
D. 最高的业务量或最高的成本

二、多项选择题

1. 递延年金具有的特点有（ ）。
A. 年金的第一次收付发生在若干期以后
B. 没有终值
C. 年金的现值与递延期无关
D. 年金的终值与递延期无关

2. 投资决策中用来衡量项目风险的，可以是项目的（ ）。
A. 收益率的期望值
B. 预期收益率的方差
C. 预期收益率的标准差
D. 预期收益率的标准差率

3. 按照风险管理二重性原则，下列表述正确的有（ ）。
A. 当风险损失不能避免时，尽量减少损失至最小化
B. 当风险损失可能发生可能不发生时，设法降低风险发生的可能性
C. 当风险预示着机会时，化风险为增加企业价值的机会
D. 当存在风险时，要求风险管理的专业人才实施专业化管理

4. 下列属于风险补偿策略的有（ ）。
A. 拒绝与不守信用的厂商业务来往
B. 企业准备的应急资本
C. 企业计提的风险准备金
D. 放松交易客户信用标准增加销售规模

5. 按照投资的风险分散理论，以等量资金投资于 A、B 两项目，下列说法正确的有（ ）。
A. 若 A、B 项目完全负相关，组合后的非系统风险完全抵消
B. 若 A、B 项目相关系数小于 0，组合后的非系统风险可以减少

C. 若A、B项目相关系数大于0，但小于1时，组合后的非系统风险不能减少

D. 若A、B项目完全正相关，组合后的非系统风险不扩大也不减少

6. 下列因素引起的风险中，投资者不能通过证券投资组合予以消减的风险有（　　）。

A. 宏观经济状况变化

B. 世界能源状况变化

C. 发生经济危机

D. 被投资企业出现经营失误

7. 资产的β系数是衡量系统性风险大小的重要指标，下列表述正确的有（　　）。

A. 某资产的β=0，说明该资产的系统性风险为0

B. 某资产的β＜0，说明此资产无风险

C. 某资产的β=1，说明该资产的系统性风险等于整个市场组合的平均风险

D. 某资产的β＞0，说明该资产的市场风险大于整个市场组合的平均风险

8. 投资风险中，非系统性风险的特征有（　　）。

A. 可用β系数进行衡量

B. 不能消除风险而只能回避风险

C. 通过投资组合可以分散

D. 对各个投资者的影响程度不同

9. 下列关于β系数的表述中，正确的有（　　）。

A. 组合的β系数是各单项资产加权平均的β系数

B. 影响组合β系数的因素有相关系数、投资比重、各单项资产的β系数

C. 投资组合的β系数一定会比组合中任一单只证券的β系数低

D. β系数反映的是证券的系统性风险

10. 按照资本资产定价模型，影响特定资产必要收益率的因素有（　　）。

A. 无风险收益率

B. 市场组合的平均收益率

C. 特定股票的β系数

D. 财务杠杆系数

11. 下列关于资本资产定价模型的表述中，正确的有（　　）。

A. 如果某项资产的β=1，则该资产的必要收益率等于市场平均收益率

B. 如果市场风险溢酬提高，则市场上所有资产的必要收益率均提高

C. 市场上所有资产的β系数都应当是正数

D. 如果市场对风险的平均容忍程度越高，则市场风险溢酬越小

12. 下列各项中，属于固定成本项目的有（　　）。

A. 采用工作量法计提的折旧

B. 不动产财产保险费

C. 直接材料费用

D. 写字楼租金

13. 下列各项中，一般属于约束性固定成本的有（　　）。

A. 车辆交强险

B. 广告费

C. 职工培训费

D. 管理人员的基本工资

14. 下列有关成本的特点表述正确的有（　　）。

A. 在相关范围内，固定成本总额随业务量成反比例变动

B. 在相关范围内，单位固定成本随业务量呈反方向变动

C. 在相关范围内，固定成本总额不变

D. 在相关范围内，单位变动成本随业务量成正比例变动

15. 下列有关混合成本分解方法表述正确的有（　　）。

A. 比较粗糙且带有主观判断特征的分解方法是账户分析法

B. 属于根据过去一定期间的业务量和成

本资料测算，且较为精确的分解方法是回归直线法

C. 工业工程法是要逐项研究确定成本高低的每个因素，在此基础上直接估算固定成本与单位变动成本的一种方法

D. 高低点法的缺点是代表性较差

三、判断题

1. (F/P，i，9) 与 (P/F，i，10) 分别表示 9 年期复利终值系数和 10 年期复利现值系数，二者的数量关系为：(F/P，i，9) × (1+i) =1/ (P/F，i，10)。 (　　)

2. 年金是指间隔期相等的系列等额收付款项，银行的零存整取中的整取额属于年金的收支形式。 (　　)

3. 当一年内多次复利时，名义利率等于每个计息周期的利率与年内复利次数的乘积。 (　　)

4. 当通货膨胀率大于名义利率时，实际利率为负值。 (　　)

5. 对于多个投资方案而言，无论各方案的期望值是否相同，标准差率最大的方案一定是风险最大的方案。 (　　)

6. 人们在进行财务决策时，之所以选择低风险的方案，是因为低风险会带来高收益，而高风险的方案则往往收益偏低。 (　　)

7. 风险矩阵，是指按照风险发生的可能性和风险发生后果的严重程度，将风险绘制在矩阵图中，展示风险及其重要性等级的风险管理工具方法。 (　　)

8. 对可能给企业带来灾难性损失的项目，企业应主动采取合资、联营和联合开发等措施，这属于风险规避的措施。 (　　)

9. 风险对冲是指当风险损失发生时，直接将损失抵冲利润。 (　　)

10. 只要投资比例不变，各项资产的期望收益率不变，即使组合中各项资产之间的相关系数发生改变，投资组合的期望收益率也不会改变。 (　　)

11. 两项资产收益率的相关系数为 0 时，这两项资产的组合不能分散非系统风险。 (　　)

12. β 系数既能衡量系统风险也能衡量非系统风险。 (　　)

13. 证券 A 的标准差率为 40%，β 系数为 0.5，证券 B 的标准差率为 20%，β 系数为 1.5。则可以判断证券 A 比证券 B 总体风险大，系统风险小。 (　　)

14. 市场风险溢酬反映了市场整体对风险的厌恶程度，投资者越喜欢冒险，市场风险溢酬的数值就越小。 (　　)

15. 要降低约束性固定成本，就要在预算时精打细算，厉行节约，杜绝浪费，减少其绝对额。 (　　)

16. 按销售收入的一定百分比支付的销售佣金属于酌量性变动成本。 (　　)

17. 混合成本的分解方法中，工业工程法比较粗糙且带有主观判断特征。 (　　)

四、计算分析题

1. 某公司拟购置一处房产，房主提出四种付款方案：

(1) 从现在起，每年年初支付 20 万元，连续支付 10 次，共 200 万元；

(2) 从现在起，每年年末支付 22 万元，连续支付 10 次，共 220 万元；

(3) 从第 5 年开始，每年年末支付 25 万元，连续支付 10 次，共 250 万元；

(4) 从第 5 年开始，每年年初支付 23 万元，连续支付 10 次，共 230 万元。

要求： 假设该公司的资本成本（即最低

收益率）为10%，你认为该公司应选择哪个方案？

2. 资料一：小W因购买个人住房向甲银行借款300000元，年利率6%，每半年计息一次，期限5年。自2020年1月1日至2025年1月1日止，小W选择等额本息还款方式偿还贷款本息，还款日在每年的7月1日和1月1日。

资料二：2021年12月末小W收到单位发放的一次性年终奖60000元，准备于2022年1月1日提前偿还银行借款60000元(当日仍需偿还原定的每期还款额)。

要求：

（1）根据资料一，计算借款的实际年利率。

（2）根据资料一，计算当前每期还款额。

（3）根据资料一，计算截止到2022年1月1日，小W已还款的现值为多少？

（4）根据资料一和资料二，计算如果小W选择提前偿还银行借款，还未归还的贷款本金现值为多少？

（5）计算提前还款后的每期还款额。

3. 某企业拟投资甲项目，计划投资额为1000万元，其收益率的概率分布如下表。

市场状况	概率	甲项目收益率
好	0.2	20%
一般	0.6	10%
差	0.2	5%

要求：

（1）甲项目收益率的期望值为多少？

（2）甲项目收益率的标准差为多少？

（3）甲项目收益率的标准差率为多少？

4. 已知：A、B两种证券构成证券投资组合。A证券的预期收益率为20%，方差是1.7424%，投资比重为60%；B证券的预期收益率为25%，方差是4.84%，投资比重为40%；A证券收益率与B证券收益率的相关系数是0.3。

要求：

（1）通过计算比较A证券和B证券的风险大小。

（2）计算该证券投资组合的预期收益率。

（3）计算该证券投资组合的标准差。

（4）当A证券收益率与B证券收益率的相关系数为0.5时，组合风险和组合预期收益率会有何变化？

5. 某公司拟进行股票投资，计划购买A、B、C三种股票，并分别设计了甲、乙两种投资组合。

已知三种股票的β系数分别为1.5、1.0和0.5，它们在甲种投资组合下的投资比重分别为50%、30%和20%；乙种投资组合的风险收益率为3.4%。同期市场上所有股票的平均收益率为12%，无风险收益率为8%。假设资本资产定价模型成立。

要求：

（1）根据A、B、C股票的β系数，分别评价这三种股票相对于市场投资组合而言的系统风险大小。

（2）计算A股票的必要收益率。

（3）计算甲种投资组合的β系数和风险收益率。

（4）计算乙种投资组合的β系数和必要收益率。

（5）比较甲、乙两种投资组合的β系数，评价它们的系统风险大小。

6. 假设资本资产定价模型成立，表中的数字是相互关联的。求出表中字母所代表的数值。（请将结果填写在给定的表格中，无须列出计算过程）

证券名称	必要收益率	贝塔值
无风险资产	A	C
市场组合	B	D
甲股票	0.22	1.3
乙股票	0.16	0.9

7. 甲公司是一家生产经营比较稳定的制造企业，长期以来仅生产 A 产品。公司预计 2022 年产量为 18 万件。公司通过成本性态分析，采用高低点法对 2022 年度成本进行预测。有关历史成本与产量变化情况如下表所示。

年度	2021 年	2020 年	2019 年	2018 年	2017 年	2016 年
产量（万件）	14.85	15	12.9	12	10.5	10
成本（万元）	56	55	50	49	47	47.5

要求：

（1）计算单位变动成本；

（2）计算固定成本总额；

（3）计算 2022 年度预计成本。

同步强化练习题参考答案及解析

使用“会计云课堂”App 或“微信”扫码对答案、看解析、掌握解题思路，开启轻松过关之旅。

一、单项选择题

1.【答案】A

【解析】由于第 3 年开始连续 5 年每年年初现金流入 300 万元，即第 2 年开始连续 5 年每年年末现金流入 300 万元，所以是递延期为 1 年、期数为 5 年的递延年金，P=300×（P/A，10%，5）×（P/F，10%，1）。

2.【答案】D

【解析】预付年金现值 =A×（P/A，i，n）×

（1+i），即1000=A×（P/A，10%，5）×（1+10%），A=1000/［（P/A，10%，5）×（1+10%）］=239.82（万元），选项D正确。

3.【答案】A

【解析】本题考点是普通年金现值计算，因为每半年计息一次，所以需要注意3年有6个半年，利率按半年利率确定。2020年年末应在银行存入的金额=3000×（P/A，3%，6）。

4.【答案】D

【解析】永续年金持续期无限，没有终点，因此没有终值。

5.【答案】C

【解析】本题考查预付年金现值系数与普通年金现值系数的关系。即预付年金现值系数等于同期的普通年金现值系数乘以（1+i），因此6年期、折现率为8%的预付年金现值系数=4.6229×（1+8%）=4.9927。

6.【答案】B

【解析】本题的考点是利用插值法求利息率。据题意，P=12000，A=4600，n=3，则：

12000=4600×（P/A，i，3）

（P/A，i，3）=2.6087

（i−7%）/（8%−7%）=（2.6087−2.6243）/（2.5771−2.6243）

i=7.33%。

7.【答案】C

【解析】季度收益率=2000/100000=2%，实际年利率=$（1+2\%）^{4}-1$=8.24%。

8.【答案】A

【解析】名义利率与实际利率的换算关系：i=$（1+r/m）^{m}-1$，由于此题是每半年付息一次，所以i=$（1+5\%/2）^{2}-1$=5.06%，选项A正确。

9.【答案】B

【解析】实际年收益率=（1+5%）/（1+3%）−1=1.94%。

10.【答案】A

【解析】无风险利率=纯粹利率+通货膨胀补偿率=1.8%+2%=3.8%

必要收益率=无风险利率+风险收益率，所以风险收益率=9.8%−3.8%=6%。

11.【答案】B

【解析】期望收益率是在投资收益不确定的条件下，预测的某资产未来可能实现的收益率，一般按照加权平均法计算；实际收益率表示已经实现或者确定可以实现的资产收益率；无风险收益率等于货币的时间价值与通货膨胀补偿率之和；必要收益率等于无风险收益率和风险收益率之和。

12.【答案】A

【解析】在两个项目投资收益率的期望值不相同的情况下，应该用标准差率来比较两个项目的风险。甲项目的标准差率=30%/15%×100%=200%；乙项目的标准差率=33%/23%×100%=143.48%，因此甲项目的风险程度大于乙项目的风险程度。

13.【答案】D

【解析】风险管理原则包括战略性原则、全员性原则、专业性原则、二重性原则及系统性原则。

14.【答案】B

【解析】系统风险又被称为市场风险或不可分散风险，是影响所有资产的、不能通过资产组合而消除的风险。这部分风险是由那些影响整个市场的风险因素所引起的。市场利率波动会影响整个市场，所以属于影响系统风险的因素。而公司业绩下滑、公司战略布局调整和公司管理层变更只是发生在本公司的事件，不影响整个市场，所以属于影响非系统风险的因素。

15.【答案】B

【解析】选项 B 属于风险转移策略的使用。

16.【答案】D

【解析】系统性风险是不可分散风险，选项 A 错误。组合风险中非系统性风险随组合资产数量的增加会降低，选项 B 错误。风险与收益是均衡的，选项 C 错误。

17.【答案】D

【解析】根据资本资产定价模型 $R=R_f+\beta\times(R_m-R_f)$，因为 $R=R_f$，$R_m-R_f\neq0$，所以 β 系数应该等于 0。

18.【答案】C

【解析】据题意，$R_m=12\%$，$R_f=4\%$，组合的风险收益率 $=\beta\times(R_m-R_f)=10\%$

投资组合的 β 系数 = 组合的风险收益率 / $(R_m-R_f)=10\%/(12\%-4\%)=1.25$。

19.【答案】B

【解析】本题的考点是成本按成本性态的分类。所谓成本性态是指成本的变动与业务量之间的依存关系。成本按其性态不同，通常可以分为固定成本、变动成本和混合成本。

20.【答案】D

【解析】选项 A、B、C 都属于约束性固定成本。选项 D 属于酌量性固定成本。

21.【答案】D

【解析】选项 A、C 属于酌量性固定成本；选项 B 属于技术性变动成本；只有选项 D 符合酌量性变动成本的定义。

22.【答案】D

【解析】半变动成本是指在初始成本的基础上随业务量正比例增长的成本。

23.【答案】D

【解析】延期变动成本，是指在一定业务量范围内总额保持稳定，超过特定业务量则开始随业务量同比例增长的成本。

24.【答案】A

【解析】高低点法中高点坐标的依据是最高的业务量，此时成本可能最大，也可能不是最大。

二、多项选择题

1.【答案】AD

【解析】递延年金是指第一次收付发生在第二期或第二期以后的年金，递延年金终值是指最后一次收付时的本利和，其计算方法与普通年金终值相同，不过只考虑等额收付的次数。

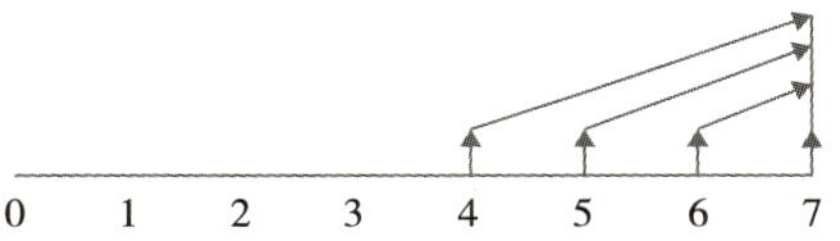

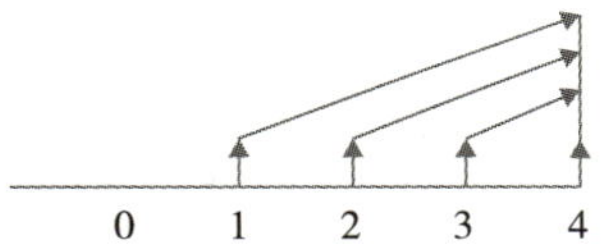

由上图可以看出递延年金终值与普通年金终值的计算一样，都为 $A\times(1+i)^3+A\times(1+i)^2+A\times(1+i)+A=A\times(F/A,i,4)$，这里 4 为 A 的个数，递延年金的终值与递延期无关。

2.【答案】BCD

【解析】本题的考点是风险的衡量指标。衡量风险的指标主要有预期收益率的方差、标准差和标准差率等。期望值不能衡量风险。

3.【答案】ABC

【解析】要求风险管理的专业人才实施专业化管理属于风险管理原则中的专业性原则。

4.【答案】BC

【解析】选项A属于风险规避的对策。选项D属于风险转换的对策。

5.【答案】ABD

【解析】若A、B项目相关系数大于0，但小于1时，属于正相关，组合后的非系统风险也可以分散一部分，只不过分散效应不如负相关的强，选项C错误。

6.【答案】ABC

【解析】选项D属于非系统性风险，是可分散风险。

7.【答案】AC

【解析】资产的β系数小于0，即β系数为负数时，表示该资产的收益率与市场平均收益率呈反向变化，当市场收益率增加时，该类资产的收益率减少，选项B错误。某资产的β＞1，说明该资产的市场风险大于市场组合的平均风险，如果β＞0，表示该资产的收益率与市场平均收益率呈同向变化，选项D错误。

8.【答案】CD

【解析】证券投资风险分为两种：一是公司特有风险，也称为非系统性风险或可分散风险，能够通过多元化投资组合得以分散，因此对各个投资者的影响程度也就不同；二是市场风险，也称为系统性风险或不可分散风险，不能通过投资组合得以分散，它可用β系数进行衡量。

9.【答案】AD

【解析】组合β系数是所有单项资产β系数的加权平均数，选项A正确。组合β系数受投资比重和各单项资产β系数的影响，由于组合不能抵消系统性风险，因此相关系数不影响组合β系数，选项B错误。投资组合的β系数是各单项资产加权平均的β系数，β系数衡量的是系统性风险，不能分散，因此不能说β系数一定会比组合中任一单只证券的β系数低，选项C错误，选项D正确。

10.【答案】ABC

【解析】根据资本资产定价模型：$R=R_f+\beta\times(R_m-R_f)$，影响特定资产必要收益率的因素：$R_f$即无风险收益率；β即特定股票的贝塔系数；$R_m$即市场组合的平均收益率。

11.【答案】AD

【解析】β=1时，资产的必要收益率=无风险收益率+β×(市场平均收益率－无风险收益率)=无风险收益率+1×(市场平均收益率－无风险收益率)=市场平均收益率，选项A正确。β系数也可以是负数或者0，不一定是正数，如果β系数为负数的话，市场风险溢酬提高，资产的必要收益率是降低的，选项B、C不正确。市场风险溢酬反映的是市场作为整体对风险的平均“容忍”程度，如果市场对风险的平均容忍程度越高，则市场风险溢酬越小，选项D正确。

12.【答案】BD

【解析】采用工作量法计提折旧，各年的折旧额与业务量同比例变动，属于变动成本；直接材料费用属于变动成本。

13.【答案】AD

【解析】约束性固定成本是指管理当局的短期经营决策行动不能改变其具体数额的固定成本。例如：房屋租金、固定的设备折旧、管理人员的基本工资、车辆交强险等。酌量性固定成本是指管理当局的短期经营决策行动能改变其数额的固定成本。例如：广告费、职工培训费、新产品研究开发费用。

14.【答案】BC

【解析】在相关范围内，固定成本总额不变，单位固定成本随业务量呈反方向变动；变动成本总额随业务量成正比例变动，单位变动成本不变。

15.【答案】ABCD

【解析】简便易行，但比较粗糙且带有主观判断的混合成本分解方法是账户分析法，所以选项 A 正确；属于根据过去一定期间的业务量和成本资料测算，且较为精确的分解方法是回归直线法，所以选项 B 正确；工业工程法指运用工业工程的研究方法，逐项研究确定成本高低的每个因素，在此基础上直接估算固定成本与单位变动成本的一种方法，所以选项 C 正确；高低点法只采用了历史成本资料中的高点和低点两组数据，代表性差，所以选项 D 正确。

三、判断题

1.【答案】√

【解析】(P/F，i，10) =1/ (1+i) ^{10}，(F/P，i，9) = (1+i) ^{9}，(1+i) ^{9}× (1+i) = (1+i) ^{10}=1/ (P/F，i，10)。

2.【答案】×

【解析】银行的零存整取中的整取额属于一次性款项，零存额才属于年金的收支形式。

3.【答案】√

【解析】设名义利率为 r，每年复利次数为 m。则一年内多次复利时，每期的利率为 r/m。则每期利率与年内复利次数的乘积为 r (r=r/m×m)，即名义利率。例如年利率为 8%，每年复利 4 次，则每期利率为 2% (8%/4)，乘以年内复利次数 (4 次)，其乘积为 8% (2%×4) 即名义利率。

4.【答案】√

【解析】实际利率 = (1+ 名义利率) / (1+ 通货膨胀率) −1。当通货膨胀率大于名义利率时，(1+ 名义利率) / (1+ 通货膨胀率) 将小于 1，导致实际利率为负值。

5.【答案】√

【解析】本题考点是风险的衡量。标准差率是相对数指标，无论各方案的期望值是否相同，标准差率最大的方案一定是风险最大的方案。

6.【答案】×

【解析】高收益往往伴有高风险，低收益方案其风险程度往往也较低，究竟选择何种方案，不仅要权衡期望收益与风险，还要考虑决策者对风险的态度，综合作出决定。对风险比较反感的人可能会选择期望收益较低同时风险也较低的方案，喜欢冒险的人则可能选择风险虽高但同时收益也高的方案。

7.【答案】√

【解析】本题考查的是风险矩阵的含义。

8.【答案】×

【解析】企业主动采取的合资、联营和联合开发等措施属于风险转移的措施。

9.【答案】×

【解析】风险对冲是指引入多个风险因素或承担多个风险，使得这些风险能互相冲抵。风险对冲不是针对单一风险，而是涉及风险组合。

10.【答案】√

【解析】资产之间的相关系数会影响组合风险的大小，但不会影响组合收益率，因此只要投资比例不变，各项资产的期望收益率不变，投资组合的期望收益率就不会发生改变。

11.【答案】×

【解析】只要相关系数小于 1，两项资产组合的非系统风险就可以分散。

12.【答案】×

【解析】β 系数反映系统风险的大小，不能衡量非系统风险。

13.【答案】√

【解析】标准差率是用来衡量整体风险的

指标，而β系数是用来衡量系统风险的指标。

14.【答案】√

【解析】市场风险溢酬反映了市场整体对风险的厌恶程度，对风险越是厌恶和回避，市场风险溢酬的数值越大；而投资者越喜欢冒险，则说明对风险的厌恶和回避不是很强烈，因此市场风险溢酬的数值就越小。

15.【答案】×

【解析】约束性固定成本是维护企业正常生产经营能力的最低成本，是管理当局的短期经营决策行动不能改变的。要想降低约束性固定成本只能是合理利用企业现有的生产能力，提高生产效率，以取得更大的经济效益。

16.【答案】√

【解析】技术性变动成本是指由技术或设计关系所决定的变动成本。酌量性变动成本是指通过管理当局的短期经营决策行动可以改变的变动成本。

17.【答案】×

【解析】账户分析法，又称会计分析法，它是根据有关成本账户及其明细账的内容，结合其与业务量的依存关系，判断其比较接近哪一类成本，就视其为哪一类成本。这种方法简便易行，但比较粗糙且带有主观判断。

四、计算分析题

1.【答案】

方案（1）的现值：

P=20×（P/A，10%，10）×（1+10%）=20×6.1446×1.1=135.18（万元）

或：P=20+20×（P/A，10%，9）=20+20×5.7590=135.18（万元）

方案（2）的现值：

P=22×（P/A，10%，10）=22×6.1446=135.18（万元）

方案（3）的现值：

P=25×［（P/A，10%，14）－（P/A，10%，4）］=25×（7.3667−3.1699）=104.92（万元）

或：P=25×（P/A，10%，10）×（P/F，10%，4）=25×6.1446×0.6830=104.92（万元）

方案（4）的现值：

P=23×［（P/A，10%，13）－（P/A，10%，3）］=23×（7.1034−2.4869）=106.18（万元）

或：P=23×（P/A，10%，10）×（P/F，10%，3）=23×6.1446×0.7513=106.18（万元）

该公司应该选择方案（3）。

【提示】方案（1）的图示：

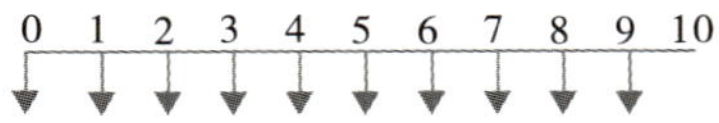

方案（2）的图示：

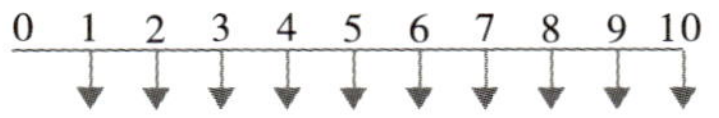

方案（3）的图示：

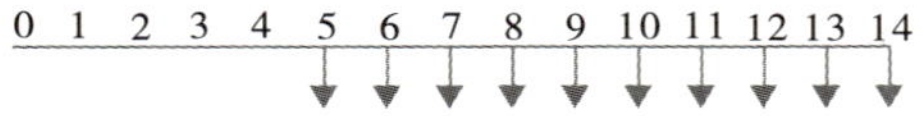

方案（4）的图示：

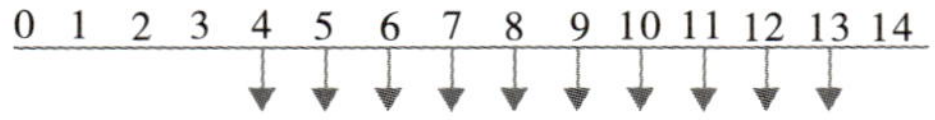

2.【答案】

（1）银行借款的实际年利率 $=(1+6\%/2)^2-1=6.09\%$

（2）当前每期还款额=300000/（P/A，3%，10）=35169.16（元）

（3）已还款的现值=35169.16×（P/A，3%，4）=35169.16×3.7171=130727.28（元）

（4）未归还的贷款本金现值=300000−130727.28−60000×（P/F，3%，4）=115962.72（元）

（5）设还款后每期还款额为X元，则：

X×（P/A，3%，6）×（P/F，3%，4）=115962.72

X=24092.73（元）。

3.【答案】

（1）甲项目收益率的期望值 =20%×0.2+10%×0.6+5%×0.2=11%

（2）甲项目收益率的标准差 =

$\sqrt{(20\%-11\%)^2\times0.2+(10\%-11\%)^2\times0.6+(5\%-11\%)^2\times0.2}$ =4.90%

（3）甲项目收益率的标准差率 =4.90%/11%=44.55%。

4.【答案】

（1）A 证券的标准差 = $\sqrt{1.7424\%}$ =13.2%

A 证券的标准差率 =13.2%/20%=66%

B 证券的标准差 = $\sqrt{4.84\%}$ =22%

B 证券的标准差率 =22%/25%=88%

因为 A 证券的标准差率小于 B 证券的标准差率，所以 A 证券的风险小于 B 证券的风险。

（2）证券投资组合的预期收益率 =20%×60%+25%×40%=22%

（3）证券投资组合的标准差 =

$\sqrt{(60\%\times13.2\%)^2+(40\%\times22\%)^2+2\times0.3\times(60\%\times13.2\%)\times(40\%\times22\%)}$ =13.49%

（4）相关系数的大小对投资组合预期收益率没有影响。相关系数的大小对投资组合风险有影响，相关系数越大，投资组合的风险越大，即相关系数从 0.3 变成 0.5 时，投资组合的风险会变大。

5.【答案】

（1）A 股票的 β ＞1，说明该股票所承担的系统风险大于市场投资组合的风险（A 股票所承担的系统风险等于市场投资组合风险的 1.5 倍）。

B 股票的 β =1，说明该股票所承担的系统风险与市场投资组合的风险一致（B 股票所承担的系统风险等于市场投资组合的风险）。

C 股票的 β ＜1，说明该股票所承担的系统风险小于市场投资组合的风险（C 股票所承担的系统风险等于市场投资组合风险的 0.5 倍）。

（2）A 股票的必要收益率 =8%+1.5×（12%−8%）=14%

（3）甲种投资组合的 β 系数 =1.5×50%+1.0×30%+0.5×20%=1.15

甲种投资组合的风险收益率 =1.15×（12%−8%）=4.6%

（4）乙种投资组合的 β 系数 =3.4%/（12%−8%）=0.85

乙种投资组合的必要收益率 =8%+3.4%=11.4%

或者：乙种投资组合的必要收益率 =8%+0.85×（12%−8%）=11.4%

（5）甲种投资组合的 β 系数（1.15）大于乙种投资组合的 β 系数（0.85），说明甲种投资组合的系统风险大于乙种投资组合的系统风险。

6.【答案】

证券名称	必要收益率	贝塔值
无风险资产	A=0.025	C=0
市场组合	B=0.175	D=1
甲股票	0.22	1.3
乙股票	0.16	0.9

【解析】

利用甲股票和乙股票的数据解联立方程：

0.22= 无风险资产收益率 +1.3 ×（市场组合收益率 – 无风险资产收益率）

0.16= 无风险资产收益率 +0.9 ×（市场组合收益率 – 无风险资产收益率）

解得：无风险资产收益率 A=0.025

市场组合收益率 B=0.175

无风险资产的贝塔值为 0，市场组合的贝塔值为 1。

7.【答案】

（1）单位变动成本 =（55–47.5）/（15–10）= 1.5（元）

（2）以高点的数据计算：

固定成本总额 =55–1.5 × 15=32.5（万元）

或：以低点的数据计算：

固定成本总额 =47.5–1.5 × 10=32.5（万元）

（3）由（1）、（2）的计算结果可得：总成本 Y=1.5X+32.5

预计 2022 年产量为 18 万件，2022 年度预计成本 =1.5 × 18+32.5=59.5（万元）。

第三章　预算管理

CHAPTER-3

本章学习指南

一、考情分析

本章主要介绍了预算管理概述、预算的编制方法与程序、预算编制、预算的执行与考核，近 3 年考试的平均分值为 8 分左右，本章题型可以出客观题，也可以出主观题。

最近 3 年题型、题量分析表

题型	2019 年		2020 年			2021 年		
	试卷Ⅰ	试卷Ⅱ	试卷Ⅰ	试卷Ⅱ	试卷Ⅲ	试卷Ⅰ	试卷Ⅱ	试卷Ⅲ
单项选择题	4 题 4 分	3 题 3 分	1 题 1.5 分	3 题 4.5 分	2 题 3 分	3 题 4.5 分	2 题 3 分	1 题 1.5 分
多项选择题	1 题 2 分	—	—	1 题 2 分	1 题 2 分	1 题 2 分	1 题 2 分	1 题 2 分
判断题	—	—	2 题 2 分	1 题 1 分	1 题 1 分	1 题 1 分	1 题 1 分	—
计算分析题	—	—	—	—	—	—	—	1 题 5 分
综合题	—	0.8 题 9.6 分	—	—	0.83 题 10 分	—	—	—
合计	5 题 6 分	3.8 题 12.6 分	3 题 3.5 分	5 题 7.5 分	4.83 题 16 分	5 题 7.5 分	4 题 6 分	3 题 8.5 分

二、教材变化

本章与 2021 年的教材相比，主要变化是删除了预算最主要特征的表述。

核心考点精讲

第一节　预算管理概述

使用“会计云课堂”App或“微信”扫码查看本节视频，快速GET知识点。

一、预算的含义、特征与作用★

要点小贴士

预算顾名思义就是预先的打算和安排，只不过这个打算和安排强调是量化的，可据以执行的详细安排。

含义	预算是一种可据以执行和控制经济活动的、最为具体的计划，是对目标的具体化，是实现企业战略导向预定目标的有力工具 【提示】 （1）预算以预测、决策为基础 （2）预算是把企业未来的计划用数量和金额以表格的形式反映 （3）预算是对各种资源和企业活动所做的详细安排
特征	（1）预算与企业的战略目标保持一致 （2）预算是数量化的并具有可执行性
作用	（1）奋斗的目标：预算通过规划、控制和引导经济活动，使企业经营达到预期目标 （2）协调的工具：预算可以实现企业内部各个部门之间的协调 （3）考核的依据：预算是业绩考核的重要依据

经典题解

【例题1·多选题】下列各项中，属于企业预算特征的有（　　）。

A. 数量化

B. 表格化

C. 可伸缩性

D. 可执行性

【解析】预算具有两个特征：首先，预算与企业的战略目标保持一致；其次，预算是数量化的并具有可执行性。

【答案】AD

二、预算的分类★★

（一）根据内容的不同分类

类别		含义	具体内容
经营预算（业务预算）	分预算（辅助预算）	与企业日常业务直接相关的一系列预算	①销售预算。②生产预算。③采购预算。④费用预算。⑤人力资源预算等
专门决策预算	分预算（辅助预算）	重大的或不经常发生的、需要根据特定决策编制的预算	投资决策预算（资本支出预算）、融资决策预算
财务预算	总预算	与企业资金收支、财务状况或经营成果等有关的预算	全面预算体系的**最后环节**，在全面预算中占有举足轻重的地位 主要包括：①资金预算；②预计资产负债表；③预计利润表等

相关链接

与第三节经营预算内容的对应关系，“采购预算”对应“直接材料预算”，“人力资源预算”对应“直接人工预算”，“费用预算”对应“制造费用预算、销售及管理费用预算”。

（二）按预算指标覆盖的时间长短分类

- 短期预算——预算期在 1 年以内（含 1 年）
- 长期预算——预算期在 1 年以上

【总结】

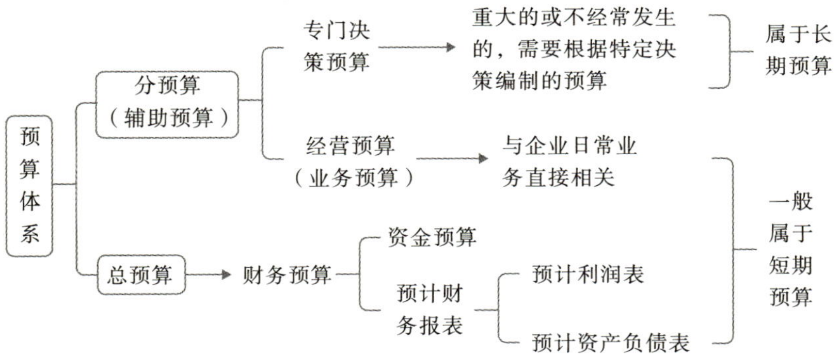

经典题解

【真题 2·判断题】在全面预算体系中，企业应当首先编制财务预算，在此基础上编制经营预算与专门决策预算。（　　）（2021 年卷Ⅱ）

【解析】财务预算是全面预算体系的最后环节，从价值方面总括地反映企业经营预算与专门决策预算的结果。

【答案】×

【真题 3·多选题】在企业编制的下列预算中，属于财务预算的有（　　）。（2020 年卷Ⅱ）

A. 制造费用预算

B. 资本支出预算

C. 预计资产负债表

D. 预计利润表

【解析】财务预算是指与企业资金收支、财务状况或经营成果等有关的预算，包括资金预算、预计资产负债表、预计利润表等。

【答案】CD

【真题4·多选题】下列各项中，属于经营预算内容的有（　　）。（2020年卷Ⅲ）

A. 销售预算　　B. 采购预算

C. 生产预算　　D. 资金预算

【解析】经营预算是指与企业日常业务直接相关的一系列预算，包括销售预算、生产预算、采购预算、费用预算、人力资源预算等。选项D属于财务预算。

【答案】ABC

三、预算管理的含义和原则★

含义	是指企业以战略目标为导向，通过对未来一定期间内的经营活动和相应的财务结果进行全面预测和筹划，科学、合理配置企业各项财务和非财务资源，并对执行过程进行监督和分析，对执行结果进行评价和反馈，指导经营活动的改善和调整，进而推动实现企业战略目标的管理活动
原则	（1）战略导向原则：应围绕企业的战略目标和业务计划有序开展 （2）过程控制原则：应通过及时监控、分析等把握预算目标的实现进度并实施有效评价 （3）融合性原则：应以业务为先导、以财务为协同，将预算管理嵌入企业经营管理活动的各个领域、层次、环节 （4）平衡管理原则：应平衡长期目标与短期目标、整体利益与局部利益、收入与支出、结果与动因等关系，促进企业可持续发展 （5）权变性原则：应刚性与柔性相结合，强调预算对经营管理的刚性约束，又可根据内外环境的重大变化调整预算，并针对例外事项进行特殊处理

相关链接（含义）

预算是预先的打算和安排，但谈到预算管理的内容则包括事前、事中和事后三个方面的管理活动。

（1）事前管理：预测和筹划（第3节）。

（2）事中管理：监督和分析（第4节）。

（3）事后管理：评价和反馈（第4节）。

经典题解

【例题5·单选题】强调预算对经营管理的刚性约束，又可根据内外环境的重大变化调整预算，并针对例外事项进行特殊处理，这体现了预算管理的（　　）。

A. 战略导向原则　　B. 过程控制原则

C. 平衡管理原则　　D. 权变性原则

【解析】本题的考点是预算管理的原则。

【答案】D

【例题6·判断题】预算管理是指企业以战略目标为导向，通过对未来一定期间内的经营活动和相应的财务结果进行全面预测和筹划的管理活动。(　　)

【解析】预算管理是指企业以战略目标为导向，通过对未来一定期间内的经营活动和相应的财务结果进行全面预测和筹划，科学、合理配置企业各项财务和非财务资源，并对执行过程进行监督和分析，对执行结果进行评价和反馈，指导经营活动的改善和调整，进而推动实现企业战略目标的管理活动。不仅包括预测和筹划，也包括监督、分析和评价、反馈。

【答案】×

四、预算管理工作的组织★

我国《公司法》规定：公司的年度财务预算方案、决算方案由公司董事会制订，经股东会审议批准后方可执行。预算工作的组织包括决策层、管理层、执行层和考核层。

负责机构	具体任务、权利和职责
董事会或类似机构	应当对企业预算的管理工作负总责
预算管理委员会	审批公司预算管理制度、政策，审议年度预算草案或预算调整草案并报董事会等机构审批，监控、考核本单位的预算执行情况并向董事会报告，协调预算编制、预算调整及预算执行中的有关问题等
财务管理部门	具体负责企业预算的跟踪管理，监督预算的执行情况，分析预算与实际执行的差异及原因，提出改进管理的意见与建议
企业内部各职能部门	具体负责本部门业务涉及的预算编制、执行、分析等工作，并配合预算管理委员会或财务管理部门做好企业总预算的综合平衡、协调、分析、控制与考核等工作
企业所属基层单位	是企业预算的基本单位

要点小贴士

最高预算管理机构，属于预算工作组织的决策层。

【提示】企业内部各职能部门和企业所属基层单位的主要负责人对本部门或本单位的预算执行结果承担责任。

经典题解

【例题7·判断题】企业财务管理部门负责企业预算的编制、执行、分析和考核等工作，并对预算执行结果承担直接责任。(　　)

【解析】企业内部生产、投资、物资、人力资源、市场营销等职能部门具体负责本部门业务涉及的预算编制、执行、分析等工作，并配合预算管理委员会或财务管理部门做好企业总预算的综合平衡、协调、分析、控制与考核等工作。其主要负责人对本部门预算执行结果承担责任。

【答案】×

第二节　预算的编制方法与程序

使用“会计云课堂”App或“微信”扫码查看本节视频，快速GET知识点。

一、预算的编制方法★★

要点小贴士

每一对方法的优缺点正好是相反的。零基、弹性和滚动预算法是为了分别克服增量、固定和定期预算法的缺点而产生的编制方法，但零基、弹性和滚动预算法也有共同的缺点就是编制工作量大。

预算的编制方法
- 增量预算法 → 以历史期实际经济活动及其预算为基础
- 零基预算法 → 以零为起点
- 固定预算法 → 以某一业务量水平为固定基础
- 弹性预算法 → 以分析业务量与预算项目之间的数量依存关系为基础
- 定期预算法 → 预算期间 = 会计期间
- 滚动预算法 → 预算期间≠会计期间

（一）增量预算法与零基预算法

按其出发点的特征不同，编制预算的方法可分为增量预算法和零基预算法两大类。

1. 增量预算法

含义	指以历史期实际经济活动及其预算为基础，结合预算期经济活动及相关影响因素的变动情况，通过调整历史期经济活动项目及金额形成预算的预算编制方法
假设	第一，企业现有业务活动是合理的，不需要进行调整 第二，企业现有各项业务的开支水平是合理的，在预算期予以保持 第三，以现有业务活动和各项活动的开支水平，确定预算期各项活动的预算数
优缺点	优点：编制工作量小 缺点：可能导致无法有效控制无效费用的开支，使得不必要开支合理化，造成浪费

经典题解

真题点拨

6000万元是基期的实际数，5000×30%是增量数，属于增量预算的编制方法。

【真题8·单选题】某企业当年实际销售费用为6000万元，占销售额的30%，企业预计下年销售额增加5000万元，于是就将下年销售费用预算简单地确定为7500（6000+5000×30%）万元。从中可以看出，该企业采用的预算编制方法为（　　）。（2019年卷Ⅰ）

A. 弹性预算法

B. 零基预算法

C. 滚动预算法

D. 增量预算法

【解析】增量预算法，是指以历史期实际经济活动及其预算为基础，结合预算期经济活动及相关影响因素的变动情况，通过调整历史期经济活动项目及金额形成预算的预算编制方法。

【答案】D

2. 零基预算法

含义	指企业不以历史期经济活动及其预算为基础，以零为起点，从实际需要出发分析预算期经济活动的合理性，经综合平衡，形成预算的预算编制方法
优缺点	优点： （1）以零为起点编制预算，不受历史期经济活动中的不合理因素影响，能够灵活应对内外环境的变化，预算编制更贴近预算期企业经济活动需要 （2）有助于增加预算编制透明度，有利于进行预算控制 缺点： （1）预算编制工作量较大、成本较高 （2）预算编制的准确性受企业管理水平和相关数据标准准确性影响较大
适用范围	适用于企业各项预算的编制，特别是不经常发生的预算项目或预算编制基础变化较大的预算项目

经典题解

【真题9·多选题】与增量预算法相比，关于零基预算法的表述正确的有（　　）。（2021年卷Ⅲ）

A. 有助于降低预算编制的工作量

B. 更适用于预算编制基础变化较大的预算项目

C. 更能够灵活应对企业内外部环境的变化

D. 以历史期经营活动及其预算为基础编制

【解析】零基预算法的优点表现在：一是以零为起点编制预算，不受历史期经济活动中的不合理因素影响，能够灵活应对内外环境的变化，预算编制更贴近预算期企业经济活动需要；二是有助于增加预算编制透明度，有利于进行预算控制。选项C正确、选项D错误。

零基预算法的缺点主要体现在：一是预算编制工作量较大、成本较高；二是预算编制的准确性受企业管理水平和相关数据标准准确性影响较大。选项A错误。

零基预算法适用于企业各项预算的编制，特别是不经常发生的预算项目或预算编制基础变化较大的预算项目。选项B正确。

【答案】BC

【真题10·判断题】与增量预算法相比，采用零基预算法编制预算的工作量较大、成本较高。（　　）（2021年卷Ⅰ）

【解析】零基预算法的缺点主要体现在：一是预算编制工作量较大、成本较高；二是预算编制的准确性受企业管理水平和相关数据标准准确性影响较大。

【答案】√

【真题11·单选题】相对于增量预算，下列关于零基预算的表述中错误的是(　　)。(2020年卷Ⅱ)

A. 预算编制成本相对较高　　B. 预算编制工作量相对较少

C. 以零为起点编制预算　　D. 不受历史期不合理因素的影响

【解析】零基预算法的优点表现在：一是以零为起点编制预算，不受历史期经济活动中的不合理因素影响，能够灵活应对内外环境的变化，预算编制更贴近预算期企业经济活动需要；二是有助于增加预算编制透明度，有利于进行预算控制。

其缺点主要体现在：一是预算编制工作量较大、成本较高；二是预算编制的准确性受企业管理水平和相关数据标准准确性影响较大。

【答案】B

【真题12·判断题】相对于零基预算法，增量预算法的优点在于不受历史期经济活动中不合理因素的影响，使得预算编制更贴近企业经济活动的需要。(　　)(2020年卷Ⅰ)

【解析】本题的错误在于把增量预算法和零基预算法的概念混淆了。

【答案】×

(二)固定预算法与弹性预算法

编制预算的方法按其业务量基础的数量特征不同，可分为固定预算法和弹性预算法。

1. 含义、特点及适用范围的比较

种类	含义	特点	适用范围
固定预算法(静态预算法)	指以预算期内正常的、最可实现的某一业务量(是指企业产量、销售量、作业量等与预算项目相关的弹性变量)水平为固定基础，不考虑可能发生的变动的预算编制方法	(1)适应性差 (2)可比性差	适用于经营业务稳定的企业，也可用于编制固定费用预算
弹性预算法(动态预算法)	指企业在分析业务量与预算项目之间数量依存关系的基础上，分别确定不同业务量及其相应预算项目所消耗资源的预算编制方法	优点：考虑了预算期可能的不同业务量水平 缺点： (1)编制工作量大 (2)需要对市场变动趋势和预算项目与业务量之间的依存关系进行主观判断，会影响预算的合理性	适用于编制全面预算中所有与业务量有关的预算，实务中主要是用于编制成本费用预算和利润预算，特别是成本费用预算

要点小贴士

因为在一定业务量范围内，销售收入和变动成本总额与业务量同比例变动。所以有必要确定不同业务量下的收入、成本和利润。

经典题解

【真题13·单选题】在分析业务量与预算项目之间数量依存关系的基础上，分别确定不同业务量及其相应预算项目金额的预算编制方法是(　　)。(2021年卷Ⅱ)

A. 定期预算法　　B. 固定预算法

C. 滚动预算法　　D. 弹性预算法

【解析】弹性预算法又称动态预算法，是指企业在分析业务量与预算项目之间数量依存关系的基础上，分别确定不同业务量及其相应预算项目所消耗资源的预算编制方法。

【答案】D

【真题14·判断题】相对于弹性预算，固定预算以事先确定的目标业务量作为预算编制基础，适应性比较差。(　　)(2020年卷Ⅲ)

【解析】编制固定预算的业务量基础是事先假定的某个业务量。在这种方法下，不论预算期内业务量水平实际可能发生哪些变动，都只按事先确定的某一个业务量水平作为编制预算的基础。因此适应性比较差。

【答案】√

2. 弹性预算的编制方法

方法	编制要点	优点	缺点
公式法	预算成本总额＝成本中的固定基数＋与业务量相关的弹性定额×预计业务量（y=a+bx）	可比性和适应性强，编制预算的工作量相对较小	（1）成本分解工作量大（需要进行成本分解，对每个费用子项目甚至细目逐一进行成本分解，比较麻烦） （2）需要用数学方法将阶梯成本和曲线成本修正为直线 （3）成本中的固定基数以及与业务量相关的弹性定额可能仅适用于一定业务量范围
列表法	将业务量划分为若干个不同等级范围，然后通过列表的方式，分别计算不同业务量范围下该预算项目的预算方案的方法	（1）不必经过计算即可找到与实际业务量相近的预算成本（较直观） （2）不必用数学方法修正为近似的直线成本（混合成本中的阶梯成本和曲线成本，可按总成本性态模型计算填列）	在评价和考核实际成本、计算"实际业务量的预算成本"时，往往需要使用插值法来计算，比较麻烦

要点小贴士

实际业务量的预算成本的确定：

①变动成本＝预算单位变动成本×实际业务量

②固定成本＝不变的预算数

③混合成本：利用插值法（内插法）确定。

【提示】弹性预算法下业务量的选择：

（1）选用一个最能代表生产经营活动水平的业务量计量单位。

教材举例	业务量的计量单位
以手工操作为主的车间	人工工时
制造单一产品或零件的部门	实物数量
修理部门	直接修理工时

（2）实际业务量不超出相关的业务量范围。

确定方法	范围
方法1：依据正常生产能力水平	正常生产能力的70%~110%
方法2：依据历史业务量水平	历史上最高业务量和最低业务量为其上下限

经典题解

真题点拨：混合成本可按总成本性态模型计算填列，采用内插法计算预算成本。也可将混合成本修正为直线，利用解联立方程（y=a+bx）的方式解答。

【真题15·单选题】某公司采用弹性预算法编制修理费预算，该修理费为混合成本，业务量为100件时，费用预算为5000元；业务量为200件时，费用预算为7000元。则当业务量为180件时，修理费预算为（　　）。（2021年卷Ⅰ）

A. 6600元　　B. 6300元　　C. 7200元　　D. 9000元

【解析】方法1：利用内插法：（y−5000）/（7000−5000）=（180−100）/（200−100），y=6600（元）

或：b=（7000−5000）/（200−100）=20（元），a=5000−100×20=3000（元），可得出y=20x+3000。当业务量为180件时，修理费预算=180×20+3000=6600（元）。

方法2：利用公式法：计算式为y=a+bx，则有5000=a+100b，7000=a+200b；联立方程解得：a=3000（元），b=20（元），可得出y=20x+3000。当业务量为180件时，修理费预算=180×20+3000=6600（元）。

【答案】A

真题点拨：利用第2章的成本性态分析的原理：固定成本总额不变，变动成本总额随业务量成正比例变动。

【真题16·单选题】某企业采用公式法编制制造费用预算，业务量为基准量的100%时，变动制造费用为3000万元，固定制造费用为1000万元，则预计业务量为基准量的120%时，制造费用预算为（　　）万元。（2020年卷Ⅰ）

A. 2600　　B. 4800　　C. 4600　　D. 3600

【解析】总制造费用=120%×3000+1000=4600（万元）。

【答案】C

【真题17·单选题】某公司按弹性预算法编制销售费用预算。已知预计业务量为5万小时，单位变动销售费用为1.5元/小时，固定销售费用总额为30万元，则按预计业务量的80%编制的销售费用预算总额为（　　）万元。（2020年卷Ⅲ）

A. 30　　B. 7.5　　C. 36　　D. 37.5

【解析】固定成本a=30万元，单位变动成本b=1.5元，所以销售费用预算总额=a+bx=30+1.5×5×80%=36（万元）。

【答案】C

【真题 18 · 单选题】某公司在编制成本费用预算时，利用成本性态模型（Y=a+bX），测算预算期内各种可能的业务量水平下的成本费用，这种预算编制方法是（　　）。（2018 年卷Ⅰ）

A. 零基预算法　　B. 固定预算法

C. 弹性预算法　　D. 滚动预算法

【解析】弹性预算法又称动态预算法，是指企业在分析业务量与预算项目之间数量依存关系的基础上，分别确定不同业务量及其相应预算项目所消耗资源的预算编制方法。而利用总成本性态模型（Y=a+bX）对应的是弹性预算法中的公式法。

【答案】C

【真题 19 · 判断题】编制弹性预算时，以手工操作为主的车间，可以选用人工工时作为业务量的计量单位。（　　）（2017 年卷Ⅰ）

【解析】对于手工操作的车间，人工工时是最能代表手工操作车间生产活动水平的业务量计量单位。

【答案】√

（三）定期预算法与滚动预算法

编制预算的方法按其预算期的时间特征不同，可分为定期预算法和滚动预算法两类。

1. 含义与特点

种类	含义	特点
定期预算法	以固定的会计期间（如日历年度）作为预算期的一种预算编制方法	优点：能够使预算期间与会计期间相对应，便于将实际数与预算数进行对比，有利于对预算执行情况进行分析和评价 缺点：缺乏长远打算，导致一些短期行为的出现
滚动预算法	企业根据上一期预算执行情况和新的预测结果，按既定的预算编制周期和滚动频率，对原有的预算方案进行调整和补充、逐期滚动、持续推进的预算编制方法	优点：通过持续滚动预算编制、逐期滚动管理，实现动态反映市场、建立跨期综合平衡，从而有效指导企业营运，强化预算的决策与控制职能 缺点： （1）预算滚动的频率越高，对预算沟通的要求越高，预算编制的工作量越大 （2）过高的滚动频率容易增加管理层的不稳定感，导致预算执行者无所适从

要点小贴士

预算期间保持一定的时期跨度，但与会计期间通常不一致。

经典题解

【例题 20 · 单选题】根据上期预算执行情况和新的预测结果，调整和补充原有预算方案的预算编制方法是（　　）。

A. 滚动预算法　　B. 弹性预算法

C. 零基预算法　　D. 定期预算法

【解析】本题考查的是滚动预算法的含义。

【答案】A

2. 滚动预算的分类

（1）按预算编制周期分类。

<table>
<tr><th>种类</th><th colspan="2">内容</th></tr>
<tr><td>中期滚动预算</td><td colspan="2">预算编制周期通常为3年或5年，以年度作为预算滚动频率</td></tr>
<tr><td rowspan="2">短期滚动预算</td><td>含义</td><td>通常以1年为预算编制周期，以月度、季度作为预算滚动频率</td></tr>
<tr><td>特点</td><td>短期滚动预算通常使预算期始终保持12个月，能使企业各级管理人员对未来始终保持整整12个月时间的考虑和规划，从而保证企业的经营管理工作能够稳定而有序地进行</td></tr>
</table>

（2）短期滚动预算的方式、含义及特点。

滚动方式	含义	特点
逐月滚动	是指在预算编制过程中，以月份为预算的编制和滚动单位，每个月调整一次预算的方法	编制的预算比较精确，但工作量比较大
逐季滚动	是指在预算编制过程中，以季度为预算的编制和滚动单位，每个季度调整一次预算的方法	比逐月滚动工作量小，但精确度较差
混合滚动	是指在预算编制过程中，同时以月份和季度作为预算的编制和滚动单位的方法	这种预算方法的理论依据：人们对未来的了解程度具有对近期的预计把握较大、对远期的预计把握较小的特征

经典题解

【例题21·单选题】在下列各项中，不属于短期滚动预算方法的滚动方式的是（　　）。

A. 逐年滚动方式

B. 逐季滚动方式

C. 逐月滚动方式

D. 混合滚动方式

【解析】采用短期滚动预算法编制预算，按照滚动的时间单位不同可分为逐月滚动、逐季滚动和混合滚动。

【答案】A

二、预算的编制程序★

企业一般按照分级编制、逐级汇总的方式，采用自上而下、自下而上、上下结合或多维度相协调的流程编制预算。

下达目标→编制上报→审查平衡→审议批准→下达执行

第三节 预算编制

使用“会计云课堂”App或“微信”扫码查看本节视频，快速GET知识点。

一、经营预算的编制★★★

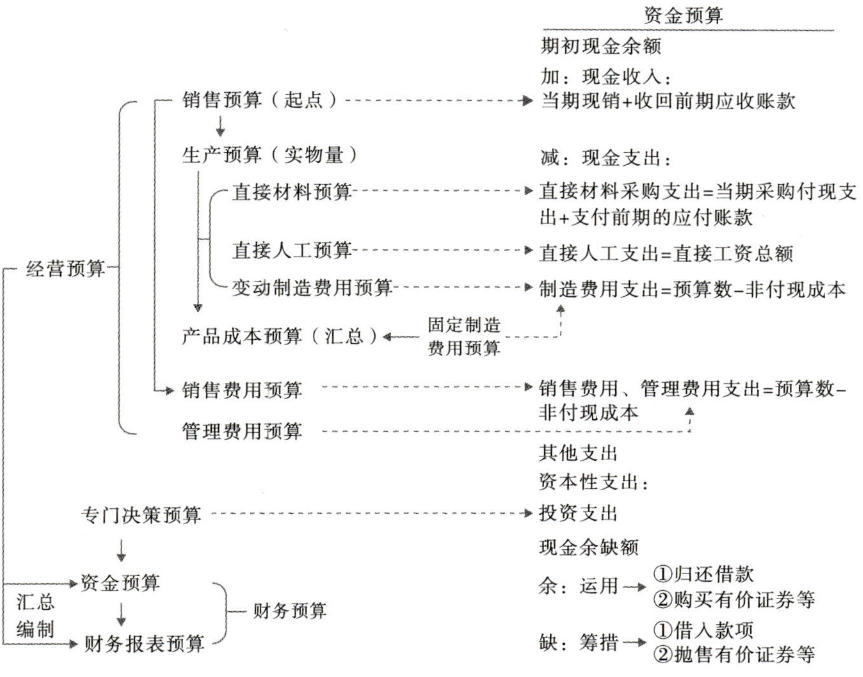

（一）销售预算

特点	销售预算是整个预算的编制起点
基本公式	销售收入＝预计销量 × 预计单价
提供资金预算的数据	预计现金收入＝当期销售收入 × 当期销售当期收现百分比＋前期销售收入 × 前期销售收入在本期收现百分比

要点小贴士

资金预算是按收付实现制为原则编制的，所以要根据收现政策确定销售现金收入。

经典题解

【真题22·单选题】某公司1月、2月、3月的预计销售额分别为20000元、25000元、22000元。每月销售额在当月收回30%，次月收回70%。预计3月末的应收账款余额为（　　）。（2021年卷Ⅱ）

A. 14100元　　B. 13500元　　C. 20100元　　D. 15400元

【解析】3月末的应收账款余额＝22000×70%＝15400（元）。

【答案】D

真题点拨

计算预计现金收入，既要考虑当期的现销收入，也要考虑收回前期的应收账款。

【真题 23 · 单选题】某企业各季度销售收入有 70% 于本季度收到现金，30% 于下季度收到现金。已知 2019 年年末应收账款余额为 600 万元，2020 年第一季度预计销售收入 1500 万元，则 2020 年第一季度预计现金收入为（　　）万元。（2020 年卷Ⅱ）

A. 1650　　B. 2100

C. 1050　　D. 1230

【解析】2020 年第一季度预计现金收入 =600+1500×70%=1650（万元）。

【答案】A

【真题 24 · 单选题】下列各项中，不属于销售预算编制内容的是（　　）。（2019 年卷Ⅰ）

A. 销售收入　　B. 单价

C. 销售费用　　D. 销售量

【解析】销售预算的主要内容是销量、单价和销售收入。

【答案】C

要点小贴士

生产预算是全面预算体系中唯一只有实物量没有价值量的预算，所以无法直接给资金预算提供现金支出的数据。

（二）生产预算

编制基础	以销售预算为基础编制，同时要考虑产成品存货水平
特点	经营预算中唯一只涉及实物量指标，不涉及价值量指标的预算
基本公式	预计生产量 = 预计销售量 + 预计期末产成品存货 − 预计期初产成品存货 预计期末产成品存货 = 下期销售量 × 期末存货占销售量的百分比 预计期初产成品存货 = 上期期末产成品存货

经典题解

【真题 25 · 单选题】某企业每季度预计期末产成品存货为下一季度预计销售量的 10%，已知第二季度预计销售量为 2000 件，第三季度预计销售量为 2200 件，则第二季度产成品预计产量为（　　）件。（2020 年卷Ⅱ）

A. 2020　　B. 2000　　C. 2200　　D. 2220

【解析】第二季度预计期初产成品存货 = 第一季度期末产成品存货 = 第二季度预计销售量 ×10%=2000×10%=200（件），第二季度预计期末产成品存货 = 第三季度预计销售量 ×10%=2200×10%=220（件），第二季度产成品预计产量 = 第二季度预计销售量 + 第二季度预计期末产成品存货 − 第二季度预计期初产成品存货 = 2000+220−200=2020（件）。

【答案】A

【真题 26 · 判断题】在预算编制过程中，企业销售预算一般应当在生产预算的基础上编制。（　　）（2020 年卷Ⅱ）

【解析】生产预算是为规划预算期生产规模而编制的一种经营预算，它是在销售预算的基础上编制的。

【答案】×

（三）直接材料预算

编制基础	以生产预算为基础编制，同时要考虑原材料存货水平
基本公式	预计材料采购量 = 生产需用量 + 期末存量 − 期初存量 生产需用量 = 预计生产量 × 单位产品材料耗用量 期末存量 = 下期生产需用量 × 留存百分比 期初存量 = 上期期末存量 预计采购金额 = 预计采购量 × 材料单价
提供资金预算的数据	预计材料采购现金支出 = 当期采购当期付现支出 + 前期采购本期付现支出

要点小贴士

存货增加量的确定可以按照通用公式来记忆。

通用公式："期初存量 + 本期增加 − 本期减少 = 期末存量"

即：本期增加 = 期末存量 + 本期减少 − 期初存量

（1）制造企业：

生产预算：产品生产量是本期增加，产品销售量是本期减少；

直接材料预算：材料采购量是本期增加，材料的生产需用量是本期减少。

（2）商业企业没有存货制造环节。存货增加就是采购量，存货减少就是销售量。

预计存货采购量 = 销售量 + 期末存量 − 期初存量。

要点小贴士

按收付实现制的原则为资金预算提供材料采购支出的数据。

经典题解

【真题 27 · 单选题】企业在编制直接材料预算时，一般不需要考虑的项目是（　　）。（2021 年卷 Ⅰ）

A. 预计期末存量　　　　B. 预计期初存量

C. 预计生产成本　　　　D. 预计生产量

【解析】预计材料采购量 = 生产需用量 + 期末存量 − 期初存量，生产需用量 = 预计生产量 × 单位产品材料耗用量，选项 A、B、D 与直接材料预算的编制有关。预计生产成本需要以直接材料预算的数据为依据，需要先编直接材料预算后预测产品生产成本，选项 C 错误。

【答案】C

【真题 28 · 单选题】某企业 2017 年度预计生产某产品 1000 件，单位产品耗用材料 15 千克，该材料期初存量为 1000 千克，预计期末存量为 3000 千克，则全年预计采购量为（　　）千克。（2017 年卷 Ⅰ）

A. 18000　　　　B. 16000

C. 15000　　　　D. 17000

【解析】生产需用量 = 预计生产量 × 单位产品材料耗用量 =1000×15=15000（千克），预计采购量 = 生产需用量 + 期末存量 − 期初存量 =15000+3000−1000=17000（千克）。

【答案】D

（四）直接人工预算

编制基础	以生产预算为基础编制
基本公式	预计生产量 × 单位产品工时 = 人工总工时 人工总工时 × 每小时人工成本 = 人工总成本
提供资金预算的数据	直接人工不需另外预计现金支出，可直接参加资金预算的汇总

（五）制造费用预算

名师点拨

考试注意区分变动制造费用预算和固定制造费用预算的编制基础。

编制基础	（1）变动制造费用预算以生产预算为基础编制 （2）固定制造费用，需要逐项进行预计，通常不是以生产预算为基础，与本期产量无关
提供资金预算的数据	现金支出的制造费用预算 = 制造费用预算 − 折旧费、摊销费等非付现成本

经典题解

【真题29·单选题】某公司2019年第四季度预算生产量为100万件，单位变动制造费用为3元/件，固定制造费用总额为10万元（含折旧费2万元），除折旧费外，其余均为付现费用。则2019年第四季度制造费用的现金支出预算为（　　）万元。（2019年卷Ⅰ）

A. 292　　　B. 308

C. 312　　　D. 288

【解析】折旧费用属于非付现成本，不引起当期现金的流出，所以在计算2019年第四季度制造费用的现金支出时要扣除2万元的折旧费用。2019年第四季度制造费用的现金支出 =（10−2）+100×3=308（万元）。

【答案】B

要点小贴士

由于是汇总预算，所以不再为资金预算提供现金支出的数据，否则会双重考虑支出。

（六）产品成本预算

编制基础	产品成本预算，是销售预算、生产预算、直接材料预算、直接人工预算、制造费用预算的汇总

经典题解

【真题30·多选题】在全面预算体系中，编制产品成本预算的依据有（　　）。（2019年卷Ⅰ）

A. 制造费用预算　　　B. 生产预算

C. 直接人工预算　　　D. 直接材料预算

【解析】产品成本预算，是销售预算、生产预算、直接材料预算、直接人工预算、制造费用预算的汇总。

【答案】ABCD

【真题31·判断题】在产品成本预算中，产品成本总预算金额是将直接材料、直接人工、制造费用以及销售与管理费用的预算金额汇总相加而得到的。（　　）（2016年）

【解析】产品成本预算，是销售预算、生产预算、直接材料预算、直接人工预算、制造费用预算的汇总。不考虑销售与管理费用预算。

【答案】×

（七）销售及管理费用预算

编制基础	（1）销售费用预算以销售预算为基础编制 （2）管理费用多属于固定成本，因此管理费用预算一般是以过去的实际开支为基础，按预算期的可预见变化来调整
提供资金预算的数据	现金支出的销售费用（管理费用）= 销售费用（管理费用）预算数 - 非付现的折旧费、摊销费

要点小贴士

非付现成本，不引起当期现金的流出，所以不影响资金预算。

经典题解

【真题 32·多选题】下列预算中，需要以生产预算为基础编制的有（ ）。（2018 年卷Ⅱ）

A. 直接人工预算　　B. 制造费用预算

C. 管理费用预算　　D. 销售费用预算

真题点拨

要处理好部分和总体的关系，变动制造费用是制造费用的构成内容，所以针对总体说，制造费用预算以生产预算为基础编制这句话没问题。但如果特指部分来说，说固定制造费用以生产预算为基础编制就不正确了。

【解析】销售费用预算，是指为了实现销售预算所需支付的费用预算。它以销售预算为基础，不以生产预算为基础编制；管理费用多属于固定成本，因此，一般是以过去的实际开支为基础，按预算期的可预见变化来调整，不以生产预算为基础编制。

【答案】AB

二、专门决策预算的编制★

含义	通常是指与项目投资决策相关的专门预算。主要指长期投资预算，又称资本支出预算
特点	它往往涉及长期建设项目的资金投放与筹集，并经常跨越多个年度
编制依据	（1）项目财务可行性分析资料 （2）企业筹资决策资料

相关链接

第 6 章会介绍项目投资决策的财务可行性评价。专门决策就是根据财务可行性评价选出的方案做的进一步规划，涉及投资、筹资的相关安排。

经典题解

【真题 33·单选题】下列各项中，属于专门决策预算的是（ ）。（2020 年卷Ⅲ）

A. 预计利润表　　B. 产品成本预算

C. 资本支出预算　　D. 预计资产负债表

【解析】专门决策预算直接反映相关决策的结果，是实际中已选方案的进一步规划。如资本支出预算。选项 A、D 属于财务预算，选项 B 属于经营预算。

【答案】C

【真题 34·判断题】经营预算是全面预算编制的起点，因此专门决策预算应当以经营预算为依据。（ ）（2017 年卷Ⅱ）

【解析】首先，销售预算是全面预算的编制起点。经营预算包括很多，不仅包括销售预算，也包括其他的一些预算，有些经营预算，如销售费用预算并不是预算的编制起点。其次，编制专门决策预算的依据，是项目财务可行性分析资料以及企业筹资决策资料。

【答案】×

三、财务预算的编制★★★

（一）资金预算

编制依据	经营预算和专门决策预算
内容	（1）可供使用现金 （2）现金支出 （3）现金余缺 （4）现金筹措与运用
关系公式	可供使用现金＝期初现金余额＋现金收入 可供使用现金－现金支出＝现金余缺 现金余缺＋现金筹措－现金运用＝期末现金余额

【易错易混点】

不直接涉及现金支出的经营预算	（1）生产预算 （2）产品成本预算
短期借款利息的确定	（1）若规定还款时支付利息：利息＝还款额×期利息率×借款期限 （2）若规定每期定期支付利息：利息＝（上期期末借款余额＋本期期初新借款额）×期利息率

要点小贴士

本期期末的借款或还款均不会影响本期利息。

经典题解

【真题35·单选题】某公司在编制资金预算时，期末现金余额要求不低于10000元，资金不足则向银行借款，借款金额要求为10000元的整数倍。若“现金余缺”为－55000元，则应向银行借款的金额为（　　）。（2021年卷Ⅰ）

A. 40000元　　B. 70000元　　C. 60000元　　D. 50000元

【解析】－55000+借款额≥10000，所以借款额≥65000（元），因为借款金额要求是10000元的整数倍，所以应向银行借款的金额为70000元。

【答案】B

【真题36·单选题】公司在编制资金预算时，“现金余缺”项目金额的计算不包括（　　）。（2021年卷Ⅲ）

A. 本期现金支出　　B. 本期可供使用现金

C. 期初现金余额　　D. 取得长期借款

【解析】现金余缺＝本期可供使用现金－本期现金支出＝期初现金余额＋本期现金收入－本期现金支出，所以选项A、B、C会影响“现金余缺”项目金额。而选项D影响期末现金余额，不影响“现金余缺”项目金额。

【答案】D

【真题37·多选题】企业编制预算时，下列各项中，属于资金预算编制依据的有（　　）。（2021年卷Ⅰ）

A. 制造费用预算　　B. 直接材料预算

C. 销售预算　　D. 专门决策预算

【解析】资金预算是以经营预算和专门决策预算为依据编制的。选项A、B、C属于经营预算且都涉及现金收支，因此四个选项都是资金预算的编制依据。

【答案】ABCD

【真题38·判断题】资金预算以经营预算和专门决策预算为依据编制。（　　）（2020年卷Ⅰ）

【解析】资金预算是以经营预算和专门决策预算为依据编制的。

【答案】√

【真题39·单选题】下列预算中，一般不作为资金预算编制依据的是（　　）。（2018年卷Ⅱ）

A. 管理费用预算　　B. 直接人工预算

C. 生产预算　　D. 直接材料预算

【解析】资金预算只涉及价值量指标，不涉及实物量指标，而生产预算只涉及实物量指标，不涉及价值量指标，因此生产预算一般不作为资金预算的编制依据。

【答案】C

> **真题点拨**
>
> 此处也是部分和总体的问题。生产预算是经营预算的构成内容，针对总体来说，经营预算是资金预算的编制依据；但如果特指部分来说，就要看是针对哪一个部分，经营预算中的生产预算和产品成本预算就不是资金预算的编制依据。

【真题40·多选题】编制资金预算时，如果现金余缺大于最佳现金持有量，则企业可采取的措施有（　　）。（2017年卷Ⅰ）

A. 销售短期有价证券

B. 偿还部分借款利息

C. 购入短期有价证券

D. 偿还部分借款本金

【解析】财务管理部门应根据现金余缺与理想期末现金余额的比较，并结合固定的利息支出数额以及其他因素，来确定预算期现金运用或筹措的数额。当现金余缺大于最佳现金持有量时，企业可以偿还部分借款的本金和利息，并购入短期有价证券。

【答案】BCD

【真题41·单选题】下列预算中，不直接涉及现金收支的是（　　）。（2016年）

A. 销售与管理费用预算

B. 销售预算

C. 产品成本预算

D. 直接材料预算

【解析】产品成本预算主要内容是产品的单位成本和总成本，不直接涉及现金收支。

【答案】C

要点小贴士

利润表预算是按照权责发生制来编制的。不需要按照收现政策去调整收入，也不需要扣除非付现成本。

（二）利润表预算的编制

含义	综合反映企业在计划期的预计经营成果
编制依据	各经营预算、专门决策预算和资金预算 【提示】注意预算编制的勾稽关系 （1）“销售收入”项目的数据来自销售预算 （2）“销售成本”项目的数据，来自产品成本预算 （3）“销售及管理费用”项目的数据来自销售及管理费用预算 （4）“利息”项目的数据来自资金预算 （5）“所得税费用”项目是在利润规划时估计的，并已列入资金预算。它通常不是根据“利润总额”和所得税税率计算出来的

经典题解

【真题42·多选题】在企业的全面预算体系中，下列项目属于预计利润表编制内容的有（　　）。（2021年卷Ⅱ）

A. 所得税费用　　B. 毛利

C. 未分配利润　　D. 利息

【解析】预计利润表编制内容包括销售收入、销售成本、毛利、销售及管理费用、利息、利润总额、所得税费用、净利润等，选项A、B、D正确。未分配利润在预计资产负债表中反映，选项C错误。

【答案】ABD

【真题43·单选题】制造业企业在编制利润表预算时，“销售成本”项目数据的来源是（　　）。（2019年卷Ⅱ）

A. 产品成本预算　　B. 生产预算

C. 销售预算　　D. 直接材料预算

【解析】在利润表预算的编制中，“销售成本”项目的数据来自产品成本预算。

【答案】A

（三）资产负债表预算的编制

含义	反映企业在计划期末预计的财务状况
编制依据	需以计划期开始日的资产负债表为基础，结合计划期间各项经营预算、专门决策预算、资金预算和预计利润表进行编制
特点	它是编制全面预算的终点

经典题解

真题点拨

资产负债表反映的是财务状况，利润表反映的是经营成果。

【真题44·单选题】关于资产负债表预算，下列表述正确的是（　　）。（2019年卷Ⅱ）

A. 资本支出预算的结果不会影响到资产负债表预算的编制

B. 编制资产负债表预算的目的在于了解企业预算期的经营成果

C. 利润表预算编制应当先于资产负债表预算编制而成

D. 资产负债表预算是资金预算编制的起点和基础

【解析】预计资产负债表的编制需以计划期开始日的资产负债表为基础，结合计划期间各项经营预算、专门决策预算（资本支出预算）、资金预算和预计利润表进行编制。选项 A 错误。编制预计资产负债表的目的，在于判断预算反映的财务状况的稳定性和流动性。选项 B 错误。预计资产负债表是编制全面预算的终点。选项 C 正确、选项 D 错误。

【答案】C

【真题 45 · 单选题】根据企业 2018 年的资金预算，第 1 季度～第 4 季度期初现金余额分别为 1 万元、2 万元、1.7 万元、1.5 万元，第 4 季度现金收入为 20 万元，现金支出为 19 万元，不考虑其他因素，则该企业 2018 年末的预计资产负债表中，货币资金年末数为（　　）万元。（2018 年卷Ⅱ）

真题点拨

注意编制预算时，时点指标不能汇总：年初是第 1 季度的季初，年末是第 4 季度的季末。

A. 2.7　　B. 7.2　　C. 4.2　　D. 2.5

【解析】货币资金年末余额 = 第 4 季度期末现金余额 = 第 4 季度期初现金余额 + 本期现金收入 − 本期现金支出 =1.5+20−19=2.5（万元）。

【答案】D

【真题 46 · 多选题】下列各项中，能够成为预计资产负债表中存货项目金额来源的有（　　）。（2017 年卷Ⅱ）

真题点拨

可以按照会计常识来判断，存货主要包括原材料、在产品和产成品三大块。

A. 销售费用预算　　B. 直接人工预算

C. 直接材料预算　　D. 产品成本预算

【解析】“存货”包括直接材料和产成品，影响这两项的预算是直接材料预算和产品成本预算，选项 C、D 正确。销售费用预算影响利润表中销售费用，不影响资产负债表中的项目，选项 A 错误。直接人工预算虽然会影响产品成本预算，但不属于资产负债表中存货项目金额来源，选项 B 错误。

【答案】CD

第四节　预算的执行与考核

使用“会计云课堂”App 或“微信”扫码查看本节视频，快速 GET 知识点。

预算的执行、分析与考核★★

预算的执行	预算控制	企业应将预算目标层层分解至各预算责任中心。预算分解应按各责任中心权、责、利相匹配的原则进行，既公平合理，又有利于企业实现预算目标

预算的执行	预算调整	年度预算经批准后，原则上不作调整。企业应在制度中严格明确预算调整的条件、主体、权限和程序等事宜，当内外战略环境发生重大变化或突发重大事件等，导致预算编制的基本假设发生重大变化时，可进行预算调整 对于预算执行单位提出的预算调整事项，企业进行决策时，一般应当遵循以下要求： （1）预算调整事项不能偏离企业发展战略 （2）预算调整方案应当在经济上能够实现最优化 （3）预算调整重点应当放在关键性差异方面（即：预算执行中出现的重要的、非正常的、不符合常规的差异方面）
预算的分析与考核		（1）企业应当建立预算分析制度，由预算管理委员会定期召开预算执行分析会议，全面掌握预算的执行情况，研究、解决预算执行中存在的问题，纠正预算的执行偏差 （2）预算考核主体和考核对象的界定应坚持上级考核下级、逐级考核、预算执行与预算考核职务相分离的原则

经典题解

【真题 47·多选题】在预算执行过程中，可能导致预算调整的情形有（　　）。（2016 年）

A. 主要产品市场需求大幅下降

B. 营改增导致公司税负大幅下降

C. 原材料价格大幅度上涨

D. 公司进行重点资产重组

【解析】年度预算经批准后，原则上不作调整。企业应在制度中严格明确预算调整的条件、主体、权限和程序等事宜，当内外战略环境发生重大变化或突发重大事件等，导致预算编制的基本假设发生重大变化时，可进行预算调整。

【答案】ABCD

本章小结

用“会计云课堂”App 扫码学习

您已成功完成“第三章”的学习，本章共 10 个考点，您都学会了吗？

为了让您对章节有更清晰的理解，加倍巩固。本书作者闫华红老师将通过**“视频导图课”**的方式，带您回顾重要考点。

名师点拨，视听结合，高效提分。

※ 欢迎您扫码，免费观看学习。

历年经典主观题回顾

使用“会计云课堂”App 或“微信”扫码快速做题、对答案、看解析、掌握解题思路，开启轻松过关之旅。

计算分析题

1. 甲公司是一家商品经销商，第一季度有关预算资料如下：

（1）第一季度各月预计销售量依次为 1000 件、1200 件、1500 件，预计销售单价为 100 元/件，每月销售额在当月收回 40%，次月收回 60%。

（2）每月末商品库存量预计为次月销售量的 30%，预计采购单价为 70 元/件，每月采购款在当月支付 80%，次月支付 20%。

（3）预计第一季度的现金余缺为 -15000 元，理想的期末现金余额为 4500 元，计划在本季度初利用长期借款筹措资金，借款金额要求是 10000 元的整数倍，年利率为 8%，在季度末支付利息。

要求：

（1）计算二月末预计应收账款余额。

（2）计算二月末预计存货余额与预计应付账款余额。

（3）计算第一季度长期借款金额与第一季度末预计货币资金余额。（2021 年卷Ⅲ）

2. 甲公司编制资金预算的相关资料如下：

资料一：甲公司预计 2018 年每季度的销售收入中，有 70% 在本季度收到现金，30% 在下一季度收到现金，不存在坏账。2017 年末应收账款余额为零。不考虑增值税及其他因素的影响。

资料二：甲公司 2018 年各季度的资金预算如下表所示：

甲公司 2018 年各季度资金预算

单位：万元

季度	一	二	三	四
期初现金余额	500	（B）	1088	1090
预计销售收入	2000	3000	4000	3500
现金收入	（A）	2700	（C）	3650
现金支出	1500	*	3650	1540
现金余缺	*	-700	*	（D）
向银行借款	*	*	*	*

续表

季度	一	二	三	四
归还银行借款及利息	*	*	*	*
期末现金余额	1000	*	*	*

注：表内“*”为省略的数值。

要求：

（1）计算2018年末预计应收账款余额。

（2）计算表中用字母代表的数值。（2018年卷Ⅰ）

3. 甲公司编制销售预算的相关资料如下：

资料一：甲公司预计每季度销售收入中，有70%在本季度收到现金，30%于下一季度收到现金，不存在坏账。2016年年末应收账款余额为6000万元。假设不考虑增值税及其影响。

资料二：甲公司2017年的销售预算如下表所示：

甲公司2017年销售预算

单位：万元

季度	一	二	三	四	全年
预计销售量（万件）	500	600	650	700	2450
预计单价（元/件）	30	30	30	30	30
预计销售收入	15000	18000	19500	21000	73500
预计现金收入					
上年应收账款	*				*
第一季度	*	*			*
第二季度		（B）	*		*
第三季度			*	（D）	*
第四季度				*	*
预计现金收入合计	（A）	17100	（C）	20550	*

注：表内的“*”为省略的数值。

要求：

（1）确定表格中字母所代表的数值（不需要列示计算过程）。

（2）计算2017年年末预计应收账款余额。（2017年卷Ⅰ）

4. 甲公司在2016年第4季度按照定期预算法编制2017年度的预算，部分资料如下：

资料一：2017年1~4月的预计销售额分别为600万元、1000万元、650万元和750万元。

资料二：公司的目标现金余额为50万元，经测算，2017年3月末预计“现金余缺”为30万元，公司计划采用短期借款的方式解决资金短缺。

资料三：预计 2017 年 1~3 月净利润为 90 万元，没有进行股利分配。

资料四：假设公司每月销售额于当月收回 20%，下月收回 70%，其余 10% 将于第三个月收回；公司当月原材料金额相当于次月全月销售额的 60%，购货款于次月一次付清；公司第 1、2 月份短期借款没有变化。

资料五：公司 2017 年 3 月 31 日的预计资产负债表（简表）如下表所示：

资产负债表（简表）

单位：万元

资产	年初余额	月末余额	负债与股东权益	年初余额	月末余额
现金	50	（A）	短期借款	612	（C）
应收账款	530	（B）	应付账款	360	（D）
存货	545	*	长期负债	450	*
固定资产净额	1836	*	股东权益	1539	（E）
资产总计	2961	*	负债与股东权益总计	2961	*

注：表内的“*”为省略的数值。

要求：确定表格中字母所代表的数值（不需要列示计算过程）。（2017 年卷Ⅱ）

5. 丁公司 2014 年年末的长期借款余额为 12000 万元，短期借款余额为零。该公司的最佳现金持有量为 500 万元，如果资金不足，可向银行借款。假设：银行要求借款的金额是 100 万元的整数倍，而偿还本金的金额是 10 万元的整数倍；新增借款发生在季度期初，偿还借款本金发生在季度期末，先偿还短期借款；借款利息按季度平均计提，并在季度期末偿还。丁公司编制了 2015 年分季度的资金预算，部分信息如下表所示：

丁公司 2015 年资金预算的部分信息

单位：万元

季度	一	二	三	四
现金余缺	-7500	（C）	×	-450
长期借款	6000	0	5000	0
短期借款	2600	0	0	（E）
偿还短期借款	0	1450	1150	0
偿还短期借款利息（年利率 8%）	52	（B）	（D）	×
偿还长期借款利息（年利率 12%）	540	540	×	690
期末现金余额	（A）	503	×	×

注：表中“×”表示省略的数据。

要求：确定上表中英文字母代表的数值（不需要列示计算过程）。（2015 年）

历年经典主观题参考答案及解析

使用“会计云课堂”App或“微信”扫码对答案、看解析、
掌握解题思路，开启轻松过关之旅。

计算分析题

1.【答案】

（1）二月末预计应收账款余额 =1200×100×60%=72000（元）

（2）二月末预计存货余额 =1500×30%×70=31500（元）

二月采购量 =1200+1500×30%−1200×30%=1290（件）

二月末预计应付账款余额 =1290×70×20%=18060（元）

（3）设长期借款金额为X元：

−15000+X−X×8%/4 ≥ 4500

解得：X ≥ 19897.96（元）

因为借款金额要求是10000元的整数倍，所以长期借款金额为20000元。

第一季度末预计货币资金余额 =−15000+20000−20000×8%/4=4600（元）。

2.【答案】

（1）2018年末预计应收账款余额 =3500×30%=1050（万元）

（2）A=2000×70%=1400（万元）

B=1000万元

C=4000×70%+3000×30%=3700（万元）

D=1090+3650−1540=3200（万元）。

3.【答案】

（1）A=16500；B=12600；C=19050；D=5850。

（2）2017年年末预计应收账款余额 =21000×30%=6300（万元）。

【解析】

A=15000×70%+6000=16500（万元）

B=18000×70%=12600（万元）

C=19500×70%+18000×30%=19050（万元）

D=19500×30%=5850（万元）。

4.【答案】

A=50；B=620；C=632；D=450；E=1629。

【解析】

（1）公司的目标现金余额为 50 万元，则 A=50 万元。

（2）B=3 月收入 ×（1–3 月份收现比例）+2 月收入 ×（1–2 月份收现比例 –3 月份收现比例）=650 ×（1–20%）+1000 ×（1–20%–70%）=620（万元）

【提示】

单位：万元

	1 月	2 月	3 月
销售收入	600	1000	650
1 月份销售收现	600 × 20%	600 × 70%	600 × 10%
2 月份销售收现		1000 × 20%	1000 × 70%
3 月份销售收现			650 × 20%

（3）3 月份新增短期借款 =50–30=20（万元），则 C=612+20=632（万元）。

（4）D=750 × 60%=450（万元）

（5）E=1539+90=1629（万元）。

5.【答案】

A=–7500+6000+2600–52–540=508（万元）

B=2600 × 8%/4=52（万元）

注意：本题已经说明了利息支付方式，所以不能默认为是利随本清，而是将所有短期借款利息分摊到各季度。由于 1450 万元是季度末归还的，第二季度还是归还原短期借款 2600 万元一个季度的利息，也就是与第一季度利息相同。

C–1450–52–540=503，得出：C=503+540+52+1450=2545（万元）

D=（2600–1450）× 8%/4=23（万元）（道理同 B 的计算一致，1150 万元是季度末归还的，所以第三季度还是要计算利息，即要计算本季度初短期借款“2600–1450”万元一个季度的利息）

–450+E–690–E × 8%/4 ≥ 500

得出 E ≥ 1673.47（万元）

银行要求借款的金额是 100 万元的整数倍，所以 E=1700（万元）。

同步强化练习题

使用“会计云课堂”App或“微信”扫码快速做题、对答案、
看解析、掌握解题思路，开启轻松过关之旅。

一、单项选择题

1. 下列有关预算的作用的表述中，不正确的是（　　）。
   A. 通过规划、控制和引导经济活动，使企业经营达到预期目标
   B. 是业绩考核的重要依据
   C. 可以核算实际成本的执行结果
   D. 可以实现企业内部各个部门之间的协调

2. 下列各项中，综合性较强的预算是（　　）。
   A. 销售预算
   B. 直接材料预算
   C. 资金预算
   D. 资本支出预算

3. 根据全面预算体系的分类，下列预算中，不属于经营预算的是（　　）。
   A. 销售预算　　B. 资金预算
   C. 直接材料预算　　D. 直接人工预算

4. 下列各项中，对企业预算管理工作负总责的组织是（　　）。
   A. 财务部
   B. 董事会
   C. 监事会
   D. 预算管理委员会

5. 甲公司机床维修费为半变动成本，机床运行100小时的维修费为250元，运行150小时的维修费为300元，机床运行时间为80小时，维修费为（　　）元。
   A. 220　　B. 230
   C. 250　　D. 200

6. 某企业制造费用中油料费用与机器工时密切相关，预计预算期固定油料费用为10000元，单位工时的变动油料费用为10元，预算期机器总工时为3000小时，则预算期油料费用预算总额为（　　）元。
   A. 10000　　B. 20000
   C. 30000　　D. 40000

7. 采用弹性预算法编制成本费用预算时，最适合选用实物数量作为业务量计量单位的是（　　）。
   A. 修理部门
   B. 自动化生产车间
   C. 以手工操作为主的车间
   D. 制造单一产品或零件的部门

8. 编制工作量较大，但可以不必经过计算即可找到与实际业务量相同或相近的预算成本的弹性预算编制方法是（　　）。
   A. 公式法
   B. 列表法
   C. 图示法
   D. 因素法

9. 能够同时以实物量指标和价值量指标分别反映企业经营收支和相关资金收支的

预算是（ ）。

A. 资金预算　B. 销售预算
C. 生产预算　D. 预计资产负债表

10. 下列预算编制方法中，可能导致无效费用开支无法得到有效控制的是（ ）。

A. 增量预算法　B. 弹性预算法
C. 滚动预算法　D. 零基预算法

11. 下列各项中，不属于增量预算法基本假定的是（ ）。

A. 以现有业务活动和各项活动的开支水平，确定预算期各项活动的预算数
B. 预算费用标准必须进行调整
C. 现有的各项开支都是合理的
D. 现有的业务活动是合理的

12. 下列预算编制方法中，不受历史期经济活动中的不合理因素影响，能够灵活应对内外环境的变化，预算编制更贴近预算期企业经济活动需要的方法是（ ）。

A. 滚动预算法　B. 零基预算法
C. 弹性预算法　D. 增量预算法

13. 下列各项费用预算项目中，最适宜采用零基预算编制方法的是（ ）。

A. 人工费　B. 培训费
C. 材料费　D. 折旧费

14. 随着预算执行不断补充预算，但始终保持一个固定预算期长度的预算编制方法是（ ）。

A. 滚动预算法　B. 弹性预算法
C. 零基预算法　D. 定期预算法

15. 在中期滚动预算法下通常（ ）。

A. 以年度作为预算滚动频率
B. 以季度作为预算滚动频率
C. 以月度作为预算滚动频率
D. 以季度和月度相结合作为预算滚动频率

16. 某企业每季度销售收入中，本季度收到60%的现金，下季度收现30%，另外的10%要到再下季度才能收回现金。若预算年度的第1~4季度销售收入分别为40000元、30000元、30000元和40000元，则预计资产负债表中年末“应收账款”项目金额为（ ）元。

A. 16000　B. 19000
C. 20000　D. 24000

17. 下列关于生产预算的表述中，错误的是（ ）。

A. 生产预算是一种经营预算
B. 生产预算中既有实物量指标，也有价值量指标
C. 生产预算以销售预算为基础编制
D. 生产预算是直接材料预算的编制依据

18. 某公司生产甲产品，一季度~四季度的预计销售量分别为1000件、800件、900件、850件，生产每件甲产品需要2千克A材料。公司的生产政策是每一季度末的产成品存货数量等于下一季度销售量的10%，每一季度末的材料存量等于下一季度生产需要量的20%。该公司二季度的预计材料采购量为（ ）千克。

A. 1600　B. 1620
C. 1654　D. 1668

19. 某公司编制下一年度的材料采购预算，每季度末材料存量按照下季度生产需用量的20%予以安排，预计第二季度和第三季度生产需用量分别为150吨和200吨，则第二季度的预计材料采购量为（ ）吨。

A. 140　B. 170
C. 190　D. 160

20. 某公司预计计划年度期初应付账款余额为200万元，1~3月份采购金额分别为500万元、600万元和800万元，

每月的采购款当月支付70%，次月支付30%。则预计一季度现金支出额是（　　）万元。

A. 2100　　B. 1900

C. 1860　　D. 1660

21. 下列各项中，没有直接在资金预算中得到反映的是（　　）。

A. 期初、期末现金余额

B. 现金筹措及运用

C. 预算期产量和销量

D. 预算期现金余缺

22. 预算管理应以业务为先导、以财务为协同，将预算管理嵌入企业经营管理活动的各个领域、层次、环节体现了预算管理的（　　）。

A. 过程控制原则　B. 融合性原则

C. 平衡管理原则　D. 战略导向原则

二、多项选择题

1. 下列关于财务预算的表述中，正确的有（　　）。

A. 财务预算多为长期预算

B. 财务预算又被称作总预算

C. 财务预算是全面预算体系的最后环节

D. 财务预算主要包括资金预算和预计财务报表

2. 下列关于全面预算的表述中，正确的有（　　）。

A. 全面预算包括经营预算、专门决策预算和财务预算三部分

B. 资本支出预算属于辅助预算

C. 财务预算和资本支出预算是经营预算的基础

D. 财务预算通常属于短期预算

3. 下列各项中，属于经营预算的有（　　）。

A. 资本支出预算　B. 生产预算

C. 管理费用预算　D. 资产负债表预算

4. 下列有关专门决策预算的表述正确的有（　　）。

A. 专门决策预算主要是长期投资预算，又称资本支出预算

B. 专门决策预算通常是指与项目投资决策相关的专门预算

C. 专门决策预算主要涉及长期建设项目的资金投放，不涉及资金的筹集

D. 专门决策预算属于短期预算

5. 下列有关预算工作组织的表述正确的有（　　）。

A. 预算管理委员会审批公司预算管理制度、政策

B. 财务管理部门负责企业预算的跟踪管理，监督预算的执行情况

C. 财务管理部门是企业预算的基本单位

D. 财务管理部门对各部门预算执行结果承担责任

6. 用列表法编制的弹性预算，主要特点有（　　）。

A. 不管实际业务量多少，不必经过计算即可找到与实际业务量相近的预算成本

B. 混合成本中的阶梯成本和曲线成本，可按总成本性态模型直接在预算中反映

C. 评价和考核实际成本时，往往需要使用插值法计算“实际业务量的预算成本”

D. 不以成本性态分析为前提

7. 运用公式法“y=a+bx”编制弹性预算，字母x所代表的业务量可能有（　　）。

A. 生产量　　B. 销售量

C. 库存量　　D. 材料消耗量

8. 相对于固定预算法而言，弹性预算法的优点有（　　）。

A. 弹性预算法的合理性不受市场变动趋势预测的准确性影响

B. 预算编制工作量小

C. 考虑了预算期可能的不同业务量水平
D. 更贴近企业经营管理实际情况

9. 下列有关零基预算法的表述中，正确的有(　　)。
A. 编制时不考虑历史期经济活动及其预算情况
B. 有助于增加预算编制透明度，有利于进行预算控制
C. 预算编制工作量较大、成本较高
D. 预算编制的准确性不受企业管理水平和相关数据标准准确性的影响

10. 下列各项中，属于短期滚动预算法优点的有(　　)。
A. 能使企业各级管理人员对未来始终保持整整12个月时间的考虑和规划
B. 保证企业的经营管理工作能够稳定而有序地进行
C. 能使预算期间与会计期间相对应
D. 便于将实际数与预算数进行对比

11. 下列有关预算编制方法的表述中，正确的有(　　)。
A. 以预算期内正常的、最可实现的某一业务量水平为固定基础，不考虑可能发生的变动的预算编制方法称为静态预算法
B. 弹性预算的编制方法会使预算期与会计期间相脱节
C. 可以保持预算的持续性，并能克服传统定期预算法缺点的预算方法是滚动预算法
D. 采用滚动预算法编制预算，短期滚动预算可以逐月滚动、逐季滚动或混合滚动，中期滚动预算是逐年滚动

12. 下列各项中，能在销售预算中找到的内容有(　　)。
A. 销售单价　　B. 生产数量
C. 销售数量　　D. 回收应收账款

13. 与生产预算有直接联系的预算有(　　)。
A. 直接材料预算
B. 变动制造费用预算
C. 固定制造费用预算
D. 管理费用预算

14. 在编制资金预算的过程中，可作为其编制依据的有(　　)。
A. 经营预算
B. 预计利润表
C. 预计资产负债表
D. 专门决策预算

15. 在编制资金预算时，计算某期现金余缺必须考虑的因素有(　　)。
A. 期初现金余额
B. 期末现金余额
C. 当期现金支出
D. 当期现金收入

16. 下列预算中，能够既反映经营业务又反映现金收支内容的有(　　)。
A. 销售预算　　B. 生产预算
C. 直接材料预算　　D. 制造费用预算

17. 下列各项预算中，与编制利润表预算直接相关的有(　　)。
A. 销售预算
B. 生产预算
C. 产品成本预算
D. 销售及管理费用预算

18. 在财务预算中，专门用来反映企业未来一定预算期内预计财务状况或经营成果的预算有(　　)。
A. 资金预算
B. 资产负债表预算
C. 销售预算
D. 利润表预算

19. 下列属于编制利润表预算的依据有(　　)。

A. 资金预算
B. 专门决策预算
C. 经营预算
D. 资产负债表预算

20. 编制资产负债表预算时，下列预算中，能够直接为“存货”项目年末余额提供数据来源的有（　　）。
A. 销售预算
B. 产品成本预算
C. 直接材料预算
D. 生产预算

21. 预算考核主体和考核对象的界定应坚持的原则有（　　）。
A. 上级考核下级的原则
B. 逐级考核的原则
C. 预算执行与预算考核职务相统一的原则
D. 下级和上级互相考核的原则

三、判断题

1. 一般将经营预算、专门决策预算和财务预算组成的预算体系称为总预算。（　　）

2. 各项预算中，构成全面预算体系最后环节的是财务预算。（　　）

3. 我国《公司法》规定：公司的年度财务预算方案、决算方案由公司董事会制订，经股东会审议批准后方可执行。（　　）

4. 某自动化生产车间采用弹性预算法编制成本费用预算时，适合用机器工时作为业务量的计量单位。（　　）

5. 甲公司在利用弹性预算法编制制造费用预算时，若将原来采用的公式法改为列表法，会导致其编制预算的工作量加大。（　　）

6. 甲公司在利用弹性预算法编制制造费用预算时，在应用公式法编制预算时，一旦发现当业务量变动超出适用范围时，就应及时修正、更新弹性定额，或改为列表法编制，这样保证其预算结果的合理性。（　　）

7. 增量预算法适用于企业各项预算的编制，特别是不经常发生的预算项目或预算编制基础变化较大的预算项目。（　　）

8. 以历史期实际经济活动及其预算为基础，结合预算期经济活动及相关影响因素的变动情况编制预算的方法是零基预算法。（　　）

9. 零基预算法是为克服固定预算法的缺点而设计的一种预算方法。（　　）

10. 在滚动预算法下，预算滚动的频率越高，编制的工作量越大，但却越有利于预算执行者的预算沟通和执行预算。（　　）

11. 一般情况下，专门决策预算的数据要纳入经营预算和资金预算。（　　）

12. 企业编制资金预算和预计资产负债表时，也需要利用专门决策预算提供的数据，专门决策预算主要反映项目投资与筹资计划。（　　）

13. 利润表预算中“所得税费用”项目的数据，通常是根据利润表预算中的“利润总额”项目金额和本企业适用的法定所得税税率计算出来的。（　　）

14. 在财务预算的编制过程中，编制财务报表预算的正确程序：先编制资产负债表预算，然后再编制利润表预算。（　　）

15. 企业年度预算经批准后，原则上不作调整。当内外战略环境发生重大变化或突发重大事件等，导致预算编制的基本假设发生重大变化时，可进行预算调整。（　　）

16. 企业财务管理部门应当利用财务报表监

控预算执行情况，及时提供财务预算执行进度、执行差异信息。（ ）

17. 权变性原则是指预算管理要避免预算对经营管理的刚性约束，应根据内外经营环境的变化及时调整预算。（ ）

18. 预算管理的机构设置、职责权限和工作程序应与企业的组织架构和管理体制互相协调。（ ）

19. 企业一般按照分级编制、逐级汇总的方式，采用自下而上的流程编制预算。（ ）

20. 假设企业年初没有借款，若第一季度现金余缺为 -80 万元，企业要求的最低现金余额为 50 万元，现金不足时可向银行申请贷款，贷款年利率为 8%，每季度末付息，则第一季度应申请的贷款额为 130 万元。（ ）

四、计算分析题

1. A 公司下设两个分厂，两家分厂 2022 年 3 月制造费用预算的明细项目如下：

资料一：甲分厂的相关资料如下：

（1）间接人工：基本工资为 3000 元，另加每工时的津贴 0.10 元；

（2）物料费：每工时负担 0.15 元；

（3）折旧费：5000 元；

（4）维护费：当生产能量在 3000~6000 工时的相关范围内，基数为 2000 元，另加每工时应负担 0.08 元；

（5）水电费：基数为 1000 元，另加每工时应负担 0.20 元。

资料二：乙分厂的制造费用中，运输费用、电力费用和物料费用为变动成本，修理费和油料费为混合成本，折旧费用和人工费用为固定成本，相关预算资料如下：

单位：元

业务量（工时）	运输费用	电力费用	物料费用	修理费用	油料费用	折旧费用	人工费用	合计
4000	800	6000	1400	6528	2592	3600	1200	22120
5000	1000	7500	1750	7140	2736	3600	1200	24926

已知乙分厂本月发生实际工时为 4300 工时，实际发生制造费用 22500 元。

要求：

（1）根据资料一，为甲分厂在生产能量为 3000~6000 工时的相关范围内，利用列表法编制一套能适应多种业务量的制造费用弹性预算（间隔为 1000 工时）。

（2）根据资料二计算：

①乙分厂运输费用预算工时分配率、电力费用预算工时分配率和物料费用预算工时分配率。

② 4300 工时下的预计修理费用、预计油料费用和预计总制造费用，并评价乙分厂制造费用的控制业绩。

2. A 公司 2022 年度的简略销售情况如下表所示，若销售当季度收回货款 60%，次季度收款 35%，第三个季度收款 5%，预算年度期初应收账款金额为 22000 元，其中包括上年第三季度销售的应收账款 4000 元，第四季度销售的应收账款 18000 元。假设不考虑增值税及其影响。

要求：

（1）根据上述资料编制 A 公司 2022 年度销售预算表。

A 公司 2022 年度销售预算表

单位：元

项目	一季度	二季度	三季度	四季度	全年
预计销售量（件）	2500	3750	4500	3000	13750
销售单价（元 / 件）	20	20	20	20	20
预计销售收入					
年初应收账款收现					
一季度销售收现					
二季度销售收现					
三季度销售收现					
四季度销售收现					
现金收入合计					

（2）计算企业 2022 年年末应收账款数额。

3. 资料一：A 公司根据销售预测，对某产品 2022 年度的销售量作如下预计：第一季度为 5000 件，第二季度为 6000 件，第三季度为 8000 件，第四季度为 7000 件。若每个季度的产成品期末结存量为下一季度预计销售量的 10%，年初产成品结存量为 750 件，年末结存量为 600 件，单位产品材料消耗定额为 2 千克 / 件，单位产品工时定额为 5 小时 / 件，单位工时的工资额为 0.6 元。

资料二：若 A 公司每季度材料的期末结存量为下一季度预计生产需用量的 10%，年初结存量为 900 千克，年末结存量为 1000 千克，计划单价为 10 元 / 千克。材料款当季付 70%，下季度付 30%，期初应付账款为 40000 元。

要求：

（1）根据资料一，编制 A 公司 2022 年度的生产预算和直接人工预算。

A 公司 2022 年度生产预算

单位：件

项目	一季度	二季度	三季度	四季度	全年
预计销售量					
加：预计期末产成品存货					
合计					
减：预计期初产成品存货					
预计生产量					

A 公司 2022 年度直接人工预算

项目	一季度	二季度	三季度	四季度	全年
预计生产量（件）					
单位产品工时（小时 / 件）					
人工总工时（小时）					
每小时人工成本（元 / 小时）					
预计直接人工成本（元）					

（2）根据资料一和资料二，编制 A 公司 2022 年度直接材料预算。

A 公司 2022 年度直接材料预算

项目	一季度	二季度	三季度	四季度	全年
预计生产量（件）					
材料定额单耗（千克 / 件）					
预计生产需用量（千克）					
加：预计期末结存量（千克）					
减：预计期初结存量（千克）					
预计材料采购量（千克）					
材料计划单价（元 / 千克）					
预计购料金额					
预计现金支出：					
应付账款年初余额					
一季度购料付现					
二季度购料付现					
三季度购料付现					
四季度购料付现					
现金支出合计					

4. 某企业 2022 年资金预算（简表）如下表所示。假定企业期初有短期借款500万元，企业的最低现金余额为 1000 万元，企业发生现金余缺均由归还或取得短期借款解决，短期借款年利息率为 6%，借款在期初，还款在期末，借款还款均为 100 万元的整数倍，借款利息每季度末支付。除表中所列项目外，企业没有有价证券，也没有发生其他现金收支业务。

要求：根据所列资料，确定表中用字母表示的数值（不需要列示计算过程）。

某企业2022年资金预算（简表）

单位：万元

项目	一季度	二季度	三季度	四季度
期初现金余额	1000	*	1076	H
经营现金收入	31000	33500	37600	37000
经营现金支出	30000	35000	37000	40000
现金余缺	*	-7.5	E	*
取得短期借款		C		*
归还短期借款	500		G	
支付借款利息	A	D	F	*
期末现金余额	B	*	*	*

注：表中的“*”表示省略的数值。

5. C公司现着手编制2022年第4季度的现金收支计划。预计2022年10月月初现金余额为100万元，2022年相关资料如下：

资料一：预计每个季度实现的销售收入均为赊销，其中50%在本季度内收到现金，30%要到下一季度收讫，20%在再下一季度收讫，假定不考虑坏账因素。2022年有关销售收入的数据如下表所示：

单位：万元

项目	一季度	二季度	三季度	四季度（预计）
销售收入	80000	100000	120000	80000

资料二：预计每个季度所需要的直接材料均以赊购方式采购，其中50%于本季度内支付现金，剩余50%需要到下个季度付讫。部分与直接材料采购有关的数据如下表所示：

单位：万元

项目	一季度	二季度	三季度	四季度（预计）
材料采购成本	70000	70000	75000	78000

资料三：第四季度内以现金支付工资5000万元；本季度制造费用等间接费用付现13000万元；其他经营性现金支出12000万元；购买设备支付现金800万元。

资料四：企业现金不足时，可向银行申请1年期的短期借款，借款年利率为10%，季初借款，到期还款，每季度末支付一次利息。假设企业目前没有借款，借款是1万元的整数倍，要求年末现金余额不低于100万元。

要求：

（1）根据资料一，计算第四季度经营现

金收入合计；
（2）根据资料二，计算第四季度材料采购现金支出合计；
（3）根据资料一和资料二，计算预算年度应收账款和应付账款的年末余额；
（4）根据资料一、资料二、资料三和资料四，确定第四季度现金余缺额及第四季度的借款额。

五、综合题

1. 某公司甲车间采用滚动预算方法编制制造费用预算。已知 2022 年分季度的制造费用预算如下（其中间接材料费用忽略不计）。

2022 年全年制造费用预算

单位：元

项目	2022 年度				合计
	第一季度	第二季度	第三季度	第四季度	
直接人工预算总工时（小时）	11400	12060	12360	12600	48420
变动制造费用：					
间接人工费用	50160	53064	54384	55440	213048
水电与维修费用	41040	43416	44496	45360	174312
小计	91200	96480	98880	100800	387360
固定制造费用：					
设备租金	38600	38600	38600	38600	154400
管理人员工资	17400	17400	17400	17400	69600
小计	56000	56000	56000	56000	224000
制造费用合计	147200	152480	154880	156800	611360

2022 年 3 月 31 日公司在编制 2022 年第二季度 ~2023 年第一季度滚动预算时，发现未来的四个季度中将出现以下情况：
（1）间接人工费用预算工时分配率将上涨 50%。
（2）原设备租赁合同到期，公司新签订的租赁合同中设备年租金将降低 20%。
（3）预计直接人工总工时见“2022 年第二季度 ~2023 年第一季度制造费用预算”表。假定水电与维修费用预算工时分配率等其他条件不变。

要求：
（1）以直接人工工时为分配标准，计算下一滚动期间的如下指标：
①间接人工费用预算工时分配率；
②水电与维修费用预算工时分配率。
（2）根据有关资料计算下一滚动期间的如下指标：
①间接人工费用总预算额；
②每季度设备租金预算额。
（3）计算填列下表中用字母表示的项目（可不写计算过程）。

2022 年第二季度 ~2023 年第一季度制造费用预算

单位：元

项目	2022 年度			2023 年度	合计
	第二季度	第三季度	第四季度	第一季度	
直接人工预算总工时（小时）	12100	（略）	（略）	11720	48420
变动制造费用：					
间接人工费用	A	（略）	（略）	B	（略）
水电与维修费用	C	（略）	（略）	D	（略）
小计	（略）	（略）	（略）	（略）	493884
固定制造费用：					
设备租金	E	（略）	（略）	（略）	（略）
管理人员工资	F	（略）	（略）	（略）	（略）
小计	（略）	（略）	（略）	（略）	（略）
制造费用合计	171700	（略）	（略）	（略）	687004

2. 甲公司每年都要在 12 月份编制下一年度的分季度资金预算。有关资料如下：

（1）该公司只生产一种产品。由于原料采购的季节性，只在第二季度进行生产，而销售全年都会发生。

（2）每季度的销售收入预计如下：第一季度 750 万元，第二季度 1800 万元，第三季度 750 万元，第四季度 750 万元。

（3）所有销售均为赊销。应收账款期初余额为 250 万元，预计可以在第一季度收回。每个季度的销售有 2/3 在本季度内收到现金，另外 1/3 于下一个季度收回。

（4）采购产品原料预计支出 912 万元，第一季度需要支付 50%，第二季度支付剩余的款项。

（5）直接人工费用预计发生 880 万元，于第二季度支付。

（6）付现的制造费用第二季度发生 850 万元，其他季度均发生 150 万元。付现制造费用均在发生的季度支付。

（7）每季度发生并支付销售及管理费用 100 万元。

（8）全年预计所得税 160 万元，分 4 个季度预交，每季度支付 40 万元。

（9）公司计划在下半年安装一条新的生产线，第三季度、第四季度各支付设备款 200 万元。

（10）期初现金余额为 15 万元，没有银行借款和其他负债。公司需要保留的最低现金余额为 10 万元。现金不足最低现金余额时需向银行借款，超过最低现金余额时需偿还借款，借款和还款数额均为 5 万元的整数倍。借款年利率为 8%，每季度支付一次利息，计算借款利息时，假定借款均在季度初发生，还款均在季度末发生。

要求：请根据上述资料，为甲公司编制资金预算。编制结果填入下方给定的表格中，不必列出计算过程。

资金预算

单位：万元

季度	一	二	三	四	合计
期初现金余额					
现金收入：					
本期销售本期收款					
上期销售本期收款					
现金收入合计					
现金支出：					
直接材料					
直接人工					
制造费用					
销售及管理费用					
所得税费用					
购买设备支出					
现金支出合计					
现金余缺					
向银行借款					
归还银行借款					
支付借款利息					
期末现金余额					

同步强化练习题参考答案及解析

使用“会计云课堂”App或“微信”扫码对答案、看解析、掌握解题思路，开启轻松过关之旅。

一、单项选择题

1.【答案】C

【解析】预算作为一种数量化的详细计划，它是对未来活动的细致、周密安排，是未来经营活动的依据，不是用来核算实际的执行结果。

2.【答案】C

【解析】资金预算属于财务预算，财务预算也称为总预算，综合性较强，因此本题的正确答案为选项C。选项A、B属于经营预算，选项D属于专门决策预算。

3.【答案】B

【解析】选项B属于财务预算，财务预算包括资金预算、预计利润表和预计资产负债表等内容。

4.【答案】B

【解析】企业董事会或类似机构应当对企业预算的管理工作负总责。

5.【答案】B

【解析】方法1：本题可以利用内插法求解。(80−100)/(150−100)=(x−250)/(300−250)，解得：x=230（元）。

方法2：公式法计算式为y=a+bx，则有250=a+b×100，300=a+b×150；联立方程解得，a=150（元），b=1（元/小时），则运行80小时的维修费=150+1×80=230（元）。

6.【答案】D

【解析】预算期油料费用预算总额=10000+3000×10=40000（元）。

7.【答案】D

【解析】修理部门可以选用直接修理工时，选项A错误；自动化生产车间应采用机器工时，选项B错误；以手工操作为主的车间，应选用人工工时，选项C错误。

8.【答案】B

【解析】公式法与列表法相比编制工作量小，公式法需要利用公式计算出实际业务量的成本，不直观，选项A错误。列表法的优点是不必经过计算即可找到与实际业务量相近的预算成本，选项B正确。选项C、D不属于弹性预算的编制方法。

9.【答案】B

【解析】销售预算中既有价值量指标又有实物量指标，所反映的销售量属于实物量指标，而销售收入及相关现金收入属于价值量指标。生产预算是经营预算中唯一仅以实物量指标反映的预算。资金预算和预计资产负债表属于财务预算，仅包含价值量指标。

10.【答案】A

【解析】本题的考点是增量预算编制方法的缺点。

11.【答案】B

【解析】增量预算法，是指以历史期实际经济活动及其预算为基础，结合预算期经济活动及相关影响因素的变动情况，通过调整历史期经济活动项目及金额形成预算的预算编制方法。它的编制遵循如下假定：第一，企业现有业务活动是合理的，不需要进行调整。第二，企业现有各项业务的开支水平是合理的，在预算期予以保持。第三，以现有业务活动和各项活动的开支水平，确定预算期各项活动的预算数。

12.【答案】B

【解析】零基预算法，是指企业不以历史期经济活动及其预算为基础，以零为起点，从实际需要出发分析预算期经济活动的合理性，经综合平衡，形成预算的预算编制方法。零基预算法的优点表现在：一是以零为起点编制预算，不受历史期经济活动中的不合理因素影响，能够灵活应对内外环境的变化，预算编制更贴近预算期企业经济活动需要；二是有助于增加预算编制透明度，有利于进行预算控制。因此选项 B 正确。

13.【答案】B

【解析】企业的人工费、材料费和折旧费都需要考虑以前年度的金额，只有培训费属于不经常发生或编制基础变化较大的项目，因此适合采用零基预算方法，因此选项 B 正确。

14.【答案】A

【解析】滚动预算法是指企业根据上一期预算执行情况和新的预测结果，按既定的预算编制周期和滚动频率，对原有的预算方案进行调整和补充、逐期滚动、持续推进的预算编制方法。

15.【答案】A

【解析】中期滚动预算的预算编制周期通常为 3 年或 5 年，以年度作为预算滚动频率。短期滚动预算通常以 1 年为预算编制周期，以月度、季度作为预算滚动频率。

16.【答案】B

【解析】第 4 季度销售收入中有 16000（40000×40%）元在预算年度末未收回，第 3 季度销售收入中有 3000（30000×10%）元在预算年度末未收回，则年末应收账款金额 =16000+3000=19000（元），填入预计资产负债表“应收账款”项目中。

17.【答案】B

【解析】编制生产预算时，只涉及实物量指标，不涉及价值量指标，选项 B 的说法错误。

18.【答案】C

【解析】

生产预算

单位：件

项目	一季度	二季度	三季度	四季度
预计销售量	1000	800	900	850
加：预计期末产成品存货数量（下一季度销售量的 10%）	80	90	85	—
减：预计期初产成品存货数量（上期期末）	—	80	90	85
预计生产量	—	810	895	—

直接材料预算

单位：千克

项目	一季度	二季度	三季度	四季度
预计生产需要量	—	810×2=1620	895×2=1790	—
加：预计期末材料存量（下一季度生产需要量的20%）	324	358	—	—
减：预计期初材料存量（上期期末）	—	324	358	—
预计材料采购量	—	1654	—	—

19.【答案】D

【解析】第二季度的预计材料采购量=150+200×20%-150×20%=160（吨）。

20.【答案】C

【解析】预计一季度现金支出额=200+500+600+800×70%=1860（万元）。

21.【答案】C

【解析】资金预算体现的是价值量指标，不反映预算期产量和销量。

22.【答案】B

【解析】过程控制原则是指预算管理应通过及时监控、分析等把握预算目标的实现进度并实施有效评价，对企业经营决策提供有效支撑，选项A错误；平衡管理原则是指预算管理应平衡长期目标与短期目标、整体利益与局部利益、收入与支出、结果与动因等关系，促进企业可持续发展，选项C错误；战略导向原则是指预算管理应围绕企业的战略目标和业务计划有序开展，引导各预算责任主体聚焦战略、专注执行、达成绩效，选项D错误。

二、多项选择题

1.【答案】BCD

【解析】一般情况下，企业的经营预算和财务预算多为1年期的短期预算，因此选项A错误；财务预算主要包括资金预算和预计财务报表，它是全面预算体系的最后环节，从价值方面总括地反映企业经营预算和专门决策预算的结果，亦将其称为总预算，因此选项B、C、D正确。

2.【答案】ABD

【解析】财务预算的各项指标依赖于经营预算和专门决策预算，因此，选项C不正确。

3.【答案】BC

【解析】选项A属于专门决策预算，选项D属于财务预算。

4.【答案】AB

【解析】专门决策预算往往涉及长期建设项目的资金投放与筹集，并经常跨越多个年度，属于长期预算，选项C、D错误。

5.【答案】AB

【解析】企业所属基层单位是企业预算的基本单位，选项C错误；各职能部门的主要负责人对本部门预算执行结果承担责任，选项D错误。

6.【答案】ABC

【解析】弹性预算法的编制应以成本性态分析为前提，无论是公式法还是列表法，都应以成本性态分析为前提，选项D错误。

7.【答案】ABD

【解析】公式法编制弹性预算依据的业务量可能是生产量、销售量、机器工时、材料消耗量和直接人工工时等。

8.【答案】CD

【解析】市场及其变动趋势预测的准确性会对弹性预算法的合理性产生影响，选项 A 错误；相比固定预算法，弹性预算法编制工作量大，选项 B 错误。

9.【答案】ABC

【解析】企业管理水平和相关数据标准的准确性会影响零基预算法编制的准确性，选项 D 错误。

10.【答案】AB

【解析】短期滚动预算通常以 1 年为预算编制周期，以月度、季度作为预算滚动频率。短期滚动预算通常使预算期始终保持 12 个月，每过 1 个月或 1 个季度，立即在期末增列 1 个月或 1 个季度的预算，逐期往后滚动，因而在任何一个时期都使预算保持为 12 个月的时间长度。这种预算能使企业各级管理人员对未来始终保持整整 12 个月时间的考虑和规划，从而保证企业的经营管理工作能够稳定而有序地进行。因此选项 A、B 的表述正确；选项 C、D 属于定期预算法的优点。

11.【答案】ACD

【解析】固定预算法又称静态预算法，是指以预算期内正常的、最可实现的某一业务量水平为固定基础，不考虑可能发生的变动的预算编制方法，选项 A 正确；滚动预算编制方法会使预算期与会计期间相脱节，选项 B 错误；与传统的定期预算法相比，按滚动预算法编制的预算具有持续性好的优点，选项 C 正确；短期滚动预算按照滚动的时间单位不同可分为逐月滚动、逐季滚动和混合滚动，中期滚动预算的滚动频率是年，选项 D 正确。

12.【答案】ACD

【解析】销售预算在编制过程中，应根据年度内各期市场预测或销货合同并结合企业生产能力确定的销售量和通过价格决策确定的单价，进而确定预计销售收入；并根据各期现销收入与收回前期的应收账款反映现金收入额，以便为编制资金预算提供资料。

13.【答案】AB

【解析】直接材料预算和变动制造费用预算是直接根据生产预算编制的，而固定制造费用预算和管理费用预算多为固定成本，与生产预算没有直接联系。

14.【答案】AD

【解析】资金预算是以经营预算和专门决策预算为基础编制的。

15.【答案】ACD

【解析】某期现金余缺 = 当期可供使用现金 - 当期现金支出，而当期可供使用现金 = 期初现金余额 + 当期现金收入，即现金余缺 = 期初现金余额 + 当期现金收入 - 当期现金支出，而选项 B 期末现金余额则是在计算确定现金余缺的基础上进一步运用或筹集现金后的结果，因此本题的答案是选项 A、C、D。

16.【答案】ACD

【解析】选项 B 只能反映经营业务，因其只有实物量指标。而选项 A、C、D 既能够反映经营业务，又能反映现金收支内容，以便为编制资金预算提供信息。

17.【答案】ACD

【解析】选项 A 属于利润表预算中“销

售收入”项目的数据来源；选项C属于利润表预算中“销售成本”项目的数据来源；选项D属于“销售及管理费用”项目的数据来源。因此，选项A、C、D是正确的。生产预算只涉及实物量指标，不涉及价值量指标，因此生产预算与利润表预算的编制不直接相关。

18.【答案】BD

【解析】本题的选项A、B、D都属于财务预算的内容，资金预算用来反映预算期内预计现金收支，以及为满足理想现金余额而进行筹资或归还借款等的预算，资产负债表预算用来反映企业在计划期末预计的财务状况，利润表预算用来综合反映企业在计划期的预计经营成果。销售预算属于经营预算，不属于财务预算。因此，本题应选择选项B、D。

19.【答案】ABC

【解析】编制利润表预算的依据是各经营预算、专门决策预算和资金预算。要先编制利润表预算，再编制资产负债表预算，因此选项D不属于利润表预算的编制依据。

20.【答案】BC

【解析】销售预算影响利润表，并不会直接影响资产负债表的“存货”项目，选项A错误；生产预算只涉及实物量指标，不涉及价值量指标，所以不能直接为“存货”项目年末余额提供数据来源，选项D错误。

21.【答案】AB

【解析】预算考核主体和考核对象的界定应坚持上级考核下级、逐级考核、预算执行与预算考核职务相分离的原则。

三、判断题

1.【答案】×

【解析】全面预算包括经营预算、专门决策预算和财务预算三大类，而总预算只是指其中的财务预算。

2.【答案】√

【解析】财务预算是全面预算体系的最后环节，可以从价值方面总括地反映专门决策预算与经营预算的结果。

3.【答案】√

【解析】我国《公司法》规定：公司的年度财务预算方案、决算方案由公司董事会制订，经股东会审议批准后方可执行。

4.【答案】√

【解析】编制弹性预算，要选用一个最能代表生产经营活动水平的业务量计量单位。因此，自动化生产车间以机器工时作为业务量的计量单位是较为合理的。

5.【答案】√

【解析】列表法编制预算的工作量要高于公式法下的预算编制工作量。

6.【答案】√

【解析】因为应用公式法编制预算时，相关弹性定额可能仅适用于一定业务量范围内。所以甲公司的做法是正确的。

7.【答案】×

【解析】对于不经常发生的预算项目或预算编制基础变化较大的预算项目应采用零基预算法。

8.【答案】×

【解析】增量预算法，是指以历史期实际经济活动及其预算为基础，结合预算期经济活动及相关影响因素的变动情况，通过调整历史期经济活动项目及金额形成预算的预算编制方法。

9.【答案】×

【解析】零基预算法是为克服增量预算法的缺点而设计的一种预算方法。

10.【答案】×

【解析】预算滚动的频率越高，对预算沟通的要求越高，预算编制的工作量越大；过高的滚动频率容易增加管理层的不稳定感，导致预算执行者无所适从。

11.【答案】×

【解析】专门决策预算往往涉及长期建设项目的资金投放与筹措，并经常跨越多个年度。因此，一般不纳入经营预算，但应计入与此有关的资金预算与预计财务报表。

12.【答案】√

【解析】专门决策预算的要点是准确反映项目资金投资支出与筹资计划，它同时也是编制资金预算和预计资产负债表的依据。

13.【答案】×

【解析】利润表预算中“所得税费用”项目的数据是预先估计的数。

14.【答案】×

【解析】资产负债表预算的编制中“未分配利润”项目的填列需要利润表中的数据作为基础，因为“年末的未分配利润 = 年初的未分配利润 + 本期实现的净利润 - 预期支付的股利 - 本年计提的盈余公积”，而本期实现的净利润需要根据利润表预算的数据来填列，所以不可能先编制资产负债表预算，然后再编制利润表预算。

15.【答案】√

【解析】年度预算经批准后，原则上不作调整。企业应在制度中严格明确预算调整的条件、主体、权限和程序等事宜，当内外战略环境发生重大变化或突发重大事件等，导致预算编制的基本假设发生重大变化时，可进行预算调整。

16.【答案】√

【解析】企业财务管理部门应当利用财务报表监控预算的执行情况，及时向预算执行单位、企业预算管理委员会以至董事会或经理办公会提供财务预算的执行进度、执行差异及其对企业预算目标的影响等财务信息，促进企业完成预算目标。

17.【答案】×

【解析】权变性原则是指预算管理应刚性与柔性相结合，强调预算对经营管理的刚性约束，又可根据内外环境的重大变化调整预算，并针对例外事项进行特殊处理。

18.【答案】√

【解析】预算管理的机构设置、职责权限和工作程序应与企业的组织架构和管理体制互相协调，保障预算管理各环节职能衔接，流程顺畅。

19.【答案】×

【解析】企业一般按照分级编制、逐级汇总的方式，采用自上而下、自下而上、上下结合或多维度相协调的流程编制预算。预算编制流程与编制方法的选择应与企业现有管理模式相适应。

20.【答案】×

【解析】设贷款额为 x 万元：$-80+x-x\times8\%/4\geqslant50$，解得：$x\geqslant132.65$（万元），题目表述错误。

四、计算分析题

1.【答案】

（1）

2022年3月甲分厂制造费用弹性预算表

单位：元

费用明细项目	分配率	业务量（工时）			
		3000	4000	5000	6000
变动制造费用：					
间接人工	0.1元/工时	300	400	500	600
物料费	0.15元/工时	450	600	750	900
维护费	0.08元/工时	240	320	400	480
水电费	0.20元/工时	600	800	1000	1200
变动制造费用小计		1590	2120	2650	3180
固定制造费用：					
间接人工		3000	3000	3000	3000
折旧费		5000	5000	5000	5000
维护费		2000	2000	2000	2000
水电费		1000	1000	1000	1000
固定制造费用小计		11000	11000	11000	11000
制造费用合计		12590	13120	13650	14180

（2）①运输费用预算工时分配率=800/4000=0.2（元/工时）

电力费用预算工时分配率=6000/4000=1.5（元/工时）

物料费用预算工时分配率=1400/4000=0.35（元/工时）

②设修理费为X元：

（4300−4000）/（5000−4000）=（X−6528）/（7140−6528）

X=6711.6（元）

设油料费为Y元：

（4300−4000）/（5000−4000）=（Y−2592）/（2736−2592）

Y=2635.2（元）

总制造费用预算=（0.2+1.5+0.35）×4300+6711.6+2635.2+3600+1200=22961.8（元）

实际业务量下的总制造费用预算大于实际制造费用，说明企业控制成本较好，成本节约了。

2.【答案】

（1）

A 公司 2022 年度销售预算表

单位：元

项目	一季度	二季度	三季度	四季度	全年
预计销售量（件）	2500	3750	4500	3000	13750
销售单价（元/件）	20	20	20	20	20
预计销售收入	50000	75000	90000	60000	275000
年初应收账款收现	19750	2250			22000
一季度销售收现	30000	17500	2500		50000
二季度销售收现		45000	26250	3750	75000
三季度销售收现			54000	31500	85500
四季度销售收现				36000	36000
现金收入合计	49750	64750	82750	71250	268500

【解析】

其中：

一季度年初应收账款收现 $=\frac{18000}{40\%}\times35\%+\frac{4000}{5\%}\times5\%=19750$（元）

二季度年初应收账款收现 $=\frac{18000}{40\%}\times5\%=2250$（元）

（2）2022 年年末应收账款 $=90000\times5\%+60000\times40\%=28500$（元）。

3.【答案】

（1）

A 公司 2022 年度生产预算

单位：件

项目	一季度	二季度	三季度	四季度	全年
预计销售量	5000	6000	8000	7000	26000
加：预计期末产成品存货	600	800	700	600	600
合计	5600	6800	8700	7600	26600
减：预计期初产成品存货	750	600	800	700	750
预计生产量	4850	6200	7900	6900	25850

A 公司 2022 年度直接人工预算

项目	一季度	二季度	三季度	四季度	全年
预计生产量（件）	4850	6200	7900	6900	25850
单位产品工时（小时 / 件）	5	5	5	5	5
人工总工时（小时）	24250	31000	39500	34500	129250
每小时人工成本（元 / 小时）	0.6	0.6	0.6	0.6	0.6
预计直接人工成本（元）	14550	18600	23700	20700	77550

（2）

A 公司 2022 年度直接材料预算

单位：元

项目	一季度	二季度	三季度	四季度	全年
预计生产量（件）	4850	6200	7900	6900	25850
材料定额单耗（千克 / 件）	2	2	2	2	2
预计生产需用量（千克）	9700	12400	15800	13800	51700
加：预计期末结存量（千克）	1240	1580	1380	1000	1000
减：预计期初结存量（千克）	900	1240	1580	1380	900
预计材料采购量（千克）	10040	12740	15600	13420	51800
材料计划单价（元 / 千克）	10	10	10	10	10
预计购料金额	100400	127400	156000	134200	518000
预计现金支出：					
应付账款年初余额	40000				40000
一季度购料付现	70280	30120			100400
二季度购料付现		89180	38220		127400
三季度购料付现			109200	46800	156000
四季度购料付现				93940	93940
现金支出合计	110280	119300	147420	140740	517740

【提示】全年期初就是第一季度期初，存量指标不能简单相加。

4.【答案】

某企业 2022 年资金预算（简表）

单位：万元

项目	一季度	二季度	三季度	四季度
期初现金余额	1000	*	1076	H=1059.5
经营现金收入	31000	33500	37600	37000
经营现金支出	30000	35000	37000	40000
现金余缺	*	-7.5	E=1676	*
取得短期借款		C=1100		*
归还短期借款	500		G=600	
支付借款利息	A=7.5	D=16.5	F=16.5	*
期末现金余额	B=1492.5	*	*	*

【解析】

A=500×6%/4=7.5（万元）

B=1000+31000-30000-500-7.5=1492.5（万元）

-7.5+C-C×6%/4 ≥ 1000

解得：C ≥ 1022.84（万元），因为借款还款为 100 万元的整数倍，所以 C=1100（万元）

D=1100×6%/4=16.5（万元）

E=1076+37600-37000=1676（万元）

F=D=16.5（万元）

1676-G-16.5 ≥ 1000

解得：G ≤ 659.5（万元），因为借款还款为 100 万元的整数倍，所以 G=600（万元）

H=1676-600-16.5=1059.5（万元）。

5.【答案】

（1）第四季度经营现金收入合计 =80000×50%+120000×30%+100000×20%=96000（万元）

（2）第四季度材料采购现金支出合计 =78000×50%+75000×50%=76500(万元）

（3）应收账款年末余额 =80000×50%+120000×20%=64000（万元）

应付账款年末余额 =78000×50%=39000（万元）

（4）现金余缺额 =100+96000-76500-5000-13000-12000-800=-11200（万元）

-11200+借款额-借款额×10%×3/12 ≥ 100

借款额 ≥ 11589.74（万元）

因为要求借款是 1 万元的整数倍，所以，借款额 =11590（万元）。

五、综合题

1.【答案】

（1）①间接人工费用预算工时分配率 =（213048/48420）×（1+50%）=6.6（元/小时）

②水电与维修费用预算工时分配率 =174312/48420=3.6（元/小时）

（2）①间接人工费用总预算额 =48420×6.6=319572（元）

②每季度设备租金预算额 =38600×（1-20%）=30880（元）

（3）

2022年第二季度~2023年第一季度制造费用预算

单位：元

项目	2022年度			2023年度	合计
	第二季度	第三季度	第四季度	第一季度	
直接人工预算总工时（小时）	12100	（略）	（略）	11720	48420
变动制造费用：					
间接人工费用	A=79860	（略）	（略）	B=77352	（略）
水电与维修费用	C=43560	（略）	（略）	D=42192	（略）
小计	（略）	（略）	（略）	（略）	493884
固定制造费用：					
设备租金	E=30880	（略）	（略）	（略）	（略）
管理人员工资	F=17400	（略）	（略）	（略）	（略）
小计	（略）	（略）	（略）	（略）	（略）
制造费用合计	171700	（略）	（略）	（略）	687004

2.【答案】

资金预算

单位：万元

季度	一	二	三	四	合计
期初现金余额	15	19	10.3	12.6	15
现金收入：					
本期销售本期收款	500	1200	500	500	
上期销售本期收款	250	250	600	250	
现金收入合计	750	1450	1100	750	4050
现金支出：					
直接材料	456	456	0	0	912
直接人工	0	880	0	0	880
制造费用	150	850	150	150	1300
销售及管理费用	100	100	100	100	400
所得税费用	40	40	40	40	160

续表

季度	一	二	三	四	合计
购买设备支出	0	0	200	200	400
现金支出合计	746	2326	490	490	4052
现金余缺	19	-857	620.3	272.6	13
向银行借款		885			885
归还银行借款			590	255	845
支付借款利息		17.7	17.7	5.9	41.3
期末现金余额	19	10.3	12.6	11.7	11.7

【解析】

第二季度：余缺额 + 借款 – 借款利息 ≥ 10

-857+ 借款 – 借款 ×8%/4 ≥ 10

借款 ≥ 884.69（万元）

由于借款额为 5 万元的整数倍，因此借款额为 885 万元。

第三季度：余缺额 – 还款 – 借款利息 ≥ 10

620.3– 还款 -885×8%/4 ≥ 10

还款 ≤ 592.6（万元）

由于还款额为 5 万元的整数倍，因此还款额为 590 万元。

第四季度：余缺额 – 还款 – 借款利息 ≥ 10

272.6– 还款 –（885–590）×8%/4 ≥ 10

还款 ≤ 256.7（万元）

由于还款额为 5 万元的整数倍，因此还款额为 255 万元。

全年现金余缺 = 期初现金余额 + 本年现金收入合计 – 本年现金支出合计 =15+4050–4052=13（万元）。

【提示】计算现金余缺的全年合计数时，不能各期相加计算。因为期初现金余额会在本季度使用，下季度初会形成新的期初现金余额，而不是累计存在的，所以现金余缺的全年合计数就不能各期相加计算。

第四章　筹资管理（上）

CHAPTER-4

本章学习指南

一、考情分析

本章主要阐述了企业各种筹资方式的比较，本章题型主要是客观题，近 3 年的考试平均分值在 8 分左右。

最近 3 年题型、题量分析表

题型	2019 年		2020 年			2021 年		
	试卷Ⅰ	试卷Ⅱ	试卷Ⅰ	试卷Ⅱ	试卷Ⅲ	试卷Ⅰ	试卷Ⅱ	试卷Ⅲ
单项选择题	4 题 4 分	4 题 4 分	3 题 4.5 分	3 题 4.5 分	2 题 3 分	3 题 4.5 分	1 题 1.5 分	2 题 3 分
多项选择题	1 题 2 分	—	1 题 2 分	2 题 4 分	2 题 4 分	3 题 6 分	1 题 2 分	3 题 6 分
判断题	1 题 1 分	1 题 1 分	2 题 2 分	2 题 2 分	—	1 题 1 分	1 题 1 分	1 题 1 分
计算分析题	—	—	—	—	—	—	—	—
综合题	—	—	—	—	—	0.15 题 2 分	—	—
合计	6 题 7 分	5 题 5 分	6 题 8.5 分	7 题 10.5 分	4 题 7 分	7.15 题 13.5 分	3 题 4.5 分	6 题 10 分

二、教材变化

本章与 2021 年的教材相比，主要变化有：（1）按租赁准则对租赁的分类和使用权资产与租赁负债的确认做了相关补充；（2）增加了“我国证券交易所概况”的相关内容；（3）增加了“股票发行条件”的相关内容；（4）增加了“股票的发行程序”的相关内容；（5）增加了“股票上市的条件”的相关内容；（6）增加了“股票退市”的相关内容；（7）删除了“股份有限公司首次发行股票的一般程序”的相关内容；（8）删除了“股票上市的暂停、终止与特别处理”的相关内容；（9）增加了三种创新性融资方式。

核心考点精讲

第一节　筹资管理概述

使用“会计云课堂”App或“微信”扫码查看本节视频，快速GET知识点。

一、企业筹资的动机★★

种类	含义
创立性筹资动机	指企业设立时，为取得资本金并形成开展经营活动的基本条件而产生的筹资动机
支付性筹资动机	指为了满足经营业务活动的正常波动所形成的支付需要而产生的筹资动机 【提示】超出维持正常经营活动资金需求以上的季节性、临时性的交易支付需要，如原材料购买的大额支付、员工工资的集中发放、银行借款的偿还、股东股利的发放等
扩张性筹资动机	指企业因扩大经营规模或满足对外投资需要而产生的筹资动机
调整性筹资动机	指企业因调整资本结构而产生的筹资动机。企业产生调整性筹资动机的具体原因大致有二：一是优化资本结构，合理利用财务杠杆效应。二是偿还到期债务，债务结构内部调整
混合性筹资动机	在实务中，企业筹资的目的可能不是单纯和唯一的，通过追加筹资，既满足了经营活动、投资活动的资金需要，又达到了调整资本结构目的的情况称之为混合性筹资动机。混合性筹资动机一般是兼具扩张性筹资动机和调整性筹资动机的特性，增加了企业的资产总额和资本总额，也导致企业的资产结构和资本结构同时变化

名师点拨

支付性筹资动机和调整性筹资动机名称上不好顾名思义，考试容易考到，要注意教材的举例，特别是比较特殊的一些举例。

要点小贴士

调整性筹资动机的目的，是为了调整资本结构，而不是为企业经营活动追加资金，这类筹资通常不会增加企业的资本总额。

经典题解

【真题1·单选题】企业因发放现金股利的需要而进行筹资的动机属于（　　）。（2017年卷Ⅰ）

A. 扩张性筹资动机

B. 支付性筹资动机

C. 创立性筹资动机

D. 调整性筹资动机

【解析】支付性筹资动机，是指为了满足经营业务活动的正常波动所形成的支付需要而产生的筹资动机。按照教材的举例，原材料购买的大额支付、员工工资的集中发放、银行借款的偿还、股东股利的发放等均属于支付性筹资动机，因此选项B正确。

【答案】B

【真题2·单选题】企业为了优化资本结构而筹集资金，这种筹资的动机是（ ）。（2016年）

A. 支付性筹资动机　　B. 创立性筹资动机

C. 调整性筹资动机　　D. 扩张性筹资动机

【解析】调整性筹资动机是指企业因调整资本结构而产生的筹资动机，故选项C正确。

【答案】C

二、筹资管理的内容★

（1）科学预计资金需要量。

（2）合理安排筹资渠道、选择筹资方式。

（3）降低资本成本、控制财务风险。

要点小贴士

股权筹资和债务筹资是最基本的筹资方式；发行可转换债券和优先股筹集资金的方式，属于兼有股权筹资和债务筹资性质的混合筹资方式。

三、筹资方式★

- 股权筹资
  - 吸收直接投资：投资合同、协议等形式——主要适用于非股份制公司
  - 发行股票：发售股票——只适用于股份有限公司
  - 利用留存收益：盈余公积＋未分配利润
- 债务筹资
  - 发行债券：向法人单位和自然人筹资
  - 向金融机构借款：向银行或非银行金融机构借款
  - 租赁：直接取得实物资产，分期支付租金
  - 利用商业信用：延期付款或延期交货形式
- 衍生工具筹资
  - 发行可转换债券：以发售可转换为股票的债券的方式取得资金的筹资方式
  - 发行优先股：以发售优先股股票的方式取得资金的筹资方式

经典题解

【真题3·单选题】下列筹资方式中，属于债务筹资方式的是（ ）。（2020年卷Ⅱ）

A. 吸收直接投资　　B. 租赁

C. 留存收益　　D. 发行优先股

【解析】选项A、C属于股权筹资，选项D属于衍生工具筹资。

【答案】B

【真题 4·多选题】下列各项中属于债务筹资方式的有（　　）。（2018 年卷Ⅱ）

A. 商业信用

B. 租赁

C. 优先股

D. 普通股

【解析】选项 C 属于衍生工具筹资，选项 D 属于股权筹资。

【答案】AB

四、筹资的分类★★

名师点拨

筹资的分类几乎年年必考，记住各种筹资分类下的具体筹资方式就能很好地进行选择判断。

分类标准	分类	筹资方式
按企业所取得资金的权益特性不同	股权筹资	吸收直接投资、发行股票、利用留存收益等
	债务筹资	发行债券、向金融机构借款、租赁、利用商业信用等
	衍生工具筹资	我国上市公司目前最常见的混合融资方式有可转换债券融资和优先股筹资，最常见的其他衍生工具融资是认股权证融资
按是否借助于金融机构为媒介来获取社会资金	直接筹资	发行股票、发行债券、吸收直接投资等
	间接筹资	银行借款、租赁等
按资金的来源范围不同	内部筹资	利用留存收益
	外部筹资	吸收直接投资、发行股票、发行债券、向银行借款、租赁、利用商业信用等
按所筹集资金的使用期限不同	长期筹资	吸收直接投资、发行股票、发行债券、长期借款、租赁等
	短期筹资	利用商业信用、短期借款、保理业务等

要点小贴士

借款方式既可以是长期也可以是短期。

经典题解

【真题 5·多选题】下列各项中，属于直接筹资方式的有（　　）。（2021 年卷Ⅰ）

A. 发行公司债券

B. 银行借款

C. 租赁

D. 发行股票

【解析】直接筹资，是企业通过与投资者签订协议或发行股票、债券等方式直接从社会取得资金。因此选项 A、D 正确。银行借款和租赁属于间接筹资。

【答案】AD

真题点拨

第7章会详细介绍商业信用的具体形式，如应付账款、应付票据及预收货款等，属于流动负债。

【真题6·判断题】由于商业信用筹资无需支付利息，所以不属于债务筹资。(　　)(2021年卷Ⅰ)

【解析】商业信用，是指企业之间在商品或劳务交易中，由于延期付款或延期交货所形成的借贷信用关系。商业信用是由于业务供销活动而形成的，它是企业短期资金的一种重要的和经常性的来源，是一种债务筹资方式。

【答案】×

【真题7·单选题】下列各项中，属于内部筹资方式的是(　　)。(2020年卷Ⅰ)

A. 发行股票

B. 留存收益

C. 银行借款

D. 发行债券

【解析】内部筹资是指企业通过利润留存而形成的筹资来源，留存收益属于内部筹资。

【答案】B

【真题8·单选题】下列各项中，既可以作为长期筹资方式又可以作为短期筹资方式的是(　　)。(2020年卷Ⅱ)

A. 发行可转换债券

B. 银行借款

C. 发行普通股

D. 租赁

【解析】银行借款筹资广泛适用于各类企业，它既可以筹集长期资金，也可以用于短期融通资金，具有灵活、方便的特点。

【答案】B

【真题9·判断题】上市公司所需要的短期资金主要应通过发行股票加以筹集。(　　)(2020年卷Ⅰ)

【解析】公司发行股票所筹集的资金属于公司的长期自有资金，没有期限，无须归还。所以一般满足的是上市公司的长期融资需求。

【答案】×

【真题10·单选题】关于直接筹资和间接筹资，下列表述错误的是(　　)。(2019年卷Ⅰ)

A. 直接筹资仅可以筹集股权资金

B. 直接筹资的筹资费用较高

C. 发行股票属于直接筹资

D. 租赁属于间接筹资

真题点拨

间接筹资主要包括银行借款和租赁，采用排除法其他筹资方式全属于直接筹资，而其他筹资方式既有股权也有债务。选项表述明显是错误的。

【解析】直接筹资方式主要有发行股票、发行债券、吸收直接投资等。可见直接筹资方式既可以筹集股权资金(如发行股票、吸收直接投资)，也可以筹集债务资金(如发行公司债券)。

【答案】A

【真题 11·多选题】下列筹资方式中，一般属于间接筹资方式的有（　　）。（2018年卷Ⅱ）

A. 优先股筹资

B. 租赁

C. 银行借款筹资

D. 债券筹资

【解析】间接筹资，是企业借助于银行和非银行金融机构而筹集资金。间接筹资的基本方式是银行借款，此外还有租赁等方式。

【答案】BC

【提示】永续债

含义	没有明确到期日或期限非常长，投资者不能在一个确定的时间点得到本金，但是可以定期获取利息的债券
与普通债券的主要区别	（1）不设定债券的到期日 （2）票面利率较高 （3）大多数永续债的附加条款中包括赎回条款以及利率调整条款
永续债分类的关键	按照经济实质重于法律形式原则判断属于权益工具还是金融负债，若合同义务能无条件避免交付现金或其他金融资产则为权益工具，反之则为金融负债

要点小贴士

永续债的资本成本会高于普通债券。

经典题解

【真题 12·判断题】公司发行的永续债由于没有明确的到期日或期限非常长，因此在实质上属于股权资本。（　　）（2020年卷Ⅱ）

【解析】永续债实质是一种介于债权和股权之间的融资工具。

【答案】×

五、筹资管理的原则★

原则	内容
筹措合法	企业筹资要遵循国家法律法规，合法筹措资金
规模适当	要根据生产经营及其发展的需要，合理安排资金需求
取得及时	要合理安排筹资时间，适时取得资金
来源经济	要充分利用各种筹资渠道，选择经济、可行的资金来源
结构合理	筹资管理要综合考虑各种筹资方式，优化资本结构

第二节　债务筹资

使用“会计云课堂”App 或“微信”扫码查看本节视频，快速 GET 知识点。

一、银行借款★★

（一）种类

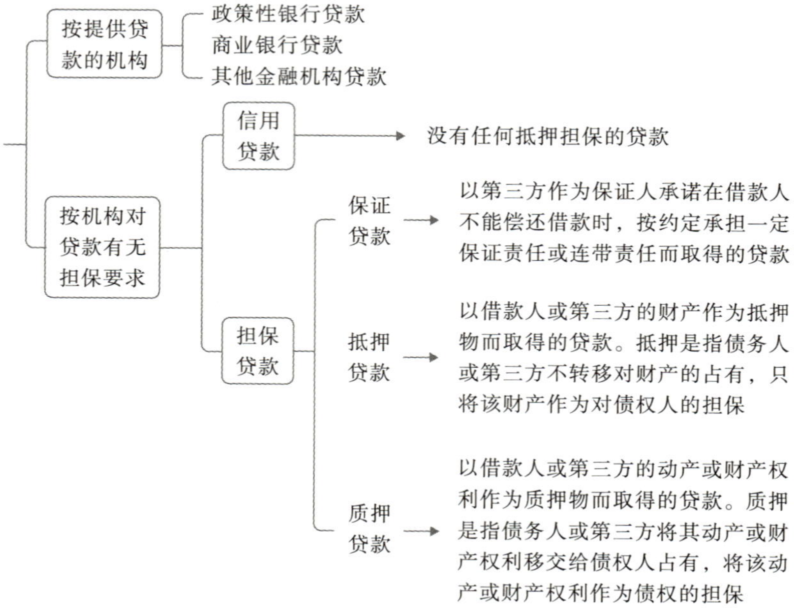

【提示】（1）作为贷款担保的抵押品，可以是不动产、机器设备、交通运输工具等实物资产，可以是依法有权处分的土地使用权，也可以是股票、债券等有价证券等，它们必须是能够变现的资产；

要点小贴士

质押品不能是不动产。

（2）作为贷款担保的质押品，可以是汇票、支票、债券、存款单、提单等信用凭证，可以是依法可以转让的股份、股票等有价证券，也可以是依法可以转让的商标专用权、专利权、著作权中的财产权等。

经典题解

【真题 13·单选题】下列各项中，不属于担保贷款的是（　　）。（2021 年卷Ⅰ）

A. 质押贷款　　　　B. 信用贷款

C. 保证贷款　　　　D. 抵押贷款

【解析】担保贷款是指由借款人或第三方依法提供担保而获得的贷款，包括保证贷款、抵押贷款和质押贷款三种基本类型。

【答案】B

【例题14·单选题】债务人或第三方将其动产或财产权利移交给债权人占有，将该动产或财产权利作为债权取得担保的贷款为（ ）。

A. 信用贷款

B. 保证贷款

C. 抵押贷款

D. 质押贷款

【解析】由于动产或财产权利移交给债权人占有，所以为质押贷款。

【答案】D

（二）长期借款的保护性条款

例行性保护条款	作为例行常规，在大多数借款合同中都会出现 如：定期向提供贷款的金融机构提交财务报表等
一般性保护条款	是对企业资产的流动性及偿债能力等方面的要求条款，应用于大多数借款合同 如：要求企业必须保持最低数额的营运资金和最低流动比率数值、限制非经营性支出等
特殊性保护条款	是针对某些特殊情况而出现在部分借款合同中的条款，只有在特殊情况下才能生效 如：借款用途不得改变等

要点小贴士

各项条款结合使用，将有利于全面保护银行等债权人的权益。例行性保护条款和一般性保护条款是应用于大多数借款合同的条款。

经典题解

【真题15·判断题】长期借款的例行性保护条款、一般性保护条款、特殊性保护条款可结合使用，有利于全面保护债权人的权益。（ ）（2017年卷Ⅰ）

【解析】长期借款的保护性条款包括例行性保护条款、一般性保护条款和特殊性保护条款。上述各项条款结合使用，将有利于全面保护银行等债权人的权益。

【答案】√

二、发行公司债券★★

（一）种类

分类标志	类型	含义
是否记名	记名债券	在公司债券存根簿载明债券持有人的姓名等信息
	无记名债券	在公司债券存根簿上不记载持有人的姓名
能否转换成公司股权	可转换债券	债券持有者可以在规定的时间内按规定的价格转换为发债公司股票的债券
	不可转换债券	不能转换为发债公司股票的债券

分类标志	类型	含义
有无特定财产担保	担保债券	以抵押方式担保发行人按期还本付息的债券，主要是抵押债券 按抵押品不同，分为不动产抵押债券、动产抵押债券和证券信托抵押债券
	信用债券	仅凭公司自身的信用发行的、没有抵押品作抵押担保的债券
是否公开发行	公开发行债券	（1）资信状况符合规定标准的公司债券可以向公众投资者公开发行，也可以自主选择仅面向专业投资者公开发行 （2）未达到规定标准的公司债券公开发行应当面向专业投资者
	非公开发行债券	非公开发行的公司债券应该向专业投资者发行

要点小贴士

资信状况不符合规定标准的公司也可以公开发行债券，只不过不能面向公众投资者。

（二）债券的偿还

债券偿还时间按其实际发生与规定的到期日之间的关系，分为提前偿还与到期偿还两类，其中后者又包括分批偿还和一次偿还两种。

1. 提前偿还（提前赎回或提前收回）

含义	指在债券尚未到期之前就予以偿还
应用条件	只有在公司发行债券的契约中明确规定了有关允许提前偿还的条款，公司才可以进行此项操作
赎回价格的特点	赎回价格通常要高于债券的面值，并且越接近到期日，赎回价格越低
作用	具有提前偿还条款的债券可使公司筹资有较大的弹性
赎回时机选择	当公司资金有结余时，可提前赎回债券；当预测利率下降时，也可提前赎回债券，而后以较低的利率来发行新债券

2. 到期分批偿还

含义	如果一个公司在发行同一种债券的当时就为不同编号或不同发行对象的债券规定了不同的到期日，这种债券就是分批偿还债券
特点	（1）发行费较高 （2）便于发行

3. 到期一次偿还

到期一次偿还的债券是最为常见的。

经典题解

【真题 16 · 单选题】公司债券发行中约定有提前赎回条款的，下列表述恰当的是（　　）。（2021 年卷 I ）

A. 当预测利率下降时，可提前赎回债券

B. 提前赎回条款增加了公司还款的压力

C. 当公司资金紧张时，可提前赎回债券

D. 提前赎回条款降低了公司筹资的弹性

【解析】提前赎回是指在债券尚未到期之前就予以偿还，当公司资金有结余时，可提前赎回债券；当预测利率下降时，也可提前赎回债券，而后以较低的利率来发行新债券。选项 A 正确，选项 C 错误。提前赎回是公司在适当条件下主动采取的行为，不会增加公司还款的压力，选项 B 错误。具有提前赎回条款的债券可使公司筹资有较大的弹性，选项 D 错误。

【答案】A

真题点拨

提前偿还条款是企业的选择权，并不表明企业一定会选择，因此不会给企业增加偿债压力，只是增加了企业的筹资弹性，只有企业认为赎回对自己有利的情况下才会选择。

【例题 17 · 多选题】到期分批偿还债券相比到期一次偿还债券来说，（　　）。

A. 发行费较高

B. 发行费较低

C. 便于发行

D. 是最为常见的债券偿还方式

【解析】到期分批偿还债券因为各批债券的到期日不同，它们各自的发行价格和票面利率也可能不相同，从而导致发行费较高；但由于这种债券便于投资人挑选最合适的到期日，因而便于发行；到期一次偿还的债券是最为常见的债券偿还方式。

【答案】AC

三、租赁★★

（一）租赁的会计处理

分类	会计准则的规定
短期租赁和低价值资产租赁	承租人应当将短期租赁和低价值资产租赁的租赁付款额，在租赁期内各个期间按照直线法或其他系统合理的方法计入相关资产成本或当期损益
其他租赁	对其他所有租赁均确认使用权资产和租赁负债。使用权资产，是指承租人可在租赁期内使用租赁资产的权利。使用权资产应当按照成本进行初始计量。租赁负债应当按照租赁期开始日尚未支付的租赁付款额的现值进行初始计量。在计算租赁付款额的现值时，首选租赁内含利率，无法确定时，采用承租人增量借款利率

要点小贴士

此分类是站在承租人角度的分类。按照新租赁准则，承租人会计处理不再区分经营租赁和融资租赁。出租人租赁仍分为融资租赁和经营租赁两大类。

【提示】租赁内含利率，是指在租赁开始日，使最低租赁收款额的现值与未担保余值的现值之和等于租赁资产公允价值与出租人的初始直接费用之和的折现率。承租人增量借款利率，是指承租人在类似经济环境下为获得与使用权资产价值接近的资产，在类似期间以类似抵押条件借入资金须支付的利率。

（二）租赁的基本特征

（1）所有权与使用权相分离。

（2）融资与融物相结合。

（3）租金的分期支付。

要点小贴士

（1）售后回租的双方当事人都是双重角色；卖主同时是承租人，买主同时是出租人。此外租赁的设备通常是出租方已有的设备。

（2）杠杆租赁下三方当事人，只有出租人是双重角色：既是债权人也是债务人。此外租赁的设备通常不是出租方已有的设备，而是新购买的设备。

（三）租赁的基本形式

形式	含义	特点
直接租赁	直接租赁是租赁的主要形式，承租方提出租赁申请时，出租方按照承租方的要求选购设备，然后再出租给承租方	主要涉及承租人、出租人两方当事人
售后回租	售后回租是指承租方由于急需资金等各种原因，将自己的资产售给出租方，然后以租赁的形式从出租方原封不动地租回资产的使用权	主要涉及承租人、出租人两方当事人。承租人既是资产的出售者又是资产的使用者；出租人既是资产的购买者又是资产的出租者
杠杆租赁	杠杆租赁是指出租方自己只投入部分资金，通常为资产价值的20%~40%，其余资金则通过将该资产抵押担保的方式，向第三方（通常为银行）申请贷款解决，然后出租人将购进的设备出租给承租方	涉及承租人、出租人和资金出借人三方当事人。出租人既是债权人也是债务人，既要收取租金又要支付债务

经典题解

真题点拨

余款通过设备抵押贷款解决，说明租赁会牵扯到第三方当事人：资金的出借人。进而可直接判断是杠杆租赁。

【真题18·单选题】某租赁公司购进设备并出租，设备价款为1000万元。该公司出资200万元，余款通过设备抵押贷款解决，并用租金偿还贷款，该租赁方式是（　　）。（2021年卷Ⅱ）

A. 售后回租　　B. 经营租赁

C. 杠杆租赁　　D. 直接租赁

【解析】杠杆租赁是指涉及承租人、出租人和资金出借人三方的租赁业务。一般来说，当所涉及的资产价值昂贵时，出租方自己只投入部分资金，通常为资产价值的20%~40%，其余资金则通过将该资产抵押担保的方式，向第三方（通常为银行）申请贷款解决。然后，出租人将购进的设备出租给承租方，用收取的租金偿还贷款。

【答案】C

【真题19·单选题】承租人既是资产出售者又是资产使用者的租赁方式是（　　）。（2020年卷Ⅲ）

A. 杠杆租赁　　B. 直接租赁

C. 售后回租　　D. 经营租赁

【解析】售后回租是指承租方由于急需资金等各种原因，将自己的资产售给出租方，然后以租赁的形式从出租方原封不动地租回资产的使用权。此时承租人既是资产出售者又是资产使用者。

【答案】C

【真题 20 · 多选题】下列关于杠杆租赁的表述中，正确的有（　　）。（2017 年卷Ⅱ）

A. 出租人既是债权人又是债务人

B. 涉及出租人、承租人和资金出借人三方当事人

C. 租赁的设备通常是出租方已有的设备

D. 出租人只投入设备购买款的部分资金

【解析】杠杆租赁的设备通常是出租人根据设备需要者的要求重新购买的，选项 C 不正确。

【答案】ABD

（四）租赁的租金计算

1. 决定租金的因素

要点小贴士

租赁公司为取得设备而支付的所有代价以及应得利润。

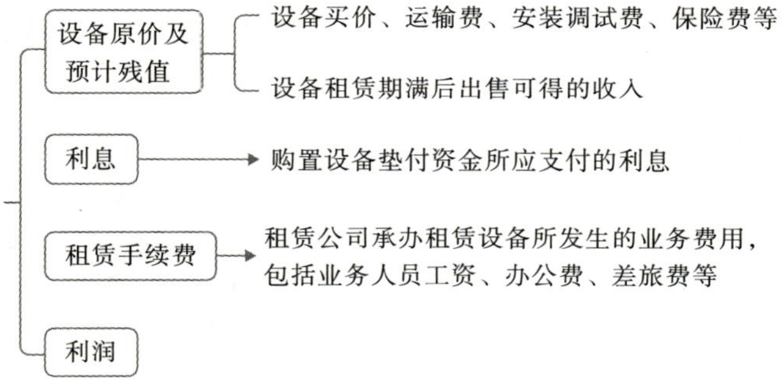

经典题解

【真题 21 · 多选题】在确定租赁的租金时，一般需要考虑的因素有（　　）。（2018 年卷Ⅱ）

A. 租赁公司办理租赁业务所发生的业务费用

B. 租赁期满后租赁资产的预计残值

C. 租赁公司购买租赁资产所垫付资金的利息

D. 租赁资产价值

【解析】租赁每期租金的多少，取决于以下几项因素：①设备原价及预计残值。包括设备买价、运输费、安装调试费、保险费等，以及设备租赁期满后出售可得的收入。②利息。指租赁公司为承租企业购置设备垫付资金所应支付的利息。③租赁手续费和利润。其中，租赁手续费指租赁公司承办租赁设备所发生的业务费用，包括业务人员工资、办公费、差旅费等。

【答案】ABCD

> **真题点拨**
> 站在出租人的角度判断，如果属于出租人支付的代价以及应得利润才可以计入租金。

【真题 22 · 单选题】下列各项中，不计入租赁租金的是（　　）。（2017 年卷Ⅰ）

A. 租赁手续费　　B. 承租公司的财产保险费

C. 租赁公司垫付资金的利息　　D. 设备的买价

【解析】选项 B 是承租公司的费用，并不是租赁公司为取得设备而支付的代价，选择选项 B。

【答案】B

2. 租金支付方式（通常采用分期支付的方式）

租金支付方式：
- 按支付间隔期长短分：年付、半年付、季付和月付等方式
- 按在期初和期末支付分：先付和后付
- 按每次支付额分：等额支付和不等额支付

3. 租金的计算

租金的计算大多采用等额年金法。等额年金法下，通常要根据利率和租赁手续费率确定一个租费率，作为折现率。

> **名师点拨**
> 考试主要考查残值归出租人时的情况。注意要把残值的现值作为租赁设备价值的抵减。

前提		租金计算
残值归出租人	租金在每期期末支付时	每期租金 $=\dfrac{\text{租赁设备价值}-\text{残值现值}}{\text{普通年金现值系数}}=\dfrac{\text{租赁设备价值}-\text{残值}\times(P/F, i, n)}{(P/A, i, n)}$
	租金在每期期初支付时	每期租金 $=\dfrac{\text{租赁设备价值}-\text{残值现值}}{\text{预付年金现值系数}}=\dfrac{\text{租赁设备价值}-\text{残值}\times(P/F, i, n)}{(P/A, i, n)\times(1+i)}$
残值归承租人	租金在每期期末支付时	每期租金 $=\dfrac{\text{租赁设备价值}}{\text{普通年金现值系数}}=\dfrac{\text{租赁设备价值}}{(P/A, i, n)}$
	租金在每期期初支付时	每期租金 $=\dfrac{\text{租赁设备价值}}{\text{预付年金现值系数}}=\dfrac{\text{租赁设备价值}}{(P/A, i, n)\times(1+i)}$

经典题解

【真题 23 · 单选题】某企业向租赁公司租入一套设备，价值 200 万元，租期 10 年。租赁期满时预计残值 10 万元，归租赁公司所有。年利率 7%，年租赁手续费率 2%。租金在每年年初支付一次，对于年租金的计算，正确的表达式为（　　）。（2021 年卷Ⅰ）

A. [200−10×（P/F，9%，10）] / [（P/A，9%，10）×（1+9%）]

B. [200−10×（P/F，7%，10）] /（P/A，7%，10）

C. [200−10×（P/F，7%，10）] / [（P/A，7%，10）×（1+7%）]

D.［200−10×（P/F，9%，10）］/（P/A，9%，10）

【解析】租费率 =7%+2%=9%，因为租金在每年年初支付，所以属于预付年金，年租金 =［200−10×（P/F，9%，10）］/［（P/A，9%，10）×（1+9%）］。

【答案】A

【真题 24·单选题】某公司从租赁公司租入一台设备，价格为 350 万元，租期为 8 年，租赁期满时预计净残值 15 万元归租赁公司所有，假设年利率为 8%，租赁手续费为每年 2%，每年年末等额支付租金，则每年租金为（　　）万元。（2017 年卷Ⅱ）

A.［350−15×（P/A，8%，8）］/（P/F，8%，8）

B.［350−15×（P/F，10%，8）］/（P/A，10%，8）

C.［350−15×（P/F，8%，8）］/（P/A，8%，8）

D.［350−15×（P/A，10%，8）］/（P/F，10%，8）

【解析】租赁折现率 =8%+2%=10%，残值归出租人且租金在每期期末支付时，每期租金 =（租赁设备价值 − 残值的现值）/ 普通年金现值系数 =［租赁设备价值 − 残值 ×（P/F，i，n）］/（P/A，i，n），选项 B 正确。

【答案】B

四、债务筹资的优缺点★★★

（一）债务筹资的优缺点（与股权筹资相比）

项目	内容	说明
优点	筹资速度较快	例如银行借款、租赁等债务筹资方式不需要经过复杂的审批手续和证券发行程序，可以迅速地获得资金
	筹资弹性较大	筹资数量、筹资的时间及债务条件可以根据企业的经营情况、财务状况灵活协商
	资本成本较低	一般来说，债务筹资的资本成本要低于股权筹资
	可以利用财务杠杆	债权人从企业那里只能获得固定的利息或租金，不能参加公司剩余收益的分配。当企业的资本收益率（息税前利润率）高于债务利率时，会增加普通股股东的每股收益，提高净资产收益率，提升企业价值
	稳定公司的控制权	债权人没有经营管理权，增加债务不会分散公司的控制权
缺点	不能形成企业稳定的资本基础	债务资本有固定的到期日，到期需要偿还
	财务风险较大	债务资本有固定的到期日、固定的债务利息负担，抵押、质押等担保方式取得的债务，资本使用上可能会有特别的限制
	筹资数额有限	债务筹资的数额往往受到贷款机构资本实力的制约，除发行债券方式外，一般难以像发行股票那样一次筹集到大笔资金，无法满足公司大规模筹资的需要

相关链接

第 5 章第 3 节将对财务杠杆做详细介绍。

要点小贴士

这个主要是针对借款、租赁等方式相比发行股票而言的缺点。

经典题解

【真题25·判断题】相对于股权资本，债务资本通常具有较高财务风险和较低资本成本。(　　)(2020年卷Ⅰ)

【解析】一般而言，股权筹资的资本成本要高于债务筹资。债务资本有固定的到期日，到期需要偿还本息，所以财务风险较高。

【答案】√

【真题26·单选题】下列各项中，不属于债务筹资优点的是(　　)。(2018年卷Ⅰ)

A. 可形成企业稳定的资本基础

B. 筹资弹性较大

C. 筹资速度较快

D. 筹资成本较低

【解析】债务筹资的优点：①筹资速度较快；②筹资弹性较大；③资本成本较低；④可以利用财务杠杆；⑤稳定公司的控制权。选项A属于股权筹资的优点。

【答案】A

（二）各种债务资金筹集方式特点的比较

方式	优点	缺点
银行借款	(1)筹资速度快 (2)资本成本较低 (3)筹资弹性较大	(1)限制条款多(筹资及使用) (2)筹资数额有限
发行公司债券	(1)一次筹资数额大 (2)筹资使用限制少(与银行借款相比) (3)提高公司社会声誉	资本成本较高(与银行借款相比)
租赁	(1)无须大量资金就能迅速获得资产 (2)财务风险小，财务优势明显 (3)筹资的限制条件较少 (4)能延长资金融通的期限	资本成本较高(与银行借款、发行公司债券相比)

名师点拨

不用死记硬背特点，而是要比较记忆各种筹资方式的特点。这里的资本成本较高是针对借款而言，如果与租赁比较，债券的资本成本反而低。

【易错易混点】

项目	银行借款	发行公司债券	租赁
筹资速度	最快	最慢	较快
限制条件	最多	较少	最少(与股票、债券、借款比)
筹资弹性	最大	小	—
筹资数额	有限	大	有限
社会声誉	—	提高	—
资本成本	最低	居中	最高

经典题解

【真题 27·多选题】与普通股筹资相比，下列各项中，属于银行借款筹资优点的有（ ）。（2021 年卷Ⅰ）

A. 公司的财务风险较低　　B. 可以发挥财务杠杆作用

C. 资本成本较低　　D. 筹资弹性较大

【解析】银行借款的筹资特点包括：（1）筹资速度快。（2）资本成本较低。（3）筹资弹性较大。（4）限制条款多。（5）筹资数额有限。此外，银行借款可以发挥财务杠杆的作用。与普通股筹资相比，银行借款的财务风险较大。选项 A 错误。

【答案】BCD

真题点拨

债务筹资和股权筹资是两个最基本的筹资方式，也是几乎年年都考的一个考点，在考查债务筹资和股权筹资对比的特点时可以比照借款和股票相比的特点记忆，就很好把握。

【真题 28·多选题】与银行借款相比，公司发行债券筹资的特点有（ ）。（2021 年卷Ⅲ）

A. 筹集资金的使用具有相对的自主性

B. 资本成本较低

C. 降低了公司财务杠杆

D. 满足公司大额筹资的需要

【解析】相对于银行借款筹资，公司债券的期限长、利息负担和筹资费用都比较高，因此资本成本较高，选项 B 错误。银行借款与公司债券均可提高财务杠杆，选项 C 错误。

【答案】AD

【真题 29·多选题】相对于普通股筹资，属于银行借款筹资特点的有（ ）。（2020 年卷Ⅱ）

A. 财务风险低　　B. 不分散公司控制权

C. 可以利用财务杠杆　　D. 筹资速度快

【解析】银行借款属于债务筹资，所以财务风险高，但可以利用财务杠杆，选项 A 错误、选项 C 正确。银行借款筹资不会增加普通股股数，所以不分散公司控制权，选项 B 正确。银行借款的程序相对简单，所花时间较短，公司可以迅速获得所需资金，选项 D 正确。

【答案】BCD

【真题 30·单选题】下列筹资方式中，筹资速度较快，但在资金使用方面往往具有较多限制条款的是（ ）。（2019 年卷Ⅰ）

A. 发行债券　　B. 租赁　　C. 发行股票　　D. 银行借款

【解析】银行借款的筹资特点包括：①筹资速度快；②资本成本较低；③筹资弹性较大；④限制条款多；⑤筹资数额有限。

【答案】D

真题点拨

通过理解进行分析判断，证券类筹资（发行债券、发行股票等）的筹资速度慢；而租赁筹资速度快，且租赁的限制条件最少。

【真题 31·单选题】某航空公司为开通一条国际航线，需增加两架空客飞机，为尽快形成航运能力，下列筹资方式中，该公司通常会优先考虑（ ）。（2018 年卷Ⅰ）

A. 普通股筹资　　B. 债券筹资　　C. 优先股筹资　　D. 租赁筹资

【解析】在资金缺乏的情况下，租赁能迅速获得所需资产，便于尽快形成航运能力。

【答案】D

【真题 32·单选题】与发行公司债券相比，银行借款筹资的优点是（　　）。（2017 年卷Ⅱ）

A. 资本成本较低　　B. 资金使用的限制条件少

C. 能提高公司社会声誉　　D. 单次筹资数额较大

【解析】银行借款的筹资特点：①筹资速度快；②资本成本较低；③筹资弹性较大；④限制条款多；⑤筹资数额有限。

【答案】A

【真题 33·多选题】与发行股票筹资相比，租赁的特点有（　　）。（2016 年）

A. 筹资限制条件较少　　B. 形成生产能力较快

C. 资本成本较低　　D. 财务风险较小

【解析】由于租赁为债务筹资，定期支付租金，财务风险大于发行股票筹资，选项 D 不正确。

【答案】ABC

第三节　股权筹资

使用“会计云课堂”App 或“微信”扫码查看本节视频，快速 GET 知识点。

一、股权筹资的种类★

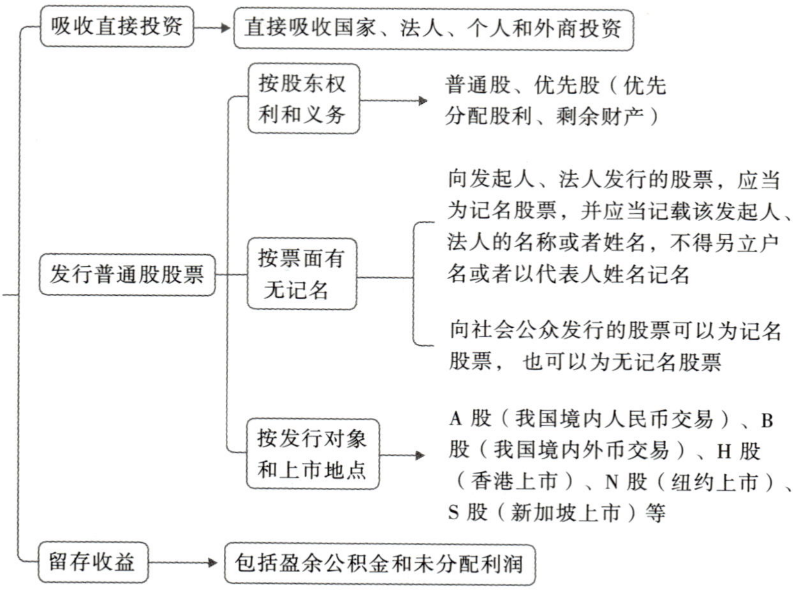

二、股权筹资的具体形式★★★

（一）吸收直接投资

1. 吸收直接投资的种类

种类	特点 / 含义
吸收国家投资	①产权归属国家。②资金的运用和处置受国家约束较大。③在国有公司中采用比较广泛
吸收法人投资	①发生在法人单位之间。②以参与公司利润分配或控制为目的。③出资方式灵活多样
吸收外商投资	①外商投资是指外国的自然人、企业或者其他组织（以下称外国投资者）直接或间接在中国境内进行的投资。②外商投资企业，是指全部或者部分由外国投资者投资，依照中国法律在中国境内登记注册设立的企业
吸收社会公众投资	①参加投资的人员较多。②每人投资的数额相对较少。③以参与公司利润分配为目的

2. 吸收直接投资的出资方式

可以作为吸收直接投资的出资方式	以货币资产出资、以实物资产出资、以知识产权出资、以土地使用权出资、以特定债权出资
不能作为吸收直接投资的出资方式	劳务、信用、自然人姓名、商誉、特许经营权或者设定担保的财产等

要点小贴士

吸收知识产权等无形资产出资的风险较大。技术具有强烈的时效性，会因其不断老化落后而导致实际价值不断减少甚至完全丧失。

【提示】以特定债权出资：

（1）特定债权，指企业依法发行的可转换债券以及按照国家有关规定可以转作股权的债权。

（2）在实践中，企业可以将特定债权转为股权的情形主要有：

①上市公司依法发行的可转换债券。

②金融资产管理公司持有的国有及国有控股企业债权。

③企业实行公司制改建时，经银行以外的其他债权人协商同意，可以按照有关协议和企业章程的规定，将其债权转为股权。

④根据《利用外资改组国有企业暂行规定》，国有企业的境内债权人将持有的债权转给外国投资者，企业通过债转股改组为外商投资企业。

⑤按照《企业公司制改建有关国有资本管理与财务处理的暂行规定》，国有企业改制时，账面原有应付工资余额中欠发职工工资部分，在符合国家政策、职工自愿的条件下，依法扣除个人所得税后可转为个人投资；未退还职工的集资款也可转为个人投资。

经典题解

【真题34·判断题】对于吸收直接投资这种筹资方式，投资人可以用土地使用权出资。（　　）（2020年卷Ⅱ）

【解析】吸收直接投资的出资方式有：

（1）以货币资产出资。

（2）以实物资产出资。

（3）以土地使用权出资。

（4）以知识产权出资。

（5）以特定债权出资。

【答案】√

【真题35·多选题】下列各项中，能够作为吸收直接投资出资方式的有（　　）。（2017年卷Ⅰ）

A. 特许经营权　　B. 土地使用权

C. 商誉　　D. 非专利技术

【解析】吸收直接投资的出资方式包括：①以货币资产出资。②以实物资产出资。③以土地使用权出资。④以知识产权出资。⑤以特定债权出资。其中知识产权通常是指专有技术、商标权、专利权、非专利技术等无形资产。此外，国家相关法律法规对无形资产出资方式另有限制，股东或者发起人不得以劳务、信用、自然人姓名、商誉、特许经营权或者设定担保的财产等作价出资。选项B、D正确。

【答案】BD

【真题36·多选题】企业可将特定的债权转为股权的情形有（　　）。（2014年）

A. 公司重组时的银行借款

B. 改制时未退还职工的集资款

C. 上市公司依法发行的可转换债券

D. 金融资产管理公司持有的国有企业债权

【解析】公司重组时的银行借款不属于企业可将特定债权转为股权的情形，选项A错误。

【答案】BCD

（二）发行普通股股票

1. 股票的特点与股东的权利

股票的特点	①永久性；②流通性；③风险性；④参与性
股东的权利	①公司管理权；②收益分享权；③股份转让权；④优先认股权；⑤剩余财产要求权

经典题解

【真题37·判断题】如果公司增发普通股，则公司的优先股股东具有优先于普通股股东认购新股的权利。（　　）（2021年卷Ⅱ）

【解析】公司原有普通股股东拥有优先认购本公司增发股票的权利。

【答案】×

【真题 38·单选题】下列各项中不属于普通股股东权利的是（　　）。（2018 年卷Ⅰ）

A. 剩余财产要求权　　B. 固定收益权

C. 转让股份权　　D. 参与决策权

【解析】普通股股东的权利：①公司管理权；②收益分享权；③股份转让权；④优先认股权；⑤剩余财产要求权。普通股股东获得的股利数额是不确定的，所以选项 B 不属于普通股股东的权利。

【答案】B

【真题 39·单选题】下列各项优先权中，属于普通股股东所享有的一项权利是（　　）。（2017 年卷Ⅱ）

A. 优先剩余财产分配权　　B. 优先股利分配权

C. 优先股份转让权　　D. 优先认股权

【解析】选项 A、B 是优先股股东的优先权利。选项 C 没有优先之说。选项 D 是普通股股东的优先权利。

【答案】D

真题点拨

优先股的优先权和普通股的权利对比是一个经常考的考点，不要认为只有优先股有优先权，普通股也有优先权。

（1）股利分配、剩余财产分配权：优先股优先；

（2）公司管理权、优先认股权：普通股优先；

（3）股份转让权：平等。

2. 我国证券交易所概况

证券交易所是为证券集中交易提供场所和设施，组织和监督证券交易，实行自律管理的法人。证券交易所有公司制的营利性法人和会员制的非营利性法人两种形式。

证券交易所	成立时间	批准机构	法人组织形式	资本市场体系特点
上海证券交易所	1990 年 11 月 26 日	经国务院授权，由中国人民银行批准建立	自律管理的会员制非营利性法人	以主板为主，重点服务各行业、各地区的龙头企业和大型骨干企业；2019 年设立科创板，支持高科技企业发展
深圳证券交易所	1990 年 12 月 1 日	经国务院批准设立	自律管理的会员制非营利性法人	主板、中小企业板和创业板差异化发展的多层次资本市场体系 【提示】2021年2月5日，中国证监会宣布，批准深圳证券交易所主板和中小板合并
北京证券交易所	2021 年 9 月 3 日	经国务院批准设立	公司制证券交易所	以现有的新三板精选层为基础，坚持服务创新型中小企业的市场定位

3．发行股票的条件

（1）首次公开发行股票的条件。

<table>
<tr><td>含义</td><td colspan="3">首次公开发行股票（initial public offering，IPO），是指一家公司第一次将其股票向公众发售的行为</td></tr>
<tr><td>《证券法》规定的基本条件</td><td colspan="3">①具备健全且运行良好的组织机构
②具有持续经营能力
③最近3年财务会计报告被出具无保留意见审计报告
④发行人及其控股股东、实际控制人最近3年不存在贪污、贿赂、侵占财产、挪用财产或者破坏社会主义市场经济秩序的刑事犯罪
⑤经国务院批准的国务院证券监督管理机构规定的其他条件</td></tr>
<tr><td>管理制度</td><td colspan="3">①主板首次公开发行上市的股票采用核准制
②创业板首次公开发行上市的股票由核准制改为试行注册管理制度
③科创板首次公开发行上市的股票试行注册管理制度</td></tr>
<tr><td rowspan="3">各板块首次公开发行的条件</td><td colspan="3">因我国证券市场分为不同板块，对各板块企业的目标和要求不同，其首次公开发行股票的条件也存在差异。各板块除遵循《证券法》规定的基本条件外，还要遵循相关法规规定的首次公开发行股票的相应条件</td></tr>
<tr><td rowspan="2">IPO中财务与会计方面的条件</td><td>主板市场</td><td>创业板及科创板市场</td></tr>
<tr><td>①最近3个会计年度净利润均为正数且累计超过人民币3000万元，净利润以扣除非经常性损益前后较低者为计算依据
②最近3个会计年度经营活动产生的现金流量净额累计超过人民币5000万元；或者最近3个会计年度营业收入累计超过人民币3亿元
③发行前股本总额不少于人民币3000万元
④最近一期末无形资产（扣除土地使用权、水面养殖权和采矿权等后）占净资产的比例不高于20%
⑤最近一期末不存在未弥补亏损</td><td>①发行人会计基础工作规范，财务报表的编制和披露符合《企业会计准则》和相关信息披露规则的规定，在所有重大方面公允地反映了发行人的财务状况、经营成果和现金流量，最近3年财务会计报告由注册会计师出具无保留意见的审计报告
②发行人内部控制制度健全且被有效执行，能够合理保证公司运行效率、合法合规和财务报告的可靠性，并由注册会计师出具无保留结论的内部控制鉴证报告</td></tr>
</table>

要点小贴士

总体而言，科创板和创业板企业首次公开发行股票的条件相对宽松。

（2）上市公司股票发行的条件。

股份有限公司首次发行股票上市后成为上市公司，上市公司发行股票要符合我国相关法规规定。发行股票分为公开发行和非公开发行，相关法规对其规定了相应的条件。

发行方式	发行条件
公开发行	①上市公司的组织机构健全、运行良好 ②上市公司的盈利能力具有可持续性 ③上市公司的财务状况良好 ④上市公司最近36个月内财务会计文件无虚假记载，且不存在规定的相关重大违法行为 ⑤上市公司不存在不得公开发行证券的相关情形
非公开发行	①发行价格不低于定价基准日前20个交易日公司股票均价的80% ②本次发行的股份自发行结束之日起，6个月内不得转让；控股股东、实际控制人及其控制的企业认购的股份，18个月内不得转让 ③募集资金使用符合本办法的相关规定 ④本次发行将导致上市公司控制权发生变化的，还应当符合中国证监会的其他规定

要点小贴士

非公开发行的条件较宽松，发行底价低，且没有盈利持续性、财务状况方面的要求。

（3）新三板公开发行股票的条件。

含义	新三板市场是指全国中小企业股份转让系统。在新三板市场发行人向不特定合格投资者公开发行股票
发行条件	①发行人应当为在全国股转系统连续挂牌满12个月的创新层挂牌公司 ②发行人申请股票公开发行并在精选层挂牌应当符合《公众公司办法》规定的公开发行股票的相关要求和《全国中小企业股份转让系统分层管理办法》规定的精选层市值、财务条件等要求，且不存在《分层管理办法》规定的不得进入精选层的情形 ③发行对象应当为已开通全国股转系统精选层股票交易权限的合格投资者

经典题解

【例题40·判断题】我国对首次公开发行并在科创板上市的股票试行注册管理制度，对首次公开发行并在创业板上市的股票实行核准制。（　　）

【解析】我国对首次公开发行并在创业板上市的股票由核准制改为试行注册管理制度。对首次公开发行并在科创板上市的股票试行注册管理制度。

【答案】×

4. 股票的发行方式

发行方式	含义	特点						
		发行范围	发行对象	发行成本	股票变现性	筹集资本	发行公司的声誉	弹性
公开间接发行	通过中介机构向社会公众公开发行股票	广	多	高	强	易于足额	有助于提高	较小

发行方式	含义	特点						
		发行范围	发行对象	发行成本	股票变现性	筹集资本	发行公司的声誉	弹性
非公开直接发行	只向少数特定的对象直接发行股票，因而不需要经中介机构承销	窄	少	低	弱	不易及时足额	不利于提高	较大

要点小贴士

少数特定的对象可以是战略投资者、机构投资者或老股东等。

经典题解

【真题41·单选题】与公开间接发行股票相比，非公开直接发行股票的优点是（　　）。（2017年卷Ⅱ）

A. 有利于筹集足额的资本

B. 有利于引入战略投资者

C. 有利于降低财务风险

D. 有利于提升公司知名度

【解析】公开间接发行的发行范围广，有利于提高公司的知名度，发行对象多，易于足额筹集资本，选项A、D是公开间接发行股票的优点，选项C是共性不是特点。

【答案】B

5. 上市公司再次发行股票的发行方式

上市公司发行股票的方式
- 配股 → 上市公司向原有股东配售股票的再融资方式
- 增发
  - 公开增发 → 面向社会公众发售股票
  - 非公开增发（定向增发） → 面向特定对象发行股票

【提示】上市公司定向增发的优势：

（1）有利于引入战略投资者和机构投资者；

（2）有利于利用上市公司的市场化估值溢价，将母公司资产通过资本市场放大，从而提升母公司的资产价值；

（3）定向增发是一种主要的并购手段，特别是资产并购型定向增发，有利于集团企业整体上市，并同时减轻并购的现金流压力。

经典题解

【真题42·单选题】下列筹资方式中，更有利于上市公司引入战略投资者的是（　　）。（2020年卷Ⅱ）

A. 发行债券　　B. 定向增发股票

C. 公开增发股票　　D. 配股

【解析】上市公司定向增发的优势在于：（1）有利于引入战略投资者和机构投资者；（2）有利于利用上市公司的市场化估值溢价，将母公司资产通过资本市场放大，从而提升母公司的资产价值；（3）定向增发是一种主要的并购手段，特别是资产并购型定向增发，有利于集团企业整体上市，并同时减轻并购的现金流压力。

【答案】B

【真题43·单选题】与配股相比，定向增发的优势是（　　）。（2016年）

A. 有利于社会公众参与

B. 有利于保持原有的股权结构

C. 有利于促进股权的流通转让

D. 有利于引入战略投资者和机构投资者

【解析】选项A、C是公开增发的特点，选项B是配股的特点，定向增发会改变股权结构，选项B错误。

【答案】D

6. 股票发行中引入战略投资者的意义

战略投资者的概念	按照中国证监会规则解释，战略投资者是指与发行人具有合作关系或有合作意向和潜力，与发行公司业务联系紧密且欲长期持有发行公司股票的法人
作为战略投资者的基本要求	①要与公司的经营业务联系紧密 ②要出于长期投资目的而较长时期地持有股票 ③要具有相当的资金实力，且持股数量较多
作用	①提升公司形象，提高资本市场认同度 ②优化股权结构，健全公司法人治理 ③提高公司资源整合能力，增强公司的核心竞争力 ④达到阶段性的融资目标，加快实现公司上市融资的进程

经典题解

【例题44·多选题】上市公司引入战略投资者的主要作用有（　　）。

A. 优化股权结构

B. 提升公司形象

C. 提高资本市场认同度

D. 提高公司资源整合能力

【解析】此题考查的是引入战略投资者的作用。引入战略投资者的作用：①提升公司形象，提高资本市场认同度。②优化股权结构，健全公司法人治理。③提高公司资源整合能力，增强公司核心竞争力。④达到阶段性的融资目标，加快实现公司上市融资的进程。

【答案】ABCD

7. 股票的上市交易与退市

（1）股票上市的目的和不利影响。

名师点拨

目的的实质就是有利影响，把握这种考点可以按照常识来理解记忆股票上市的有利和不利影响。

目的	不利影响
①便于筹措新资金 ②促进股权流通和转让 ③便于确定公司价值	①上市成本较高，手续复杂严格 ②公司将负担较高的信息披露成本 ③信息公开的要求可能会暴露公司的商业机密 ④股价有时会歪曲公司的实际情况，影响公司声誉 ⑤可能会分散公司的控制权，造成管理上的困难

经典题解

【真题45·多选题】下列各项中，属于公司股票上市目的的有（　　）。（2021年卷Ⅰ）

A. 促进股权流通和转让

B. 巩固公司的控制权

C. 拓宽筹资渠道

D. 降低信息披露成本

【解析】股票上市后，公司将负担较高的信息披露成本，也可能会分散公司的控制权，造成管理上的困难。选项B、D错误。

【答案】AC

【真题46·多选题】公司股票上市给公司带来的不利影响有（　　）。（2021年卷Ⅲ）

A. 公司价值不易确定

B. 商业机密容易暴露

C. 信息披露成本较高

D. 财务风险增加

【解析】股票上市给公司带来的不利影响主要有：上市成本较高，手续复杂严格；公司将负担较高的信息披露成本；信息公开的要求可能会暴露公司商业机密；股价有时会歪曲公司的实际情况，影响公司声誉；可能会分散公司的控制权，造成管理上的困难。选项B、C正确。股票上市后，公司股价有市价可循，便于确定公司的价值。选项A错误。股票上市的优点之一在于便于筹措新资金，如果在资本市场上募集股权资金，增加股权资金的比重有利于未来降低财务风险，选项D错误。

【答案】BC

【提示】2017年卷Ⅰ试题与此题的考查角度一致。

【真题47·单选题】下列关于公司股票上市的说法中，错误的是（　　）。（2020年卷Ⅰ）

A. 股票上市有利于确定公司价值

B. 股票上市有利于保护公司的商业机密

C. 股票上市有利于促进公司股权流通和转让

D. 股票上市可能会分散公司的控制权

【解析】股票上市需要公司进行信息公开，这可能会暴露公司商业机密。

【答案】B

（2）股票退市风险警示与退市。

退市风险警示与退市的原因	当上市公司出现经营情况恶化、存在重大违法违规行为或其他原因导致不符合上市条件时，就可能受到退市风险警示或退市
退市的种类	退市包括强制退市和主动退市。强制退市包括四个方面：交易类强制退市、财务类强制退市、规范类强制退市和重大违法类强制退市

【提示】财务类强制退市条件包括净利润加营业收入的组合指标、净资产和审计意见类型等。

（三）留存收益

筹资途径	含义	用途
提取盈余公积金	是指有指定用途的留存净利润，其提取基数是抵减年初累计亏损后的本年度净利润	主要用于企业未来的经营发展，经投资者审议后也可以用于转增股本（实收资本）和弥补公司经营亏损
未分配利润	是指未限定用途的留存净利润	除了与盈余公积金一样的用途［用于企业未来经营发展、转增股本（实收资本）、弥补公司经营亏损］，还可以用于以后年度利润分配

要点小贴士

我国《公司法》中盈余公积金的用途不包括用于以后年度利润分配。

经典题解

【真题48·多选题】下列各项中，属于盈余公积金用途的有（　　）。（2015年）

A. 弥补亏损

B. 转增股本

C. 扩大经营

D. 分配股利

【解析】盈余公积金主要用于企业未来的经营发展，经投资者审议后也可以用于转增股本（实收资本）和弥补公司经营亏损。选项A、B、C正确。

【答案】ABC

三、股权筹资的优缺点★★★

（一）各种股权筹资方式特点比较

项目	吸收直接投资	发行普通股	留存收益
生产能力形成	能够尽快形成生产能力	不易及时形成生产能力	—
资本成本	最高	较高	最低
筹资费用	手续相对比较简便，筹资费用较低	手续复杂，筹资费用高	没有筹资费
产权交易	不易进行产权交易	促进股权流通和转让	—
公司控制权	公司控制权集中，不利于公司治理	公司控制权分散，公司容易被经理人控制	维持公司的控制权分布
公司与投资者的沟通	公司与投资者容易进行信息沟通	公司与投资者不容易进行信息沟通	—
筹资数额	筹资数额较大	筹资数额较大	筹资数额有限

要点小贴士

吸收直接投资方式下，股权相对比较集中，投资者往往要求将大部分盈余作为红利分配，所以在各种筹资方式中资本成本最高。

经典题解

【真题49·多选题】与银行借款相比，公开发行股票筹资的特点有（　　）。（2021年卷Ⅱ）

A. 资本成本较低　　B. 增强公司的社会声誉

C. 不受金融监管政策约束　　D. 信息披露成本较高

【解析】与银行借款相比，发行股票筹资的资本成本较高。选项A错误。公开发行股票审批手续复杂严格，是要受到金融监管政策约束的。选项C错误。

【答案】BD

【真题50·多选题】关于留存收益筹资的特点，下列表述正确的有（　　）。（2020年卷Ⅰ）

A. 不发生筹资费用　　B. 没有资本成本

C. 筹资数额相对有限　　D. 不分散公司的控制权

【解析】利用留存收益的筹资特点有：（1）不用发生筹资费用；（2）维持公司的控制权分布；（3）筹资数额有限。选项A、C、D正确。与普通股筹资相比，留存收益筹资不需要发生筹资费用，资本成本较低。所以选项B错误。

【答案】ACD

【真题51·多选题】与增发新股筹资相比，留存收益筹资的优点有（　　）。（2018年卷Ⅰ）

A. 筹资成本低　　B. 有助于增强公司的社会声誉

C. 有助于维持公司的控制权分布　　D. 筹资规模大

【解析】与普通股筹资相比较，留存收益筹资不需要发生筹资费用，资本成本较低，选项 A 正确。利用留存收益筹资，不用对外发行新股或吸收新投资者，由此增加的权益资本不会改变公司的股权结构，不会稀释原有股东的控制权，选项 C 正确。

【答案】AC

【真题 52·判断题】企业吸收直接投资有时能够直接获得所需的设备和技术，及时形成生产能力。（　　）（2017 年卷Ⅱ）

【解析】吸收直接投资不仅可以取得一部分货币资金，而且能够直接获得所需的先进设备和技术，尽快形成生产经营能力。

【答案】√

【真题 53·单选题】与发行股票筹资相比，吸收直接投资的优点是（　　）。（2016 年）

真题点拨

权益筹资特点也是几乎年年都考的考点，把握时注意不用单独背教材中给出的各种方式的特点，而是要比较记忆。

A. 易于进行产权交易　　B. 资本成本较低

C. 有利于提高公司声誉　　D. 筹资费用较低

【解析】吸收直接投资不易进行产权交易，因此选项 A 不正确。相对于股票筹资来说，吸收直接投资的资本成本较高，因此选项 B 不正确。发行股票筹资的优点是能增强公司的社会声誉，因此选项 C 不正确。吸收直接投资筹资费用较低，因此选项 D 正确。

【答案】D

【真题 54·单选题】下列各项中，与留存收益筹资相比，属于吸收直接投资特点的是（　　）。（2015 年）

A. 资本成本较低　　B. 筹资速度较快

C. 筹资规模有限　　D. 形成生产能力较快

【解析】吸收直接投资的筹资特点包括：①能够尽快形成生产能力；②容易进行信息沟通；③资本成本较高；④公司控制权集中，不利于公司治理；⑤不易进行产权交易。留存收益的筹资特点包括：①不用发生筹资费用；②维持公司控制权分布；③筹资数额有限。选项 D 正确。

【答案】D

（二）股权筹资的优缺点（与债务筹资比）

名师点拨

不用死记这些特点，还是要看比较对象。教材这里实质主要是针对发行股票筹资与债务筹资相比的特点。比如第（2）和（3）的缺点对于留存收益不适用。

优点	（1）是企业稳定的资本基础 （2）是企业良好的信誉基础 （3）财务风险较小
缺点	（1）资本成本较高 （2）控制权变更可能影响企业长期稳定发展 （3）信息沟通与披露成本较大

经典题解

【真题55·判断题】因为普通股不一定支付股利，所以普通股资本成本小于债务资本成本。（　　）（2021年卷Ⅲ）

【解析】一般来说，债务筹资的资本成本要低于股权筹资。其一是取得资金的手续费用等筹资费用较低；其二是利息、租金等用资费用比股权资本要低；其三是利息等资本成本可以在税前支付。

【答案】×

真题点拨

最关键的比较就是资本成本和财务风险，股权的资本成本高，但是财务风险小。选项A、C其实也是财务风险小的另一种角度的表现。

【真题56·多选题】与债务筹资相比，股权筹资的优点有（　　）。（2020年卷Ⅲ）

A. 股权筹资是企业稳定的资本基础

B. 股权筹资的财务风险比较小

C. 股权筹资构成企业的信誉基础

D. 股权筹资的资本成本比较低

【解析】股权筹资的优点有：（1）股权筹资是企业稳定的资本基础。（2）股权筹资是企业良好的信誉基础。（3）股权筹资的财务风险较小。所以选项A、B、C正确。一般而言，股权筹资的资本成本要高于债务筹资。这主要是由于投资者投资于股权特别是投资于股票的风险较高，投资者或股东相应要求得到较高的收益率。从企业成本开支的角度来看，股利、红利从税后利润中支付，而使用债务资金的资本成本允许税前扣除。此外，普通股的发行、上市等方面的费用也十分庞大。所以选项D错误。

【答案】ABC

【真题57·单选题】与银行借款筹资相比，下列属于普通股筹资特点的是（　　）。（2019年卷Ⅱ）

A. 筹资速度较快　　B. 资本成本较低

C. 筹资数额有限　　D. 财务风险较小

【解析】股权资本不用在企业正常营运期内偿还，没有还本付息的财务压力，所以财务风险较小。

【答案】D

【真题58·多选题】下列筹资方式中，可以降低财务风险的有（　　）。（2019年卷Ⅰ）

A. 银行借款筹资　　B. 留存收益筹资

C. 普通股筹资　　D. 租赁筹资

【解析】留存收益筹资和普通股筹资属于股权筹资，股权筹资可以降低财务风险；银行借款筹资和租赁筹资属于债务筹资，会提高财务风险。

【答案】BC

【真题59·单选题】关于普通股筹资方式，下列说法错误的是（　　）。（2018年卷Ⅱ）

A. 普通股筹资属于直接筹资

B. 普通股筹资能降低公司的资本成本

C. 普通股筹资不需要还本付息

D. 普通股筹资是公司良好的信誉基础

【解析】由于股票投资的风险较大，收益具有不确定性，投资者就会要求较高的风险补偿。因此，股票筹资的资本成本较高。选项 B 错误。

【答案】B

第四节 衍生工具筹资

使用“会计云课堂”App 或“微信”扫码查看本节视频，快速 GET 知识点。

衍生工具筹资，包括兼具股权和债务性质的混合融资和其他衍生工具融资。我国上市公司目前最常见的混合融资方式有可转换债券融资和优先股股票筹资，最常见的其他衍生工具融资是认股权证融资。

一、可转换债券★★★

（一）含义、分类及基本性质

项目		内容说明
含义		可转换债券是一种混合型证券，是公司普通债券与证券期权的组合体 可转换债券的持有人在一定期限内，可以按照事先规定的价格或者转换比例，自由地选择是否转换为公司普通股
分类	不可分离的可转换债券	转股权与债券不可分离，债券持有者直接按照债券面额和约定的转股价格，在规定的期限内将债券转换为股票
	可分离交易的可转换债券	债券在发行时附有认股权证，是认股权证和公司债券的组合，发行上市后，公司债券和认股权证各自独立流通、交易
基本性质	证券期权性	可转换债券给予了债券持有者未来的选择权，在事先约定的期限内，投资者可以选择将债券转换为普通股票，也可以放弃转换权利，持有至债券到期还本付息。可转换债券的持有人具有在未来按一定的价格购买普通股股票的权利，因此可转换债券具有买入期权的性质
	资本转换性	可转换债券在正常持有期，属于债权性质；转换成股票后，属于股权性质。资本双重性的转换，取决于投资者是否行权
	赎回与回售	（1）可转换债券一般都会有赎回条款，发债公司在可转换债券转换前，可以按一定条件赎回债券。通常，公司股票价格在一段时期内连续高于转股价格达到某一幅度时，公司会按事先约定的价格买回未转股的可转换公司债券 （2）可转换债券一般也会有回售条款，公司股票价格在一段时期内连续低于转股价格达到某一幅度时，债券持有人可按事先约定的价格将所持债券回售给发行公司

名师点拨

考试不特指时，谈到可转换债券是指不可分离的可转换债券；附认股权证债券是指可分离交易的可转换债券。

经典题解

【例题60·判断题】可转换债券的持有人具有在未来按一定的价格购买普通股股票的权利，因此可转换债券具有买入期权的性质。(　　)

【解析】本题考查可转换债券基本性质中的“证券期权性”。

【答案】√

要点小贴士

赎回条款、强制性转换条款是对发行公司有利的条款；回售条款是对投资人有利的条款。

(二)可转换债券的基本要素

基本要素	内容
标的股票	标的股票一般是发行公司自己的普通股票
票面利率	可转换债券的票面利率一般会低于普通债券的票面利率，有时甚至还低于同期银行存款利率
转换价格	转换价格是指可转换债券在转换期内据以转换为普通股的折算价格，即将可转换债券转换为普通股的每股普通股的价格 【提示】转换价格一般比发售日股票市场价格高出一定比例，如高出10%~30%。《上市公司证券发行管理办法》规定，转股价格应不低于募集说明书公告日前20个交易日该公司股票交易均价和前1个交易日的均价。因配股、增发、送股、派息、分立及其他原因引起上市公司股份变动的，应当同时调整转股价格
转换比率	指每一张可转换债券在既定的转换价格下能转换为普通股股票的数量 转换比率=债券面值/转换价格
转换期	可转换债券的转换期可以与债券的期限相同，也可以短于债券的期限
赎回条款	(1)含义：指发债公司按事先约定的价格买回未转股债券的条件规定 (2)内容：通常包括不可赎回期间与赎回期间、赎回价格和赎回条件等 (3)发生时机：一般发生在公司股票价格在一段时期内连续高于转股价格达到某一幅度时 (4)主要的功能： ①强制债券持有者积极行使转股权，因此又被称为加速条款 ②使发债公司避免在市场利率下降后，继续向债券持有人按照较高的票面利率支付利息所蒙受的损失
回售条款	(1)含义：指债券持有人有权按照事先约定的价格将债券卖回给发债公司的条件规定 (2)发生时机：一般发生在公司股票价格在一段时间内连续低于转股价格达到某一幅度时 (3)作用：回售对于投资者而言实际上是一种卖权，有利于降低投资者的持券风险
强制性转换条款	(1)含义：是指在某些条件具备之后，债券持有人必须将可转换债券转换为股票，无权要求偿还债券本金的规定 (2)作用：保证可转换债券顺利地转换成股票，预防投资者到期集中挤兑引发公司破产的悲剧

要点小贴士

(1)可转换债券本身具有买入期权的性质，其转换权对于投资者是一种“买权”；

(2)可转换债券如果附有回售条款，就给投资者增加了一个“卖权”。

经典题解

【真题61·单选题】某公司发行的可转换债券面值为100元，转换价格为20元，目前已到转换期，股票市价为25元。该可转换债券的转换比率为（　　）。（2021年卷Ⅲ）

A. 0.8　　B. 4　　C. 5　　D. 1.25

【解析】转换比率 = 债券面值 / 转换价格 =100/20=5。

【答案】C

【真题62·多选题】公司发行可转换债券，设置赎回条款的主要目的有（　　）。（2021年卷Ⅲ）

A. 授予债券持有者将债券提前卖给发行人的权利

B. 避免市场利率下降给发行人带来利率损失

C. 降低债券持有者的持券风险

D. 促使债券持有者积极行使转股权

【解析】设置赎回条款最主要的功能是强制债券持有者积极行使转股权，因此又被称为加速条款。同时也能使发债公司避免在市场利率下降后，继续向债券持有人按照较高的票面利率支付利息所蒙受的损失。选项B、D正确。选项A、C是回售条款的作用。

【答案】BD

真题点拨

考试喜欢把赎回条款和回售条款的特点混在一起让我们辨别，因此要注意二者的区别：

（1）发生的时机是反向的：赎回对应的是股价高于转股价格，回售对应的是股价低于转股价格；

（2）有利的主体也是不同的，赎回对发行公司有利，回售对投资人有利。

【真题63·单选题】关于可转换债券的赎回条款，下列说法错误的是（　　）。（2020年卷Ⅲ）

A. 赎回条款通常包括不可赎回期间与赎回期间、赎回价格和赎回条件等

B. 赎回条款是发债公司按事先约定的价格买回未转股债券的相关规定

C. 赎回条款的主要功能是促使债券持有人积极行使转股权

D. 赎回条款主要目的在于降低投资者持有债券的风险

【解析】回售条款可以降低投资者持有债券的风险，而不是赎回条款。

【答案】D

【真题64·单选题】关于可转换债券，下列表述正确的是（　　）。（2019年卷Ⅰ）

A. 可转换债券的赎回条款有利于降低投资者的持券风险

B. 可转换债券的转换权是授予持有者的一种买入期权

C. 可转换债券的转换比率为标的股票市值与转换价格之比

D. 可转换债券的回售条款有助于可转换债券顺利转换成股票

【解析】赎回条款是对发行人有利的条款，是发行人的选择权，对投资人不利。回售条款是有利于降低投资者的持券风险的条款，选项A错误；可转换债券的转换权是授予持有者按约定价格把债券转换为股票的权利，实质是一种买入期权，选项B正确；转换比率为债券面值与转换价格之比，选项C错误；赎回条款有助于可转换债券顺利转换成股票，选项D错误。

【答案】B

【真题 65 · 多选题】下列可转换债券条款中，有利于保护债券发行者利益的有（　　）。（2016 年）

A. 赎回条款　　B. 回售条款

C. 强制性转换条款　　D. 转换比率条款

【解析】选项 A、C 有利于保护发行者利益。选项 B 有利于保护投资人利益。

【答案】AC

（三）可转换债券的筹资特点

优缺点	要点	解释
优点	筹资灵活性	将传统的债务筹资功能和股票筹资功能结合起来，筹资性质和时间上具有灵活性
	资本成本较低	可转换债券的利率低于同一条件下普通债券的利率，降低了公司的筹资成本；此外，在可转换债券转换为普通股时，公司无须另外支付筹资费用，又节约了股票的筹资成本
	筹资效率高	可转换债券的转换价格通常高于发行当时本公司的股票价格。如果这些债券将来按转换价格都转换成了股票，相当于以高于当时股票市价的价格新发行了股票，筹集了更多的股份资金
缺点	存在不转换的财务压力	如果在转换期内公司股价处于恶化性的低位，持券者到期不会转股，会造成公司集中兑付债券本金的财务压力
	存在回售的财务压力	若公司股价长期低迷，在设计有回售条款的情况下，投资者集中在一段时间内将债券回售给发行公司，加大了公司的财务支付压力

要点小贴士

是与直接发行股票相比的优点。

经典题解

【例题 66 · 多选题】下列属于可转换债券特点的有（　　）。

A. 股价大幅度上扬时，可增加筹资数额

B. 利率低于普通债券，可节约利息支出

C. 可增强筹资灵活性

D. 若股价低迷，面临到期兑付债券本金的压力

【解析】如果可转换债券转换时公司股票价格大幅度上扬，公司只能以较低的固定转换价格换出股票，便会降低公司的股权筹资额，因此选项 A 错误。

【答案】BCD

二、认股权证★★

（一）含义及分类

1. 含义：认股权证是一种由上市公司发行的证明文件，持有人有权在一定时间内以约定价格认购该公司发行的一定数量的股票。

2. 分类

按买或卖的不同权利，权证可分为认购权证和认沽权证，又称为看涨权证和看跌权证。认股权证，属于认购权证。

要点小贴士

（1）认购权证，赋予持有人未来按约定价格买股票的权利，是“买权”；

（2）认沽权证，赋予持有人未来按约定价格卖股票的权利，是“卖权”。

（二）认股权证的基本性质

性质	说明
期权性	（1）认股权证本质上是一种股票期权，属于衍生金融工具 （2）具有实现融资和股票期权激励的双重功能 （3）认股权证本身是一种认购普通股的期权，它没有普通股的红利收入，也没有普通股相应的投票权
是一种投资工具	投资者可通过购买认股权证获得市场价与认购价之间的股票差价收益，因此它是一种具有内在价值的投资工具

要点小贴士

（1）期权是指预期的选择权，不是必然行权，如果有利持有人会行权，不利持有人就不行权；

（2）可转换债券和认股权证都具有期权的性质。

（三）认股权证的筹资特点

特点	说明
是一种融资促进工具	能保证公司在规定的期限内完成股票发行计划，顺利实现融资
有助于改善上市公司的治理结构	在认股权证有效期间，上市公司管理层及其大股东任何有损公司价值的行为，都可能降低上市公司的股价，从而降低投资者执行认股权证的可能性。认股权证能够约束上市公司的败德行为，并激励他们更加努力地提升上市公司的市场价值
有利于推进上市公司的股权激励机制	认股权证是常用的员工激励工具，通过给予管理者和重要员工一定的认股权证，可以把管理者和员工的利益与企业价值成长紧密联系在一起

经典题解

【真题 67·单选题】关于认股权证，下列说法错误的是（　　）。（2021 年卷Ⅲ）

A. 认股权证在认股前可获得股利收入

B. 认股权证可作为一种融资促进工具

C. 认股权证在本质上是一种股票期权

D. 认股权证可作为激励工具授予公司员工

【解析】认股权证本身是一种认购普通股的期权，它没有普通股的红利收入，也没有普通股相应的投票权。选项 A 错误。

【答案】A

【真题 68·单选题】下列各项中，属于衍生工具筹资方式的是（　　）。（2019 年卷Ⅱ）

A. 认股权证筹资　　B. 商业信用筹资

C. 普通股筹资　　D. 租赁筹资

【解析】衍生工具筹资，包括兼具股权和债务性质的混合融资和其他衍生工具融资。我国上市公司目前最常见的混合融资方式是可转换债券融资，最常见的其他衍生工具融资是认股权证融资。

【答案】A

【真题69·判断题】可转换债券是常用的员工激励工具，可以把管理者和员工的利益与企业价值成长紧密联系在一起。（ ）（2017年卷Ⅰ）

【解析】认股权证是常用的员工激励工具，通过给予管理者和重要员工一定的认股权证，可以把管理者和员工的利益与企业价值成长紧密联系在一起，建立一个管理者与员工通过提升企业价值实现自身财富增值的利益驱动机制。

【答案】×

三、优先股★★

优先股是指股份有限公司发行的具有优先权利、相对优先于一般普通种类股份的股份种类。

（一）优先股的基本性质

约定股息	相对于普通股而言，优先股的股利收益是事先约定的，也是相对固定的
权利优先	优先股在年度利润分配和剩余财产清偿分配方面，具有比普通股股东优先的权利
权利范围小	优先股股东一般没有选举权和被选举权，对股份公司的重大经营事项无表决权。仅在股东大会表决与优先股股东自身利益直接相关的特定事项时，具有有限表决权

要点小贴士

两个优先，一个有限制：

优先分配股利、优先分配剩余财产、表决权有限制。

经典题解

【真题70·多选题】相对于普通股而言，优先股的优先权包含的内容有（ ）。（2020年卷Ⅱ）

A. 股利分配优先权　　B. 配股优先权

C. 剩余财产分配优先权　　D. 表决优先权

【解析】优先股股票简称优先股，是公司发行的相对于普通股具有一定优先权的股票。其优先权利主要表现在股利分配优先权和分配剩余财产优先权上。

【答案】AC

【真题71·判断题】优先股的优先权体现在剩余财产清偿分配顺序上居于债权人之前。（ ）（2019年卷Ⅱ）

【解析】在剩余财产方面，优先股股东清偿顺序先于普通股股东而次于债权人。一旦公司清算，剩余财产先分给债权人，再分给优先股股东，最后分给普通股股东。

【答案】×

（二）优先股的种类

分类标准	分类	含义
股息率在股权存续期内是否调整	固定股息率优先股	优先股股息率在股权存续期内不作调整的优先股
	浮动股息率优先股	优先股股息率根据约定的计算方法进行调整的优先股

分类标准	分类	含义
分红是否具有强制性	强制分红优先股	在有可分配税后利润时，必须向优先股股东分配利润的优先股
	非强制分红优先股	在有可分配税后利润时，可以不向优先股股东分配利润的优先股
所欠股息是否累积	累积优先股	指公司在某一时期所获盈利不足，导致当年可分配利润不足以支付优先股股息时，则将应付股息累积到次年或以后某一年盈利时，在普通股的股息发放之前，连同本年优先股股息一并发放
	非累积优先股	指公司不足以支付优先股的全部股息时，对所欠股息部分，优先股股东不能要求公司在以后年度补发
是否有权同普通股股东一起参加剩余税后利润分配	参与优先股	持有人除可按规定的股息率优先获得股息外，还可与普通股股东分享公司的剩余收益的优先股
	非参与优先股	持有人只能获取一定股息但不能参加公司额外分红的优先股
是否可以转换成普通股	可转换优先股	指在规定的时间内，优先股股东或发行人可以按照一定的转换比率把优先股换成该公司普通股
	不可转换优先股	不能转换成普通股的优先股
是否享有要求公司回购优先股的权利	可回购优先股	指允许发行公司按发行价加上一定比例的补偿收益回购的优先股 【提示】发行人要求赎回优先股的，必须完全支付所欠股息
	不可回购优先股	不附有回购条款的优先股

【提示】根据我国2014年起实行的《优先股试点管理办法》：我国目前的优先股只能是每股票面金额为100元、不可转换优先股、累积优先股、非参与优先股、固定股息率优先股、强制分红优先股。

经典题解

【真题72·单选题】参与优先股中的“参与”，指的是优先股股东按确定股息率获得股息后，还能够按相应规定与普通股股东一起参与（　　）。（2020年卷Ⅰ）

A. 剩余税后利润分配　　B. 认购公司增发的新股

C. 剩余财产清偿分配　　D. 公司经营决策

【解析】持有人除可按规定的股息率优先获得股息外，还可与普通股股东分享公司的剩余收益的优先股，称为参与优先股。

【答案】A

【真题73·判断题】若某公司当年可分配利润不足以支付优先股的全部股息时，所欠股息在以后年度不予补发，则该优先股属于非累积优先股。（　　）（2018年卷Ⅱ）

【解析】非累积优先股是指公司不足以支付优先股的全部股息时，对所欠股息部分，优先股股东不能要求公司在以后年度补发。

【答案】√

要点小贴士

资本成本与投资风险同向变动，与筹资风险（财务风险）反向变动。

（1）投资风险：普通股>优先股>债券。

（2）资本成本：普通股>优先股>债券。

（3）筹资风险（财务风险）：普通股<优先股<债券。

（三）优先股的特点

优点	缺点
（1）有利于丰富资本市场的投资结构 （2）有利于股份公司股权资本结构的调整 （3）与普通股筹资相比：有利于保障普通股收益和控制权 （4）与负债筹资相比：有利于降低公司财务风险	可能给股份公司带来一定的财务压力： （1）与负债筹资相比：优先股资本成本较高 （2）与普通股筹资相比：股利支付相对于普通股的固定性，会增加公司的财务风险

经典题解

【真题74·单选题】与普通股筹资相比，下列属于优先股筹资优点的是（　　）。（2019年卷Ⅰ）

A. 有利于降低公司财务风险

B. 优先股股息可以抵减所得税

C. 有利于保障普通股股东的控制权

D. 有利于减轻公司现金支付的财务压力

【解析】优先股股东无表决权，因此不影响普通股股东对企业的控制权，也基本上不会稀释原普通股股东的权益。

【答案】C

要点小贴士

（1）商业票据融资和中期票据融资主要是针对信用好的企业的筹资方式，都不需要抵押担保。

（2）资产证券化需要有相关债权作为基础资产或基础资产现金流来源。

（3）商圈融资以及供应链融资通常是为了解决中小企业融资难的问题，通常需要抵押担保。

（4）绿色信贷、能效信贷都由银行金融机构支持。

第五节　筹资实务创新

使用“会计云课堂”App或“微信”扫码查看本节视频，快速GET知识点。

一、非公开定向债务融资工具（PPN）★★

含义	是指在银行间债券市场以非公开定向发行方式发行的债务融资工具（private placement note，PPN）。非公开定向债务融资工具是具有法人资格的非金融企业，向银行间市场特定机构投资人发行债务融资工具取得资金的筹资方式，是一种债务筹资创新方式。在实务中成为企业重要的新的直接融资方式

特点	（1）简化的信息披露要求。非公开定向债务融资工具只需向定向投资人披露信息，无须履行公开披露信息义务；披露方式可协商约定 （2）发行规模没有明确限制 （3）发行方案灵活。由于采取非公开方式发行，利率、规模、资金用途等条款可由发行人与投资者通过一对一的谈判协商确定 （4）融资工具有限度流通。限定在特定投资人范围内流通转让 （5）发行价格存在流动性溢价。因其流通性的限制，与公开发行债务融资工具相比存在着一定的流动性溢价，即定向工具的利率比公开发行的同类债券利率要高

二、私募股权投资（PE）★★

含义	私募股权投资（private equity，PE）是指通过私募基金对非上市公司进行的权益性投资。PE 投资就是 PE 投资者寻找优秀的高成长性的未上市公司，注资其中，获得其一定比例的股份，推动公司发展、上市，此后通过转让股权获利
特点	（1）在资金募集上，主要通过非公开方式面向少数机构投资者或高净值个人募集，它的销售和赎回都是基金管理人通过私下与投资者协商进行的 （2）多采取权益型投资方式，绝少涉及债权投资 （3）投资的企业一般是非上市企业，投资比较偏向于已形成一定规模和产生稳定现金流的成形企业 （4）投资期限较长，一般可达 3~5 年或更长，属于中长期投资 （5）流动性差，没有现成的市场供非上市公司的股权出让方与购买方直接达成交易 （6）是被投资企业的重要股权筹资方式

经典题解

【例题 75·判断题】私募股权投资是指通过私募基金对上市公司进行的权益性投资。（　　）

【解析】私募股权投资是指通过私募基金对非上市公司进行的权益性投资。私募股权投资就是 PE 投资者寻找优秀的高成长性的未上市公司，注资其中，获得其一定比例的股份，推动公司发展、上市，此后通过转让股权获利。

【答案】×

三、产业基金★

含义	产业基金一般指产业投资基金（industry investment fund），向具有高增长潜力的未上市企业进行股权或准股权投资，并参与被投资企业的经营管理，以期所投资企业发育成熟后通过股权转让实现资本增值
我国产业基金的主要形式	政府出资产业投资基金是我国产业基金的主要形式，是指由政府出资，主要投资于非公开交易企业股权的股权投资基金和创业投资基金。企业获得产业投资基金投资，是一种股权筹资方式
设立政府出资产业投资基金的目的	通过财政性资金撬动社会资本进入国民经济发展重点领域，及具有较大发展潜力、经过前期扶持培育后可成长为新的经济增长点的领域

四、商业票据融资★

含义	商业票据是一种商业信用工具，是由债务人向债权人开出的、承诺在一定时期内支付一定款项的支付保证书，即由无担保、可转让的短期期票组成
特点	商业票据融资具有融资成本较低、灵活方便等特点

五、中期票据融资★★

含义	中期票据是指具有法人资格的非金融类企业在银行间债券市场按计划分期发行的、约定在一定期限还本付息的债务融资工具
发行条件	发行中期票据一般要求具有稳定的偿债资金来源；拥有连续三年的经审计的会计报表，且最近一个会计年度盈利；主体信用评级达到AAA；待偿还债券余额不超过企业净资产的40%；募集资金应用于企业生产经营活动，并在发行文件中明确披露资金用途；发行利率、发行价格和相关费用由市场化方式确定
特点	（1）发行机制灵活。中期票据发行采用注册制，一次注册通过后两年内可分次发行；可选择固定利率或浮动利率，到期还本付息；付息可选择按年或季等 （2）用款方式灵活。中期票据可用于中长期流动资金、置换银行借款、项目建设等 （3）融资额度大。企业申请发行中期票据，按规定发行额度最多可达企业净资产的40% （4）使用期限长。中期票据的发行期限在1年以上，一般3~5年，最长可达10年 （5）成本较低。根据企业信用评级和当时市场利率，中期票据利率较中长期贷款等融资方式往往低20%~30% （6）无须担保抵押。发行中期票据，主要依靠企业自身信用，无须担保和抵押

经典题解

【例题 76 · 判断题】非公开定向债务融资工具是具有法人资格的非金融企业，向银行间市场特定机构投资人发行债务融资工具取得资金的筹资方式，定向工具的利率比公开发行的同类债券利率要高。（　　）

【解析】非公开定向债务融资工具是限定在特定投资人范围内流通转让，因其流通性的限制，与公开发行债务融资工具相比存在着一定的流动性溢价，即定向工具的利率比公开发行的同类债券利率要高。

【答案】√

【例题 77 · 判断题】相对于商业票据融资，中期票据融资需要提供担保，筹资限制条件多。（　　）

【解析】发行中期票据，主要依靠企业自身信用，无须担保和抵押。

【答案】×

六、股权众筹融资★★

含义	股权众筹融资主要是指通过互联网形式进行公开小额股权融资的活动
发行条件	股权众筹融资必须通过股权众筹融资中介机构平台（互联网网站或其他类似的电子媒介）进行
特点	股权众筹融资方应为小微企业，应通过股权众筹融资中介机构向投资人如实披露企业的商业模式、经营管理、财务、资金使用等关键信息。股权众筹融资业务由证监会负责监管

七、资产证券化★

含义	指证券公司、基金管理公司子公司作为管理人，通过设立资产支持专项计划开展资产证券化业务	
主要种类	企业应收账款证券化	融资租赁债权资产证券化
特点	以企业应收账款债权为基础资产或基础资产现金流来源所发行的资产支持证券	以融资租赁债权为基础资产或基础资产现金流来源所发行的资产支持证券

八、商圈融资★

模式	包括商圈担保融资、供应链融资、商铺经营权、租赁权质押、仓单质押、存货质押、动产质押、企业集合债券等

特点	发展商圈融资是缓解中小商贸企业融资困难的重大举措
作用	有助于增强中小商贸经营主体的融资能力；有助于促进商圈发展（这里的商圈是指以商品交易市场、商业街区、物流园区、电子商务平台等为主要形式的商圈）；有助于银行业金融机构和融资性担保机构等培养长期稳定的优质客户群体，扩大授信规模，降低融资风险

九、供应链融资★

含义	将供应链核心企业及其上下游配套企业作为一个整体，根据供应链中相关企业的交易关系和行业特点制定基于货权和现金流控制的“一揽子”金融解决方案的一种融资模式
作用	供应链融资解决了上下游企业融资难、担保难的问题，而且通过打通上下游融资瓶颈，还可以降低供应链条融资成本，提高核心企业及配套企业的竞争力

十、绿色信贷★

含义	也称可持续融资或环境融资。它是指银行业金融机构为支持环保产业、倡导绿色文明、发展绿色经济而提供的信贷融资
支持领域	绿色信贷重点支持节能环保、清洁生产、清洁能源、生态环境、基础设施绿色升级和绿色服务六大类产业

十一、能效信贷★

含义	是指银行业金融机构为支持用能单位提高能源利用效率，降低能源消耗而提供的信贷融资	
模式	（1）用能单位能效项目信贷	是指银行业金融机构向用能单位投资的能效项目提供的信贷融资。用能单位是项目的投资人和借款人
	（2）合同能源管理信贷	是指银行业金融机构向节能服务公司实施的合同能源管理项目提供的信贷融资。节能服务公司是项目的投资人和借款人

经典题解

【例题78·判断题】股权众筹融资主要是指通过互联网形式进行公开小额股权融资的活动，股权众筹融资方应为小微企业。（　　）

【解析】本题考点是股权众筹融资的含义。

【答案】√

本章小结

用“会计云课堂”App扫码学习

您已成功完成“第四章”的学习，本章共26个考点，您都学会了吗？

为了让您对章节有更清晰的理解，加倍巩固。本书作者闫华红老师将通过**“视频导图课”**的方式，带您回顾重要考点。

名师点拨，视听结合，高效提分。

※ 欢迎您扫码，免费观看学习。

同步强化练习题

使用“会计云课堂”App或“微信”扫码快速做题、对答案、看解析、掌握解题思路，开启轻松过关之旅。

一、单项选择题

1. 为取得资本金并形成开展经营活动的基本条件而产生的筹资动机属于（ ）。
   A. 创立性筹资动机
   B. 支付性筹资动机
   C. 扩张性筹资动机
   D. 调整性筹资动机

2. 企业因近期偿还债务的压力较大，通过举借长期债务来偿还部分短期债务而进行筹资的动机属于（ ）。
   A. 扩张性筹资动机
   B. 支付性筹资动机
   C. 创立性筹资动机
   D. 调整性筹资动机

3. 下列各项中，属于内部筹资方式的是（ ）。
   A. 利用留存收益筹资
   B. 向股东发行新股筹资
   C. 向企业股东借款筹资
   D. 向企业职工借款筹资

4. 按企业所取得资金的权益特性不同，可将筹资分为（ ）。
   A. 直接筹资和间接筹资
   B. 内部筹资和外部筹资
   C. 股权筹资、债务筹资和衍生工具筹资
   D. 短期筹资和长期筹资

5. 下列筹资方式中属于混合融资方式的是（ ）。

A. 股票筹资
B. 债券筹资
C. 可转换债券筹资
D. 认股权证筹资

6. 下列各项中，属于短期筹资方式的是（ ）。
A. 利用留存收益筹资
B. 利用商业信用筹资
C. 利用股票筹资
D. 利用租赁筹资

7. 企业可以将某些资产作为质押品向商业银行申请质押贷款。下列各项中，不能作为质押品的是（ ）。
A. 厂房 B. 股票
C. 汇票 D. 专利权

8. 某公司资信状况未达到规定标准，则（ ）。
A. 债券公开发行应当面向公众投资者
B. 债券公开发行应当面向专业投资者
C. 债券可以向公众投资者公开发行，也可以自主选择仅面向专业投资者公开发行
D. 不能公开发行债券

9. 下列各项中，不属于租赁租金构成内容的是（ ）。
A. 设备原价
B. 租赁手续费
C. 租赁设备的维护费用
D. 垫付设备价款的利息

10. 企业向租赁公司租入一台设备，价值500万元，合同约定租赁期满时残值5万元归租赁公司所有，租期为5年，年利息率为10%，手续费率每年为2%。若采用先付租金的方式，则平均每年支付的租金为（ ）万元。
A. [500−5×（P/F，10%，5）]/[（P/A，10%，5）×（1+10%）]
B. [500−5×（P/F，12%，5）]/（P/A，12%，5）
C. [500−5×（P/F，12%，5）]/[（P/A，12%，5）×（1+12%）]
D. [500−5×（P/F，10%，5）]/（P/A，10%，5）

11. 与发行债券筹资相比，发行普通股股票筹资的优点是（ ）。
A. 可以稳定公司的控制权
B. 可以降低资本成本
C. 可以利用财务杠杆
D. 可以形成稳定的资本基础

12. 与发行公司债券相比，吸收直接投资的优点是（ ）。
A. 资本成本较低
B. 产权流动性较强
C. 能够提升企业市场形象
D. 易于尽快形成生产能力

13. 与普通股筹资相比，下列属于租赁筹资特点的是（ ）。
A. 筹资限制条件少
B. 资本成本较高
C. 筹资数额较大
D. 财务杠杆较小

14. 下列各项中，能作为吸收直接投资出资方式的是（ ）。
A. 商誉
B. 设定担保的财产
C. 可转换债券
D. 特许经营权

15. 下列各项中，不属于普通股股东拥有的权利是（ ）。
A. 优先认股权
B. 优先分配收益权
C. 股份转让权
D. 剩余财产要求权

16. 为了简化股票的发行手续，降低发行成本，股票发行应采取（ ）方式。
A. 溢价发行

B. 平价发行
C. 公开间接发行
D. 非公开直接发行

17. 下列各项中，与吸收直接投资相比，属于留存收益筹资特点的是（　　）。
A. 资本成本较高
B. 筹资速度较快
C. 筹资规模大
D. 形成生产能力较快

18. 相对于向社会公众发行股票，下列各项中属于配股筹资的优点是（　　）。
A. 有利于社会公众参与
B. 有利于保持原有的股权结构
C. 有利于促进股权的流通转让
D. 有利于引入战略投资者和机构投资者

19. 某公司发行可转换债券，每张面值为1000元，转换比率为20，则该可转换债券的转换价格为（　　）元/股。
A. 20　　B. 50
C. 30　　D. 25

20. 以下关于可转换债券的说法中，不正确的是（　　）。
A. 转换价格越低，表明在既定的债券面值下能转换为普通股股票的数量越多
B. 设置赎回条款最主要的功能是强制债券持有者积极行使转股权
C. 设置赎回条款可以保护债券投资人的利益
D. 设置回售条款可能会加大公司的财务风险

21. 下列关于认股权证表述错误的是（　　）。
A. 认股权证是一种融资促进工具
B. 认股权证有助于改善上市公司的治理结构
C. 认股权证有利于推进上市公司的股权激励机制
D. 认股权证是一种拥有股权的证券

22. 按照我国2014年起实行的《优先股试点管理办法》，发行的优先股属于（　　）。
A. 不可转换优先股
B. 参与优先股
C. 非强制分红优先股
D. 非累积优先股

23. 永续债和普通债券相比较的特点是（　　）。
A. 票面利率低
B. 利率固定，通常没有利率调整条款
C. 通常不设置赎回条款
D. 不设定到期日

24. 下列有关商业票据融资表述不正确的是（　　）。
A. 商业票据是一种商业信用工具
B. 商业票据是由债务人向债权人开出的、承诺在一定时期内支付一定款项的支付保证书
C. 商业票据由有担保、可转让的短期期票组成
D. 商业票据融资的融资成本较低

25. 下列不属于非公开定向债务融资工具的特点是（　　）。
A. 只需向定向投资人披露信息，无须履行公开披露信息义务
B. 融资工具的流通范围没有明确限制
C. 发行规模没有明确限制
D. 发行价格存在流动性溢价

26. 上海证券交易所的资本市场体系包括（　　）。
A. 主板资本市场与创业板资本市场
B. 主板资本市场与中小板资本市场
C. 主板资本市场与科创板资本市场
D. 新三板精选层市场

二、多项选择题

1. 下列各项中，属于企业筹资管理应当遵循

的原则有（ ）。

A. 依法筹资原则　B. 负债最低原则
C. 规模适度原则　D. 结构合理原则

2. 下列筹资动机中属于支付性筹资动机的有（ ）。

A. 为了材料购买的大额支付而产生的筹资动机
B. 为了偿还银行借款而产生的筹资动机
C. 为了支付股东现金股利而产生的筹资动机
D. 为了扩大经营规模或满足对外投资需要而产生的筹资动机

3. 下列筹资方式中，属于债务筹资方式的有（ ）。

A. 发行债券　B. 留存收益
C. 商业信用　D. 银行借款

4. 下列选项中，属于衍生工具筹资方式的有（ ）。

A. 股票筹资
B. 债务筹资
C. 可转换债券筹资
D. 认股权证筹资

5. 下列属于间接筹资方式的有（ ）。

A. 吸收直接投资　B. 利用留存收益
C. 租赁　D. 银行借款

6. 应用于大多数借款合同的条款有（ ）。

A. 例行性保护条款
B. 一般性保护条款
C. 特殊性保护条款
D. 限制性保护条款

7. 租赁租金中的租赁手续费内容包括（ ）。

A. 购置成本　B. 业务人员工资
C. 业务人员差旅费　D. 利息

8. 与银行借款筹资相比，公开发行股票筹资的优点有（ ）。

A. 提升企业知名度
B. 不受金融监管政策约束
C. 资本成本较低
D. 筹资对象广泛

9. 如果企业在发行债券的契约中规定了允许提前偿还的条款，则下列表述正确的有（ ）。

A. 当预测年利息率上升时，一般应提前赎回债券
B. 提前偿还所支付的价格通常要高于债券的面值
C. 提前偿还所支付的价格通常随到期日的临近而逐渐上升
D. 具有提前偿还条款的债券可使公司筹资有较大的弹性

10. 与股权筹资方式相比，下列各项中，属于债务筹资方式优点的有（ ）。

A. 资本成本低
B. 筹资规模大
C. 财务风险较低
D. 筹资弹性较大

11. 相对于发行股票筹资而言，长期银行借款筹资的优点有（ ）。

A. 财务风险小　B. 筹资速度快
C. 资本成本低　D. 筹资数额大

12. 一般而言，与发行债券相比，租赁的优点有（ ）。

A. 财务风险较小
B. 限制条件较少
C. 资本成本较低
D. 融资速度较快

13. 上市公司采用非公开发行股票的优点有（ ）。

A. 发行范围广，发行对象多
B. 有利于提升母公司的资产价值
C. 有利于引入战略投资者和机构投资者
D. 有利于提高公司的知名度

14. 下列说法中正确的有（　　）。
A. 发行股票有利于保证控制权
B. 发行股票筹资有利于公司自主经营管理
C. 留存收益筹资的途径之一是未分配利润
D. 股权筹资的资本成本较高

15. 下列关于留存收益筹资的表述中，正确的有（　　）。
A. 留存收益筹资可以维持公司的控制权结构
B. 留存收益筹资不会发生筹资费用，因此没有资本成本
C. 留存收益来源于提取的盈余公积金和留存于企业的利润
D. 留存收益筹资有企业的主动选择，也有法律的强制要求

16. 与吸收直接投资相比，普通股筹资的优点包括（　　）。
A. 资本成本低
B. 有利于产权交易
C. 能够尽快形成生产能力
D. 容易进行信息沟通

17. 下列有关可转换债券表述正确的有（　　）。
A. 可转换债券的赎回一般发生在公司股票价格在一段时间内连续低于转股价格达到某一幅度时
B. 可转换债券的回售一般发生在公司股票价格在一段时间内连续高于转股价格达到某一幅度时
C. 可转换债券的回售条款对于投资者来说实际上是一种卖权条款
D. 可转换债券的持有人具有在未来按一定的价格购买普通股股票的权利，因为可转换债券具有买入期权的性质

18. 一般而言，与发行普通股相比，发行优先股的特点有（　　）。
A. 可以降低公司的资本成本
B. 可以增加公司的财务杠杆效应
C. 可以保障普通股股东的控制权
D. 可以降低公司的财务风险

19. 国内已发行的永续债债券类型主要有（　　）。
A. 可续期企业债
B. 可续期定向融资工具
C. 可转换债券
D. 认股权证

20. 关于可转换债券，下列表述正确的有（　　）。
A. 可转换债券的回售条款有利于降低投资者的持券风险
B. 可转换债券的转换权是授予持有者的一种买入期权
C. 可转换债券的转换比率为债券面值与转换价格之比
D. 可转换债券的赎回条款有助于可转换债券顺利转换成股票

21. 下列关于优先股筹资的表述中，正确的有（　　）。
A. 优先股筹资有利于调整股权资本的内部结构
B. 优先股筹资兼有债务筹资和股权筹资的某些性质
C. 优先股筹资不利于保障普通股的控制权
D. 优先股筹资可能会给公司带来一定的财务压力

22. 下列有关创新融资方式的表述中，正确的有（　　）。
A. 股权众筹融资主要是指通过互联网形式进行公开小额股权融资的活动
B. 中期票据是指具有法人资格的非金融类企业在银行间债券市场按计划分期发行的、约定在一定期限还本付息的债务融资工具

C. 绿色信贷是指银行业金融机构为支持环保产业、倡导绿色文明、发展绿色经济而提供的信贷融资

D. 中期票据融资的主体信用评级应达到AA

23. 下列属于利用负债筹资方式募集资金的有（　　）。

A. 企业获得产业投资基金投资

B. 中期票据融资

C. 非公开定向债务融资工具

D. 企业获得私募股权投资

三、判断题

1. 按照筹资管理的结构合理原则，企业要根据生产经营及其发展的需要，合理安排资金需求。（　　）

2. 调整性筹资动机是指企业因调整公司业务所产生的筹资动机。（　　）

3. 根据风险与收益均衡的原则，信用贷款利率通常比抵押贷款利率低。（　　）

4. 永续债实质是一种负债类工具。（　　）

5. 按照国际惯例，大多数长期借款合同中，为了防止借款企业偿债能力下降，都严格限制借款企业资本性支出规模，但不限制借款企业非经营性支出的规模。（　　）

6. 企业可以用商标专用权、债券、厂房和设备等作为质押品向商业银行申请质押贷款。（　　）

7. 租赁方式下，租赁期满，设备必须作价转让给承租人。（　　）

8. 相对于债权筹资，股权筹资成本较低、财务风险较高。（　　）

9. 企业在吸收直接投资时，股东或者发起人可以用商标权作价出资。（　　）

10. 在吸收直接投资中，吸收知识产权等无形资产出资方式相比其他出资方式的风险较大。（　　）

11. 按中国证监会规则解释，作为战略投资者应该是与发行人具有合作关系或有合作意向和潜力，与发行公司业务联系紧密且欲长期持有发行公司股票的法人或非法人机构。（　　）

12. 上市公司利用非公开发行方式发行股票，相比较公开发行方式发行股票而言，有利于引入战略投资者和机构投资者。（　　）

13. 资本公积转增股本不属于留存收益的筹资途径。（　　）

14. 对附有回售条款的可转换公司债券持有人而言，当标的公司股票价格在一段时间内连续低于转股价格达到一定幅度时，把债券回售给债券发行人，将有利于保护自身的利益。（　　）

15. 企业在发行可转换债券时，可通过赎回条款来避免市场利率大幅下降后仍需支付较高利息的损失。（　　）

16. 认股权证具有实现融资和股票期权激励的双重功能。（　　）

17. 发行优先股的上市公司如不能按规定支付优先股股利，优先股股东有权要求公司破产。（　　）

18. 持有人只能获取一定股息但不能参加公司额外分红的优先股，称为非参与优先股。（　　）

19. 中期票据融资的资本成本通常要低于中长期贷款等融资方式的资本成本。（　　）

20. 我国首次公开发行股票的条件在不同板块市场是有差异的，科创板和创业板企业首次公开发行股票的条件相比主板市场的条件要相对宽松。（　　）

21. 新三板市场是指全国中小企业股份转让系统，在新三板市场可以向社会公众发行股票，也可以向不特定合格投资者公开发行股票。（　　）

四、计算分析题

某企业于2022年1月1日从租赁公司租入一套设备，价值为500万元，租期5年，租赁期满时预计残值25万元归租赁公司。年利率为8%，租赁手续费率每年2%，合同约定租金每年年末支付一次。已知：[（P/F，8%，5）=0.6806；（P/F，10%，5）=0.6209；（P/A，8%，5）=3.9927；（P/A，10%，5）=3.7908]。

要求：

（1）计算租金时使用的折现率。

（2）计算该设备的年租金。

（3）计算租金摊销计划表中字母A~H代表的金额（如有误差计入到期残值）。

租金摊销计划表

单位：万元

年份（年）	期初本金	支付租金	应计租费	本金偿还额	本金余额
2022	500	*	A	B	C
2023	*	*	*	*	*
2024	*	*	*	*	*
2025	*	*	*	*	138.93
2026	D	E	F	G	*
合计	*	*	*	*	H

注：表内“*”表示省略的数据。

五、综合题

甲公司是一家上市公司，所得税税率为25%。2021年年末公司总股份为50亿股，当年实现净利润为15亿元。公司计划投资一条新生产线，总投资额为40亿元，经过论证，该项目具有可行性。为了筹集新生产线的投资资金，财务部制定了两个筹资方案供董事会选择：

方案一：发行可转换公司债券40亿元，每张面值100元，规定的转换比率为10，债券期限为5年，年利率为3%，可转换日为自该可转换公司债券发行结束之日（2022年1月1日）起满1年后的第一个交易日（2023年1月1日）。

方案二：平价发行40亿元债券，票面年利率为4%，按年计息，每张面值100元，期限5年。同时每张债券的认购人获得公司派发的10份认股权证，该认股权证为欧式认股权证，行权比例为2∶1（即2份认股权证可认购1股股票），行权价格为8元/股。认股权证存续期为12个月（即2022年1月1日~2023年1月1日），行权期为认股权证存续期最后五个交易日（行权期间权证停止交易）。假定债券和认股权证发行当日即上市，预计认股权证行权期截止前夕，每份认股权证的价格为1元。

要求：

（1）根据方案一的资料：

①计算可转换债券的转换价格。

②假定计息开始日为债券发行结束之日，计算甲公司采用方案一2022年节约的利息（假设普通债券利率为6%）。

③预计在转换期公司市盈率将维持在25倍的水平。如果甲公司希望可转换公司债券进入转换期后能够实现转股，那么甲公司2022年的净利润及其增长率至少应达到多少？

④如果转换期的公司股价在9~10元之间波动，说明甲公司将面临何种风险。

（2）根据方案二的资料：

①假定计息开始日为债券发行结束之日，计算甲公司采用方案二2022年节约的利息（假设普通债券利率为6%）。

②为促使权证持有人行权，股价应达到的水平为多少？

③如果权证持有人均能行权，公司会新增股权资金额为多少？

④利用这种方式筹资有何风险？

同步强化练习题参考答案及解析

使用"会计云课堂"App或"微信"扫码对答案、看解析、掌握解题思路，开启轻松过关之旅。

一、单项选择题

1.【答案】A

【解析】创立性筹资动机是指企业设立时，为取得资本金并形成开展经营活动的基本条件而产生的筹资动机；支付性筹资动机是指为了满足经营业务活动的正常波动所形成的支付需要而产生的筹资动机；扩张性筹资动机是指企业因扩大经营规模或满足对外投资需要而产生的筹资动机；调整性筹资动机是指企业因调整资本结构而产生的筹资动机。

2.【答案】D

【解析】企业产生调整性筹资动机的具体原因大致有二：一是优化资本结构，合理利用财务杠杆效应。企业现有资本结构不尽合理，或因债务资本比例过高，有较大的财务风险；或因股权资本比例较大，企业的资本成本较高。这样可以通过筹资增加股权或债务资金，达到调整、优化资本结构的目的。二是偿还到期债务，债务结构内部调整。如流动负债比例过大，使得企业近期偿还债务的压力较大，通过举借长期债务来偿还部分短期债务。又如一些债务即将到期，企业虽然有足够的偿债能力，但为了保持现有的资本结构，可以举借新债以偿还旧债。

3.【答案】A

【解析】内部筹资是指企业通过利润留存即增加留存收益而形成的筹资来源。

4.【答案】C

【解析】按企业所取得资金的权益特性不同，可将筹资分为股权筹资、债务筹资及衍生工具筹资；选项A是按照是否以金融机构为媒介对筹资的分类；选项B

是按照资金的来源范围不同对筹资的分类；选项 D 是按照所筹集资金使用期限不同对筹资的分类。

5.【答案】C

【解析】我国上市公司目前最常见的混合融资方式是可转换债券融资，认股权证融资属于其他衍生工具融资。

6.【答案】B

【解析】选项 A、C、D 属于长期筹资方式。

7.【答案】A

【解析】质押是指债务人或第三方将其动产或财产权利移交给债权人占有，将该动产或财产权利作为债权的担保。作为贷款担保的质押品，可以是汇票、支票、债券、存款单、提单等信用凭证，可以是依法可以转让的股份、股票等有价证券，也可以是依法可以转让的商标专用权、专利权、著作权中的财产权等。厂房是不动产，不能质押。

8.【答案】B

【解析】资信状况符合规定标准的公司债券可以向公众投资者公开发行，也可以自主选择仅面向专业投资者公开发行。未达到规定标准的公司债券公开发行应当面向专业投资者。非公开发行的公司债券应该向专业投资者发行。

9.【答案】C

【解析】租赁设备的维护费用通常由承租方负责，不构成租金的内容。

10.【答案】C

【解析】租赁综合费率 =10%+2%=12%，先付租金 =［500−5×（P/F，12%，5）］/［（P/A，12%，5）×（1+12%）］。

11.【答案】D

【解析】公司发行股票所筹集的资金属于公司的长期自有资金，没有期限，无须归还。换言之，股东在购买股票之后，一般情况下不能要求发行企业退还股金，选项 D 正确。

12.【答案】D

【解析】吸收直接投资的筹资优点：①能够尽快形成生产能力；②容易进行信息沟通；③手续相对比较简便，筹资费用较低。选项 D 正确。

13.【答案】A

【解析】企业运用股票、债券、长期借款等筹资方式，都受到相当多的资格条件的限制，相比之下，租赁筹资的限制条件很少，选项 A 正确。

14.【答案】C

【解析】股东或者发起人不得以劳务、信用、自然人姓名、商誉、特许经营权或者设定担保的财产等作价出资，因此选项 A、B、D 错误；吸收直接投资的出资方式包括特定债权，可转换债券可以作为吸收直接投资的出资方式，因此选项 C 正确。

15.【答案】B

【解析】优先股的优先权利主要表现在股利分配优先权和分配剩余财产优先权上，因此，优先分配收益权属于优先股的权利。

16.【答案】D

【解析】股票发行方式有公开间接发行和非公开直接发行两种。前者尽管发行范围广、对象多、变现性强、流通性好，但发行审批手续复杂严格，发行成本高。采用非公开直接发行可避免公开间接发行的不足。

17.【答案】B

【解析】吸收直接投资的筹资特点包括：①能够尽快形成生产能力；②容易进行信息沟通；③资本成本较高；④公司控制权

集中，不利于公司治理；⑤不易进行产权交易。留存收益的筹资特点包括：①不用发生筹资费用；②维持公司控制权分布；③筹资数额有限。留存收益是直接从利润中留存，筹资速度更快，选项B正确。

18.【答案】B

【解析】选项A、C是向社会公众公开增发的优点，选项D是定向增发的优点。

19.【答案】B

【解析】转换价格＝债券面值/转换比率＝1000/20=50（元/股）。

20.【答案】C

【解析】因为转换价格与转换比率是反向变动的，所以转换价格越低，转换比率越高，可转换为普通股股票的数量越多，选项A说法正确。设置赎回条款最主要的功能是强制债券持有人积极行使转股权，它对发行公司有利但是对投资人不利，选项B说法正确、选项C说法错误。若公司股价长期低迷，在设置有回售条款的情况下，投资者很可能集中在一段时间内将债券回售给发行公司，加大了公司的财务支付压力，因此选项D说法正确。

21.【答案】D

【解析】认股权证本质上是一种股票期权，属于衍生金融工具，具有实现融资和股票期权激励的双重功能。但认股权证本身是一种认购普通股的期权，它没有普通股的红利收入，也没有普通股相应的投票权。

22.【答案】A

【解析】根据我国2014年起实行的《优先股试点管理办法》，我国目前的优先股只能是每股票面金额为100元、不可转换优先股、累积优先股、非参与优先股、固定股息率优先股、强制分红优先股。

23.【答案】D

【解析】永续债和普通债券相比票面利率高，选项A错误；相比普通债券，大多数永续债的附加条款中包括赎回条款以及利率调整条款，选项B、C错误。

24.【答案】C

【解析】商业票据由无担保、可转让的短期期票组成，选项C表述错误。

25.【答案】B

【解析】非公开定向债务融资工具是有限度流通。限定在特定投资人范围内流通转让，所以选项B不属于非公开定向债务融资工具的特点。

26.【答案】C

【解析】上海证券交易所包括主板和科创板资本市场；深圳证券交易所初步建立主板、中小企业板和创业板差异化发展的多层次资本市场体系；北京证券交易所以现有的新三板精选层为基础，坚持服务创新型中小企业的市场定位。

二、多项选择题

1.【答案】ACD

【解析】筹资管理的原则：①筹措合法；②规模适当；③取得及时；④来源经济；⑤结构合理。

2.【答案】ABC

【解析】按照教材的举例，原材料购买的大额支付、员工工资的集中发放、银行借款的偿还、股东股利的发放等均属于支付性筹资动机。选项D属于扩张性筹资动机。

3.【答案】ACD

【解析】债务筹资方式包括银行借款、发行债券、租赁、商业信用等方式。选项B属于股权筹资方式。

4.【答案】CD

【解析】我国目前最常见的衍生工具筹资方式是发行可转换债券和发行认股权证。

5.【答案】CD

【解析】按是否借助于金融机构为媒介，可将筹资方式分为直接筹资和间接筹资。间接筹资方式主要有银行借款、租赁等。

6.【答案】AB

【解析】例行性保护条款和一般性保护条款应用于大多数借款合同中。

7.【答案】BC

【解析】租赁手续费指租赁公司承办租赁设备所发生的业务费用。

8.【答案】AD

【解析】公司公开发行的股票进入证券交易所交易，必须受严格的条件限制，选项 B 错误。由于股票投资的风险较大，收益具有不确定性，投资者就会要求较高的风险补偿。因此，股票筹资的资本成本较高，选项 C 错误。

9.【答案】BD

【解析】预测年利息率下降时，如果提前赎回债券，而后以较低的利率来发行新债券，可以降低利息费用，对企业有利，选项 A 错误。提前偿还所支付的价格通常随到期日的临近而逐渐下降，选项 C 错误。

10.【答案】AD

【解析】发行股票筹资相比借款筹资，股票筹资规模较大，选项 B 错误；负债筹资有还本付息的压力，财务风险较高，选项 C 错误。

11.【答案】BC

【解析】负债筹资有还本付息的压力，因此财务风险要高于股票筹资，选项 A 错误；向社会公众发行股票时，发行范围广，筹资数额大，选项 D 错误。

12.【答案】ABD

【解析】与发行债券相比，租赁的资本成本高，其租金通常比发行债券所负担的利息高得多，选项 C 错误。选项 A、B、D 属于租赁的优点。

13.【答案】BC

【解析】选项 A、D 是上市公司公开发行股票的优点。

14.【答案】BCD

【解析】发行股票会引入新的股东，会分散控制权，选项 A 错误。

15.【答案】ACD

【解析】留存收益筹资不会发生筹资费用，但是留存收益有资本成本，表现为股东追加投资要求的收益率，选项 B 错误。

16.【答案】AB

【解析】相对于吸收直接投资来说，普通股筹资的资本成本较低；吸收投入资本由于没有证券为媒介，不利于产权交易，难以进行产权转让，而普通股筹资有利于产权交易；吸收直接投资的投资者比较单一，股权没有社会化、分散化，投资者甚至于直接担任公司管理层职务，公司与投资者易于沟通。

17.【答案】CD

【解析】可转换债券的赎回一般发生在公司股票价格在一段时间内连续高于转股价格达到某一幅度时；可转换债券的回售一般发生在公司股票价格在一段时间内连续低于转股价格达到某一幅度时。

18.【答案】ABC

【解析】因为优先股的股息固定，所以投资人的风险低，因此筹资人支付的成本低，所以优先股可以降低资本成本，选项 A 正确。一般而言，优先股支付固定股息，普通股的股利不固定，所以优先股的财务杠杆高于普通股，选项B正确。优先股股东通常无表决权，所以可以保障普通股股东的控制权，选项C正确。相对于普通股而言，优先股的股利收益是事先约定的，也是相对固定的。由于优先股的股息率事先已作规定，优先股的股息一般不会根据公司经营情况而变化，并且在上市公司有可分配税后利润的情况下必须向优先股股东分配股息。因此财务风险比较高，选项D不正确。

19.【答案】AB

【解析】选项C、D属于衍生金融工具，不是永续债。

20.【答案】ABCD

【解析】本题考点为可转换债券的条款。

21.【答案】ABD

【解析】发行优先股，是股份公司股权资本结构调整的重要方式。公司资本结构调整中，既包括债务资本和股权资本的结构调整，也包括股权资本的内部结构调整，选项A正确。优先股筹资属于混合筹资，兼有债务筹资和股权筹资的某些性质，选项B正确。优先股股东无特殊情况没有表决权，因此不影响普通股股东对企业的控制权，所以优先股有利于保障普通股的控制权，选项C不正确。优先股的股息固定，优先股筹资可能会给公司带来一定的财务压力，选项D正确。

22.【答案】ABC

【解析】中期票据融资的主体信用评级应达到AAA，所以选项D错误。

23.【答案】BC

【解析】选项A、D属于股权筹资方式。

三、判断题

1.【答案】×

【解析】按照规模适当原则，企业要根据生产经营及其发展的需要，合理安排资金需求；而按照筹资管理的结构合理原则，筹资管理要综合考虑各种筹资方式，优化资本结构。

2.【答案】×

【解析】调整性筹资动机是指企业因调整资本结构而产生的筹资动机。

3.【答案】×

【解析】信用贷款是指以借款人的信誉或保证人的信用为依据而获得的贷款。企业取得这种贷款，无须以财产做抵押。对于这种贷款，由于风险较高，银行通常要收取较高的利息，往往还附加一定的限制条件。抵押贷款是指以借款人或第三方的财产作为抵押物而取得的贷款。抵押贷款有利于降低银行贷款的风险，提高贷款的安全性。所以信用贷款利率通常比抵押贷款利率高。

4.【答案】×

【解析】永续债实质是一种介于债权和股权之间的融资工具。需要按照经济实质重于法律形式原则判断属于权益工具还是金融负债。

5.【答案】×

【解析】一般性保护条款中也限制企业非经营性支出，如限制支付现金股利、购入股票和职工加薪的数额规模，以减少企业资金的过度外流。

6.【答案】×

【解析】质押是指债务人或第三方将其动产或财产权利移交给债权人占有，将该动产或财产权利作为债权的担保。厂房是不动产，不能质押。

7.【答案】×

【解析】租赁合同期满时，承租企业应按合同的规定处理设备，实行退租、续租或留购。

8.【答案】×

【解析】一般而言，股权筹资的资本成本要高于债务筹资。股权资本不用在企业正常营运期内偿还，没有还本付息的财务压力，所以财务风险较低。

9.【答案】√

【解析】商标权属于知识产权，可以作为吸收直接投资的出资方式。

10.【答案】√

【解析】因为以知识产权出资，实际上是把技术转化为资本，使技术的价值固定化，而技术具有强烈的时效性，会因其不断老化落后而导致实际价值不断减少甚至完全丧失，所以会导致吸收知识产权等无形资产出资方式风险较大。

11.【答案】×

【解析】按中国证监会规则解释，战略投资者是指与发行人具有合作关系或有合作意向和潜力，与发行公司业务联系紧密且欲长期持有发行公司股票的法人。

12.【答案】√

【解析】上市公司非公开发行股票也称为定向增发，有利于引入战略投资者和机构投资者。

13.【答案】√

【解析】留存收益的筹资途径包括利用未分配利润和提取盈余公积金。

14.【答案】√

【解析】可转换债券的回售条款是指债券持有人有权按照事先约定的价格将债券卖回给发债公司的条件规定。回售一般发生在公司股票价格在一段时间内连续低于转股价格达到某一幅度时。回售对于投资者而言实际上是一种卖权，有利于降低投资者的持券风险。

15.【答案】√

【解析】赎回条款能使发债公司避免在市场利率下降后，继续向债券持有人按照较高的票面利率支付利息所蒙受的损失。

16.【答案】√

【解析】认股权证本质是一种股票期权，属于衍生金融工具，具有实现融资和股票期权激励的双重功能。

17.【答案】×

【解析】优先股筹集的资金属于企业权益资金，没有到期日，优先股股利虽然固定但有弹性。若不能按时支付优先股股利，优先股股东无权要求公司破产。

18.【答案】√

【解析】根据优先股股东按照确定的股息率分配股息后，是否有权同普通股股东一起参加剩余税后利润分配，可分为参与优先股和非参与优先股。

19.【答案】√

【解析】中期票据融资的成本较低。根据企业信用评级和当时市场利率，中期票据利率较中长期贷款等融资方式往往低20%~30%。

20.【答案】√

【解析】我国证券市场分为不同板块，对各板块企业的目标和要求不同，其首次公开发行股票的条件也存在差异。科创板和创业板企业首次公开发行股票的条件相比主板市场的条件要相对宽松。

21.【答案】×

【解析】新三板市场是指全国中小企业股份转让系统，在新三板市场发行人向不特定合格投资者公开发行股票。

四、计算分析题

【答案】

（1）折现率 =8%+2%=10%

（2）每年租金 =［500−25×（P/F，10%，5）］/（P/A，10%，5）=（500−25×0.6209）/3.7908=127.80（万元）

【提示】租赁期满时预计残值25万元归租赁公司，租赁公司获得残值收入，所以可以少收取租金，因此需要减去残值收入现值计算租金。

（3）

租金摊销计划表

单位：万元

年份（年）	期初本金①	支付租金②	应计租费 ③=①×10%	本金偿还额 ④=②−③	本金余额 ⑤=①−④
2022	500	*	A=50	B=77.8	C=422.2
2023	*	*	*	*	*
2024	*	*	*	*	*
2025	*	*	*	*	138.93
2026	D=138.93	E=127.80	F=13.89	G=113.91	*
合计	*	*	*	*	H=25.02

五、综合题

【答案】

（1）①转换价格 = 面值 / 转换比率 =100/10=10（元 / 股）

②发行可转换公司债券节约的利息 =40×（6%−3%）=1.2（亿元）

③要想实现转股，转换期的股价至少应该达到转换价格10元，由于市盈率 = 每股市价 / 每股收益，因此，2022年的每股收益至少应该达到10/25=0.4（元/股），净利润至少应该达到0.4×50=20（亿元），增长率至少应该达到（20−15）/15×100%=33.33%。

④如果公司的股价在9~10元波动，由于股价低于转换价格，此时，可转换债券的持有人将不会转换，会造成公司集中兑付债券本金的财务压力，加大财务风险。

（2）①发行附认股权证债券节约的利息 =40×（6%−4%）=0.8（亿元）

②为促使权证持有人行权，股价至少应达到8元。

③发行债券张数 =40/100=0.4（亿张）

附认股权证数 =0.4×10=4（亿份）

认购股数 =4/2=2（亿股）

如果权证持有人均能行权，公司新增股权资金额 =2×8=16（亿元）。

④利用这种筹资方式公司面临的风险首先是仍然需要还本付息（利息虽然低但仍有固定的利息负担），其次是如果未来股票价格低于行权价格，认股权证持有人不会行权，公司就无法完成股票发行计划，无法筹集到相应资金。

附　录

考点清单

第一章　总　论

第二章　财务管理基础

第三章　预算管理

第四章　筹资管理（上）